Inga Bethke-Brenken
Günter Brenken

Aufbruch in den Ruhestand

Anleitung zum Gestalten und Genießen

Ernst Reinhardt Verlag München Basel

Inga Bethke-Brenken, Beratungslehrerin, Leitung der Abteilung Lehrertraining am Hamburger Landesinstitut für Lehrerbildung, Paar- und Familientherapeutin, und **Dr. Günter Brenken**, Wirtschaftsingenieur, Manager, Paar- und Familientherapeut, Supervisor, leiten zusammen im norddeutschen Raum Seminare in der Erwachsenenbildung zu Themen wie Älterwerden, Paarberatung, Konflikttraining.

Bibliografische Information der Deutschen Nationalbibliothek

Die Deutsche Nationalbibliothek verzeichnet diese Publikation in der Deutschen Nationalbibliografie; detaillierte bibliografische Daten sind im Internet über <http://dnb.d-nb.de> abrufbar.

ISBN 978-3-497-02150-5

Printed in Germany
Reihenkonzeption Umschlag: Oliver Linke, Augsburg
Covermotiv: © istockphoto.com/Sherri Camp
Satz: Rist Satz & Druck GmbH, Ilmmünster
Druck und Bindung: Friedrich Pustet, Regensburg

Ernst Reinhardt Verlag, Kemnatenstr. 46, D-80639 München
Net: www.reinhardt-verlag.de E-Mail: info@reinhardt-verlag.de

Inhalt

Vorwort

Langjährige Erfahrungen als Familientherapeuten und Kursleiter von Bildungswochen zu Themen des Älterwerdens haben uns bewogen, unsere Eindrücke und Ergebnisse aus den Gesprächen zusammenzufassen, auszuwerten und niederzuschreiben.

Letztendlich ging es immer wieder um die Frage, wie der Einzelne sich besser auf das Älterwerden vorbereiten kann, wie wir unser Entwicklungspotenzial auf die Zukunft eines lebendigen Ruhestandes richten und nutzen können. Es ist eben nicht so, dass die persönliche Entwicklung im Ruhestand ein Ende finden muss.

Wir haben eine Trendwende festgestellt in der gesellschaftlichen Einschätzung von Alter und Altsein. Der Begriff „Alter" hat für uns wie für viele andere Betroffene nichts mehr mit „Alter" im herkömmlichen Sinne zu tun. Eine neue Bewegungsfreiheit tut sich auf, die der Generation vor uns noch nicht in dieser Form vergönnt war. Eine 65-jährige Kollegin befand kürzlich, sie sei doch nicht alt. Sie empfindet sich nicht als alt, weil sie beschwerdefrei lebt und neue Wirkungsfelder für sich gefunden hat.

Wenn wir uns mit dem Thema Ruhestand frühzeitig beschäftigen, wenn wir die Bedingungen und Chancen des Älterwerdens näher betrachten, lassen sich Schwierigkeiten vermeiden, und Sorgen können größerer Zuversicht weichen. Jedenfalls sind das Erfahrungen, die Kursteilnehmer uns rückgemeldet haben und die wir auch als Familientherapeuten aus Beratungssituationen mit Älteren bestätigen können.

Zusätzlich bestimmen auch sehr persönliche Erlebnisse in unseren Familien die Themenauswahl. Beispiele aus dem Bekanntenkreis, allerdings anonymisiert, zeigen, wie Ruheständler Situationen gemeistert und neue Perspektiven entwickelt haben, wie manche sich versöhnt haben mit schwierigen Gegebenheiten oder mutig neue Wege beschreiten konnten.

Wir durften erfahren, dass uns beim Schreiben dieses Buches ein großer Kreis von älteren Persönlichkeiten wohlwollend unterstützt hat. Wir sind dankbar für zahlreiche anregende Gespräche und Diskussionen. Ganz konkret haben wir Thyra Stodollik sehr zu danken, die unsere Arbeit kritisch und mit vielen Anregungen begleitet hat, und die uns auch immer wieder zum Durchhalten motivieren konnte. Ursula Bartscher und Insa Bethke danken wir für die intensive Durchsicht unseres Manuskriptes. Dank auch an Angelika Grimm, die die Schaubilder gestaltet hat. Zugleich fühlen wir uns vom Reinhardt Verlag, insbesondere von Frau Landersdorfer, exzellent betreut.

Last but not least: Da in unserem Leben soziales Engagement immer einen hohen Stellenwert hatte, wollen wir den Gewinn aus unserem Buchprojekt spenden. Die Idee: Wir werden die Erlöse für die Altenhilfe in Entwicklungsländern verwenden. Wir denken konkret zunächst an Sri Lanka, weil wir dort durch unsere Aktivitäten dieses Geld am besten direkt vor Ort lenken und die Vergabe kontrollieren können.

Hamburg, März 2010
Inga Bethke-Brenken und Günter Brenken

1 Übergänge zum Ruhestand

> Wenn ich im Ruhestand bin, dann …

„Altsein ist ein herrliches Ding, wenn man nicht verlernt hat, was ‚Anfangen' heißt." (Wilhelm Busch)

Euphorische Pläne schmieden oder sich mit Sorgen und Ängsten über eine unbekannte Zukunft plagen – das sind die Pole, zwischen denen unsere Gedanken vor und zu Beginn des Ruhestandes hin und her pendeln. Von den paradiesischen Möglichkeiten haben wir schon vor vielen Jahren geträumt. Jetzt, wo die Realität da ist, malen wir uns Sorgengebilde aus, wie es uns im Älterwerden ergehen könnte. Orientieren wir uns doch besser an den Ruheständlern, die glücklich und zufrieden leben, sich interessante Aktivitäten erlauben und kaum eine Spur von Unwohlsein oder Niedergeschlagenheit zeigen.

Wir wissen, der Beginn eines neuen Lebensabschnittes ist nicht einfach im Vorübergehen zu bewältigen. Älterwerden bedeutet, sich auf Veränderungen einzustellen, sich neu zu orientieren und sich mit Fragen zu beschäftigen, die wir früher nicht gestellt haben, die wir vielleicht nicht stellen wollten: Da ist die Frage nach dem Sinn unseres Lebens. Auf welchen Werten beruht unser Handeln? Was wird Spaß machen, worauf sind wir neugierig, wie können wir aktiv bleiben, wo können wir helfen und unterstützen? Zugleich werden auch unangenehme Fragen akut: Behalten wir im Älterwerden den Kontakt zu Freunden und Familie? Werden wir uns einsam fühlen? Was ist, wenn uns Krankheit oder Gebrechlichkeit trifft? Können wir uns im Altsein noch selbst versorgen? Darüber müssen wir nachdenken – und zwar über positive und negative Seiten unserer Erwartungen. Die persönlichen Antworten darauf bilden das Fundament für unser Denken und Handeln.

Uns erwartet also eine Fülle neuer Fragen. Vordringliches Motiv für dieses Buch ist es, Ihnen einen Leitfaden an die Hand zu geben für die breite Palette der im Älterwerden gegebenen Möglichkeiten und Herausforderungen. Wir möchten Ihnen Mut machen, kompetent und konstruktiv mit dem neuen Zeitabschnitt umzugehen, und wir möchten Ihre Neugier wecken für Anregungen zur Vorbereitung und Planung des Lebensabschnittes Ruhestand.

Das Buch könnte für Sie ein Leitfaden in positiven wie in angespannten Zeiten werden. Ein Leitfaden für Ältere, die als aktive Bürger ihren Ruhestand gestalten, die ernst genommen werden wollen, die am gesellschaftlichen Leben teilnehmen, die ihre Selbstständigkeit genießen, die die Chancen ihres Lebens auskosten und die sich vielleicht deshalb sogar von einer wohltätigen Organisation als „Seniorenexperten" um die Welt schicken lassen. Die Möglichkeiten für die Zukunftsgestaltung werden unterschiedlich sein, aber Chancen sind gegeben.

Das zweite Motiv ist, diejenigen zu stärken, die Ängste vor dieser ungewissen Zeit der dritten Lebensstufe entwickeln oder bereits haben. Vielleicht verunsichert es Sie, dass es keine festen Regeln gibt, und Sie fragen sich, wie man das Leben schaffen soll. Vielleicht machen Sie sich Sorgen über Ihre Finanzen oder Ihre Gesundheit. Vielleicht haben Sie Vorbehalte oder Ängste vor dem dauernden Zusammensein mit Ihrem Partner, vor dem Verlust des Kontaktes mit Berufskollegen oder vor dem Abschied von Ihrer Arbeit. Wir nehmen diese Sorgen und Ängste ernst. Wir sind aber auch der Meinung, dass viele dieser Sorgen und Ängste sich meistern lassen. In der Regel jedenfalls. Unser Buch wird Anregungen geben, um eine neue Balance für das künftige Leben zu finden.

Schließlich ist das dritte Motiv für dieses Buch, typische Probleme aufzuzeigen, die beim Älterwerden entstehen können, die einfach zum Älterwerden gehören. Nach dem Wegfall der Arbeit und dem Erhalt der regelmäßigen Rentenzahlungen werden sich die Inhalte der offenen Fragen wandeln. Es geht darum, Vorsorge zu betreiben und frühzeitig unwillkommenen Entwicklungen gegenzusteuern, was sich auf Sachthemen, aber auch auf emotionale Fragen beziehen kann.

Für die Themenvielfalt im Älterwerden bringen wir Autoren umfangreiche Erfahrungen mit. Wir selbst sind nicht nur in entsprechendem Alter mit unseren individuellen Erlebnissen als Ruheständler. Wir haben durch unsere Tätigkeit als Berater und Kursleiter zum Thema Älterwerden eine bunte Reihe von Lebensfragen kennengelernt und mit Betroffenen besprochen. In unseren Kursen tauchte zum Beispiel immer wieder die Frage auf: Wie können wir mit Menschen im Älterwerden in Kontakt bleiben, wie werden später andere mit uns umgehen? Besondere Aufmerksamkeit legen wir deshalb auf die Erhaltung oder Schaffung eines sozialen Netzes, das uns tragen kann. Dazu gehört ein guter Umgang mit Partnern, Freunden und Familie.

Zusätzlich geben wir Erläuterungen und Anregungen für die Erhaltung von körperlicher und geistiger Gesundheit. Wir haben Ideen gesammelt, wie Sie Ihre neu gewonnene Zeit gestalten können. Informationen und Entscheidungskriterien über Wohnen im Älterwerden können Perspektiven zeigen. Fragen zur finanziellen Sicherheit werden behandelt. Auf die Situation des hohen Alters gehen wir abschließend nur kurz ein, denn wir legen unseren Schwerpunkt auf die Zeit, die wir „Älterwerden“ nennen, das betrifft den Zeitraum von 55 bis zu einem Alter von etwa 80 Jahren.

Die Ideen und Lösungsansätze des Buches sollen den Einzelnen unterstützen, entsprechend seinen individuellen Gesichtspunkten über Schwerpunkte für sein künftiges Leben nachzudenken, eine neue Balance zu suchen und damit Klarheit für seinen Lebensweg im Älterwerden zu finden. Unsere Anregungen können damit keine allgemein gültigen Lösungen bieten.

>> Neuer Lebensabschnitt mit neuen Perspektiven

Spätestens mit dem Beginn des Ruhestandes stehen wir am Anfang eines neuen Zeitabschnittes, dem dritten Lebensabschnitt. Es geht jetzt für viele mindestens um das nächste

Viertel ihres Lebens, um die nächsten 20 oder sogar 30 Jahre. Wir gelangen mit dem Abschluss der Berufstätigkeit also nicht nur an das Ende einer Entwicklung, sondern wir stehen am Anfang einer neuen Zeit. Sie eröffnet uns die Chance, das Leben selbstbestimmter als in früheren Lebensstufen zu gestalten. Nehmen wir es als Geschenk, älter zu werden und nach der Berufstätigkeit noch ein anderes Leben vor uns zu haben.

Wir Älteren werden zukünftig in immer größerer Zahl auftreten und auch politisch immer mehr im Zentrum der Entscheidungen stehen. Und das zusammen mit der Jugend, die Ideen produzieren wird und die Welt damit bereichern kann. So hoffen wir auf eine aktive Jugend, die mit uns gemeinsam auf eine Verbesserung der gesellschaftlichen Verhältnisse abzielt, auf mehr sozialen Ausgleich und Gerechtigkeit. Das wird Jüngere und Ältere verbinden.

Wie werden wir uns im Ruhestand zurechtfinden? Wie wird unser Wert in einer Gesellschaft sein, die sich über Erwerbsarbeit definiert, die Jugendlichkeit favorisiert? Was ändert sich in unserem persönlichen Bereich? Was fordert künftig unsere Leistungsfähigkeit ab? Sich Perspektiven für den Reichtum dieses neuen Lebensabschnittes zu erschließen, erfordert Besinnung auf das, was war, auf das, was jetzt gerade ist und auf das, was später sein soll.

Vielleicht haben Sie den Film „Papa ante Portas“ von Loriot gesehen und erinnern sich: Herr Lohse (Loriot), der frisch gebackene Pensionär, glaubt, dass er künftig zu Hause weiter den Unternehmenschef spielen kann, worüber die übrige Familie völlig irritiert ist. Da Herr Lohse ganz für seine Firma gelebt hat, besitzt er keine Vorstellungen, wie er sein Privatleben jetzt führen könnte – jenseits von beruflichem Leistungsdenken und Pflichterfüllung. Es ist für den Zuschauer eine humorvolle Filmpassage, aber wenn das wirkliche Leben so ablaufen würde, wäre es bedrückend. Auch Herr Lohse wird sich bestimmt im nächsten Filmleben mit eigenen Ideen auf ein „privatisiertes“ Leben in der dritten Lebensstufe vorbereiten.

>> Vorfreude und Ängste

Wir müssen akzeptieren und damit leben, dass die Vorfreude auf den Ruhestand auch mit Ängsten verbunden sein kann. Zunächst: Worauf haben wir uns gefreut?

„Wenn ich im Ruhestand bin,
dann kann ich morgens länger schlafen,
dann mache ich erstmal eine lange Reise,
dann lese ich all die Bücher, die sich bei mir stapeln,
dann verschönere ich meine Wohnung, mein Haus,
dann studiere ich noch mal,
dann …"

Alles Wünsche, die uns von noch berufstätigen Freunden erzählt wurden. Alles Wünsche, die den Traum von einem paradiesischen Lebensabschnitt oder einer goldenen Zukunft verheißen. Der Satz „Wenn ich im Ruhestand bin, dann …" steht für Hoffnungen wie:

- frei von beruflichen Zwängen zu sein,
- endlich viel Zeit zu haben,
- unerfüllte Wünsche und neue Ideen in die Realität umzusetzen,
- einfach mal die Seele baumeln zu lassen
- und nicht zuletzt, sich selbst deutlicher zu verwirklichen.

Das erzeugt Erwartungen, wie geruhsam und erfüllend das Leben nach der Arbeitsphase sein könnte. Was es ja auch wirklich sein kann.

Doch in die Vorfreude auf den Ruhestand mischt sich Unwohlsein. „Junge" Rentner oder Pensionäre werden von den Arbeitenden häufig gefragt, wie es ihnen ginge, was sie jetzt machten, ob es nicht langweilig sei, jeden Morgen auszuschlafen – und überhaupt, wie sie denn den Übergang schafften? Und wie es sich ohne regelmäßige Arbeit lebe?

Mit der Aufgabe unserer Arbeit gehen uns ja Prestige und Position verloren. Wie bleibt unser Wert in dieser von Erwerbsarbeit bestimmten Gesellschaft erhalten? Wir treten von einer Bühne ab, auf der wir Ansehen und Kontakte hatten. Und wir tasten uns vor auf eine neue, noch ungehobelte, unbestellte Bühne. Wie werden wir uns dort zurechtfinden? Allerdings müssen wir weniger in unser Ego investieren, da wir nicht mehr damit beschäftigt sind, uns im Beruf zu bewähren, Karriere zu machen oder eine Familie zu gründen.

Das Alter wird manchmal als Angst- oder Panikthema vermittelt, und zwar nicht nur von den Medien, sondern auch von Menschen, die ihr Älterwerden spüren. Sie sind verunsichert, wenn sie an das Älterwerden denken. Sie befürchten, dass der Ruhestand mit Behinderungen, mit Ärger und Frust verbunden sein wird. Erste Anzeichen werden besonders aufmerksam wahrgenommen:

- Das Gedächtnis lässt nach; Begriffe und passende Wörter fallen uns gar nicht oder nicht mehr so schnell ein.
- Die Sehkraft verändert sich, eine Brille ist unsere ständige Begleiterin.
- Die Haut wird mürber und faltiger.
- Das Gehör nimmt die höheren Tonfrequenzen nicht mehr wahr.
- Das Ende eines Arbeitstages führt zu früher nicht gekannter Erschöpfung.

Manche bemerken, wie Tatkraft und Energie abnehmen. Wie gehen wir damit um? Wie stellen wir uns darauf ein? Dann die ungewisse Zukunft im Älterwerden: Können wir unser Leben wie bisher fortsetzen? Welche Einschränkungen mag es geben? Das beflügelt natürlich Ängste:

- Angst vor Einsamkeit beschleicht uns.
- Sorge vor finanziellen Engpässen oder gar Not beschwert uns.
- Groß ist die Furcht vor eigener Hilflosigkeit, Unselbstständigkeit oder sogar Pflegebedürftigkeit.
- Krankheiten oder Verluste im Freundes- und Bekanntenkreis erschüttern uns. Wann werden wir selbst betroffen sein?

Solche Ängste lassen sich nur verringern oder abwehren, wenn wir begreifen, dass wir selbst aktiv sein können, um viele Befürchtungen nicht wahr werden zu lassen.

Wenn wir Zuversicht gewinnen, können wir uns rüsten für die Veränderungen in den nächsten 20 bis 30 Jahren. Dann sind wir in der Lage, für uns selbst optimale Bedingungen zu schaffen. Wir sind zu jung, um uns aus dem aktiven Leben abzumelden. Sich solchen Gedankengängen zu verweigern, führt leicht dazu, in alten Denkmustern zu verharren – mit der Gefahr, in seinem inneren Erleben direkt in das Altsein überzugehen. Doch wir können die Zeit des dritten Lebensabschnittes als Zeit für Emanzipation nutzen, wir können uns auch von möglicherweise einengenden gesellschaftlichen Ansichten lösen.

Wir sind angefüllt mit Erfahrungen. Wir haben mehr Selbstbewusstsein als in jungen Jahren. Jetzt ist unser Leben weniger abhängig von ungeliebten Verpflichtungen. Wir können eigene Ideen verwirklichen und offen sein für besondere Gedanken und Anregungen, die uns begegnen. Wir können entspannter auf das vorherige Leben zurückblicken als es in vergangenen Jahren möglich war.

Ohne Trauma des Krieges sind wir aufgewachsen, hineingeboren in die jahrzehntelange Welle des wirtschaftlichen Erfolges, in die Zeit des wachsenden Wohlstandes und des Optimismus. Wir haben neue Werte erlebt, manche haben sie vielleicht mit initiiert. Allein die Wahrnehmung der Umwelt hat sich verändert. Die uns umgebende Natur hat sich von einem ausbeutbaren Reservoir in einen bedrohten Planeten gewandelt. Es gab keine Generation vor uns, die sich so intensiv dem Schutz der Umwelt zugewandt hat.

Manche erinnern sich an Proteste aus der Jugendzeit, an Demonstrationen gegen militärische Einsätze und Auswüchse oder an Hausbesetzungen. Mit sozialistischen Kampfbotschaften wollten einige eine bessere Welt gestalten. Die alten Werte aus Nationalstolz und Herrschaftsdenken schienen überholt. Wir wissen, wir haben vieles erreicht in Beruf und Gesellschaft. Wir können stolz darauf sein. Aber wie geht es weiter?

Schade, unsere Eltern werden uns selten Vorbild für eine neue Lebensgestaltung im Ruhestand sein, ihre Perspektive für die Lebensplanung war erheblich kürzer. Im Vergleich zur Generation vor uns sind unsere Möglichkeiten bedeutend umfangreicher. Unsere Perspektiven enden ja nicht bei 70, sondern bei weit mehr als 80 Jahren. Es werden sich neue Strategien ergeben. Die einen werden mehr intellektuelle Herausforderungen suchen, die anderen mehr das Leben in einer Gemeinschaft schätzen, wieder andere suchen eine intensivere Beziehung zur Natur. Viele wollen ihre Hobbys intensivieren oder sich neuen widmen, und nicht zuletzt mögen einige einfach nur genießen.

Eine befriedigende Lebensweise nach der Pensionierung wird uns nicht in den Schoß fallen, vielmehr müssen wir daran „arbeiten“. Sich darauf vorbereiten, heißt weniger, entsprechend Geld bereitzuhalten, viel wichtiger ist: Die Umstellung auf ein Leben mit neuen Schwerpunkten und Gewohnheiten muss akzeptiert und gleichzeitig gestaltet werden. Besinnung tut Not. Der Weg wird zum Ziel, eine spannende Chance, nutzen wir sie!

Monika W.: Was ich mir in all den Jahren vorher vorgenommen hatte!

Ich habe meinen Beruf immer gerne ausgeübt. Aber ich hatte mich auch schon lange auf „die Zeit danach“ gefreut: Endlich hätte ich Zeit, über die ich frei verfügen kann, es wird keine äußeren Zwänge mehr geben. Um diesen Wunsch zu verwirklichen, habe ich den frühmöglichsten Termin für den Ruhestand gewählt, was allerdings mit finanziellen Einbußen verbunden ist. Aber bis heute, 5 Jahre danach, habe ich diese Einbußen keinen einzigen Tag bereut, einfach weil meine Lebensqualität enorm gestiegen ist.

In meiner Erinnerung war das erste bedeutsame Ziel, das ich anvisierte, eine Gewichtsreduktion: Ich habe 17 kg in einem Jahr abgenommen. Das brachte nicht nur meinem Körper, sondern auch meiner Seele Erleichterung. Parallel dazu fing ich an, Sport zu treiben, z. B. möglichst jeden Morgen Nordic Walking, dazu Wassergymnastik und Energy Dance. Als „Gymnastik für Körper, Geist und Seele“ betreibe ich seit vielen Jahren Qi Gong.

Als ehemalige Seminarleiterin für Musik kann ich mich natürlich jetzt der Musik noch intensiver widmen, ich singe zeitweise in drei Chören und leite „meinen“ Chor. Außerdem bin ich als ehrenamtliche Helferin für ein Frauenhaus tätig.

Mit viel Energie und Neugier lerne ich Spanisch und vertiefe mein Englisch. Hier habe ich gerade die zweite, sehr anspruchsvolle Prüfung abgelegt. Viele fragen: „Warum tust du dir das in deinem Alter an?“ Ich will einfach sehen, wo ich stehe: Ich hatte nur wenig Englisch in der Schule, hatte aber wunderbare Freunde und damit gleichzeitig Lehrer in England. Bei meiner letzten Prüfung bin ich u. a. gefragt worden, ob es stimme, dass Lernen im Alter schwieriger sei. Ich habe diese Vermutung vehement verneint. Ich kann immer noch gut lernen, eher sogar noch besser und intensiver, weil ich anders lerne: Als Jugendliche war ich gezwungen, bestimmte Dinge zu lernen. Jetzt kommt die Motivation von mir selbst, ich will etwas erfahren, wissen und behalten; ich erkenne besser meine Ziele. So ist mein Ruhestand ein „erfüllter Unruhestand“, den ich in vollen Zügen genieße. Allerdings habe ich bis heute nicht geschafft, was ich mir in all den Jahren vorher vorgenommen hatte, nämlich endlich …

Jetzt möchten wir Sie einladen, eine erste Übung durchzuführen. Unsere Idee an dieser Stelle: Legen Sie sich ein Heft für Ihre Notizen an.

Übung zum Nachdenken über Ihren zukünftigen Ruhestand

Bitte nehmen Sie Papier und Stift oder das neue Heft zur Hand. Sammeln Sie Stichwörter zu folgenden Fragen, und zwar in höchstens zehn Minuten:

- *Worauf freue ich mich in der dritten Lebensstufe?*
- *Wovor fürchte ich mich?*

Schreiben Sie bitte Ihre Antworten auf, und legen Sie dann Ihre Anmerkungen erstmal zur Seite. Lesen Sie sie erst dann wieder durch, wenn Sie mit ihren Planungen für den Ruhestand konkret beginnen wollen.

In der Zwischenzeit haben Sie Gelegenheit, in diesem Buch Anregungen zu sammeln. Sie werden sicherlich Ihren Ideenkranz erweitern und vergrößern damit Ihre Zuversicht und Freude auf die dritte Lebensphase.

> Wie wird das Älterwerden erlebt?

> *„Alt ist man, wenn man an der Vergangenheit mehr Freude hat als an der Zukunft."* (John Knittel)

>> Allgemeine Signale

Wie deutet sich die Lebensphase Älterwerden an, was sind die Zeichen? Die Antworten der Teilnehmer aus unseren Weiterbildungsveranstaltungen zum Thema Älterwerden sind unterschiedlich:

Für die einen stehen körperliche Veränderungen im Vordergrund, wie Gewichtsveränderungen, Abnahme der körperlichen Leistungsfähigkeit, Einschränkung der körperlichen Beweglichkeit, Menopause oder Aufgabe von intensivem Sport.

Für andere sind es Zeichen in ihrem Lebensumfeld: Die Kinder gehen aus dem Haus, manche Kinder haben schon einen Beruf und bauen sich eine eigene Existenz auf, andere haben vielleicht selber schon wieder Kinder und damit sind Oma-Dienste erwünscht. Vielleicht machen wir uns Sorgen um die eigenen Eltern. Manchmal ist eine Trennung oder Scheidung vom langjährigen Partner erfolgt.

Die Chancen zum Berufswechsel fallen weg, es gibt keine Aufstiegsmöglichkeiten mehr.

Die Feier des 60. Geburtstags gewinnt besondere Aufmerksamkeit, bedeutet sie doch den Eintritt ins nächste Jahrzehnt und spätestens damit den Eintritt in die dritte Lebensstufe des Älterwerdens. Insgesamt werden die Diskussionen im Freundeskreis über das Älterwerden und das Altsein engagierter und häufiger. Diese Signale lassen sich positiv oder negativ bewerten. Sie bedeuten in jedem Fall, dass wir aufmerksam werden.

Manchmal beeinflusst das unsere Stimmung. Ist diese eher ängstlich, sollten wir uns erinnern: Wir haben in früheren Jahren immer Wege entdeckt, um Zuversicht zu gewinnen – häufig sicherlich durch Aktivitäten oder Szenenwechsel. Das gelingt manchmal im Älterwerden nicht mehr ganz so gut: Wir haben uns in unserem Umfeld eingerichtet, fühlen uns sicher und geborgen. Wir haben ein eigenes Selbstverständnis entwickelt, wie wir unser Leben führen. Jetzt kommt die Ungewissheit des Älterwerdens auf uns zu. Den damit verbundenen Herausforderungen und Veränderungen müssen wir uns stellen – und das kann ja durchaus positiv und nützlich für uns sein.

Weitere Signale: Die ehemals mit Kinderlärm gefüllte Wohnung wird plötzlich als zu groß empfunden, wofür soll sie nun genutzt werden? Will ich darin alt werden? Genieße ich einfach diese „Übergröße"? Oder suche ich mir eine kleine Wohnung?

Oder: „O Gott, o Gott – mein Mann wird jetzt immer zu Hause sein. Wie soll das wohl werden? Hoffentlich gehen wir uns nicht auf die Nerven!"

>> Signale im Beruf

Manche Menschen verausgaben sich aus Freude an ihrer Berufstätigkeit und übersehen ihre körperlichen Grenzen:

Gerd, ein befreundeter 61-jähriger Landarzt mit einem 12-Stunden-Tag, bekam plötzlich drei Bandscheibenvorfälle hintereinander mit bleibender Lähmung eines Fußes. Er musste unerwartet sein Leben umstellen. Sein Körper hat ihm signalisiert, dass er sich mit seinem Engagement maßlos überfordert hat. Jetzt bereitet er sich auf sein Leben im Älterwerden vor. Seine Maßstäbe haben sich geändert. Nun steht nicht mehr die intensive Betreuung von Patienten im Vordergrund, sondern die Besinnung auf sich selbst. Früher diente seine freie Zeit allein der Erholung von der anstrengenden Arbeit.

Manche Menschen haben das Gefühl, den Anforderungen im Beruf nicht mehr ganz gewachsen zu sein und achten deswegen darauf, sich nicht zu überfordern. Bei einigen kommt hinzu, dass die ständige Bereitschaft, sich auf Neues einstellen zu müssen, nicht mehr allein durch Erfahrung und Ausdauer kompensiert werden kann. Das macht unzufrieden und führt zu Kritik an allen Neuerungen. Und wenn dann noch der Eindruck dazu kommt, nicht mehr gebraucht zu werden, können diese Veränderungen eine erhebliche Kränkung bedeuten.

Die Altersforschung erklärt die mit zunehmendem Alter wachsenden Anpassungsprobleme mit einem Nachlassen der sogenannten fluiden Intelligenz, die biologisch bedingt ist, für Flexibilität sorgt und mit der schnellen Aufnahme und Verarbeitung von Information sowie deren rascher Umsetzung zu tun hat. Die sogenannte kristalline Intelligenz hingegen, die kulturell erworben ist und der längerfristigen Verarbeitung angeeigneter Wissensbestände, dem differenzierten Umgehen mit früher erworbenem Wissen sowie dessen Anwendung auf andere Konstellationen dient, nimmt kaum ab. Sie ist weitgehend konstant und kann sogar verbessert werden. Also lassen wir uns nicht entmutigen!

>> Signale durch Lebensfragen

Wieder andere sind in einer Sinnkrise und fragen sich, was das Leben noch bieten kann. Sie suchen Antworten. Sie befassen sich mit religiösen Anschauungen oder mit atheistischen Vorstellungen. Sie sind Fragende. Vielleicht suchen sie Herausforderungen, vielleicht sind sie neugierig darauf, neue Lebensweisen auszuprobieren.

Einige haben sich in ihrem Leben benachteiligt gefühlt. Im kommenden Ruhestand eröffnet sich gerade für sie eine Möglichkeit, frei von bestimmenden Einflüssen ihr Leben in die Hand zu nehmen und sich selbst damit zum Gewinner zu machen.

Viele dieser Signale führen schließlich zur Auseinandersetzung mit der Endlichkeit unseres Lebens. Je jünger wir sind, umso verschwenderischer können wir mit Zeit umgehen.

Spätestens jetzt machen die Signale deutlich, dass unsere Zeit begrenzt ist. Die Trauer und Betroffenheit über einen plötzlich verstorbenen Freund zeigt, wie wichtig es sein kann, unsere persönliche Lebenszeit zu nutzen.

Viele verbinden mit dem Älterwerden die Angst vor dem Altern. Sie sehen die Jugendlichkeit schwinden. Sicherlich gibt es körperliche Veränderungen, die wir nicht verhindern können, weil wir eben älter werden. Auch ist unsere jugendliche Dynamik abgeklungen.

Wir müssen akzeptieren lernen, dass wir nicht mehr unsere Jugendlichkeit als Maßstab nehmen können. Machen wir uns dagegen bewusst: Wir sind im Vergleich zu jüngeren Jahren erfahrener, vielleicht selbstbewusster, geschickter, verständnisvoller und toleranter. Das können unsere Stärken sein, nicht aber die jugendlich glatte Haut oder eine beeindruckende körperliche Kraft. Darüber denkt Albert Schweitzer in seinem Gedicht „Bewahre das Alter" nach, wenn er schreibt:

Jugend ist nicht ein Lebensabschnitt,
Jugend ist ein Geisteszustand.
Sie ist Schwung des Willens,
Regsamkeit der Phantasie, Stärke der Gefühle,
Sieg des Mutes über Feigheit,
Triumph der Abenteuerlust über die Trägheit.

Niemand wird alt,
weil er eine Anzahl Jahre hinter sich gebracht hat.
Man wird nur alt, wenn man seinen Idealen Lebewohl sagt.
Mit den Jahren runzelt die Haut,
mit dem Verzicht auf Begeisterung aber runzelt die Seele.

Du bist so jung wie deine Zuversicht,
so alt wie deine Zweifel.
So jung wie dein Selbstvertrauen,
so alt wie deine Furcht.
So jung wie deine Hoffnungen,
so alt wie deine Verzagtheit.

Solange die Botschaften der Schönheit,
Freude, Kühnheit und Größe dein Herz erreichen,
solange bist du jung.

Manchmal rücken auch die „großen Ängste“ in den Vordergrund, nämlich die Ängste vor frühzeitiger Alterskrankheit. Wir fürchten uns vor Schmerzen und Behinderung. Das passiert aber seltener als man denkt. Vorausgesetzt ist, und das schreiben wir mit hoch erhobenem Zeigefinger: Vorausgesetzt ist, dass wir bereit sind, aktiv und gesund zu leben. Darüber erfahren Sie mehr im dritten Teil dieses Buches.

>> Ankommen im Älterwerden

Wenn alle diese Gedanken akut werden, dann befinden wir uns mitten im Älterwerden. Der genaue Beginn des Älterwerdens ist schlecht auszumachen, er wird individuell unterschiedlich empfunden. Spätestens mit dem entscheidenden runden Geburtstag, dem 60., beginnt das Nachdenken über den Ruhestand. Allerspätestens mit Beginn des Ruhestandes wird deutlich, dass wir plötzlich bei jüngeren Menschen zum „alten Eisen“ gehören. Wer sich mit dem Älterwerden vorher nicht befasst hat, erlebt diesen Wechsel möglicherweise als Schock.

> Wenn eine Ära zu Ende geht – Abschied vom Arbeitsleben

> *„Denn das Leben läuft nicht rückwärts, noch verweilt es im Gestern.“* (Khalil Gibran)

Der manchmal langersehnte Abschied aus dem Berufsleben kommt manchmal plötzlich und überraschender als erwartet:

- Wann wird das letzte Arbeitsgespräch stattfinden, wie wird unsere letzte Arbeitshandlung ablaufen?

- Wann werden wir den Arbeitsplatz aufräumen? Wohin mit unserem Material? Wohin mit unseren persönlichen Dingen?
- Wann betreten wir zum letzten Mal unseren Arbeitsplatz?

Dann kommt die Abschiedsfeier: Sie kann einen Rahmen bieten für Wehmut und Traurigkeit einerseits, für Vorfreude und Neugierde auf das Kommende andererseits. Wie wollen wir uns von den Arbeitskollegen verabschieden, wie vom Chef? Wie werden wir Dank oder Verbundenheit ausdrücken? Wie mögliche Kritik? Wovon verabschieden wir uns überhaupt? Rein äußerlich von einer mehr oder weniger spannenden Arbeitsaufgabe, von vielen Kollegen und Kontaktpartnern in der Arbeit, von einem mehr oder weniger geliebten Chef.

Wir lassen Revue passieren: Welche Ziele hatten wir im Beruf? Was waren unsere Ideale? Was haben wir daraus gemacht? Was haben wir erreicht? Die Rückschau, eine Analyse und Bilanz, wird den Einstieg in die neue Lebensphase erleichtern, sie macht freier für den noch unbekannten Lebensabschnitt.

Sicher bestand das Arbeitsleben aus einer Mischung von Erfolgen und Enttäuschungen. Vielleicht regen sich auch Schuldgefühle? Da hätten wir anders handeln müssen, dort haben wir versagt oder unsere Ideale verraten. Das kann schmerzlich sein. Aber für die Zukunft bleibt besonders festzuhalten, welche Erfolgserlebnisse wir hatten und welche Mühe wir dafür aufgewandt haben, sie zu erreichen.

Welche Kollegen waren besonders wichtig? Von wem konnten wir lernen? Mit wem möchten wir weiterhin Kontakt halten?

Manchmal haben wir uns geärgert, fühlten uns hintergangen oder nicht gewürdigt. Manchmal haben wir die Auseinandersetzung gesucht, manchmal haben wir den Groll überdeckt.

Vielleicht können wir uns sehr schlecht trennen, weil wir in unseren Aufgaben aufgegangen sind. Weil wir die Verantwortung liebten, weil wir uns vielen Menschen verbunden fühlten – und möglicherweise die Macht schätzten, die wir ausüben konnten. All das hat unsere Identität im Beruf ausgemacht.

Zum eigentlichen, sehr persönlichen Abschied kommt es in der Regel erst dann, wenn eine gewisse Gelassenheit im Ruhestand eingekehrt ist. Das Bewusstsein, tatsächlich das Berufsleben beendet zu haben, wächst langsam, und es wird in unterschiedlichem Tempo wahrgenommen, mit unterschiedlichsten Gefühlen und Verarbeitungsstrategien. Erst durch eine tiefe Rückbesinnung im Ruhestand wird richtig deutlich werden, welche Anregungen und Anstöße der Beruf gegeben hat.

Der Abschied ist wirklich da, wenn wir uns in aller Klarheit eingestehen können: Das Berufsleben ist unwiderruflich vorbei. Da ist niemand mehr, der im Geschäft, im Büro, am Arbeitsplatz auf die alte Kollegin, auf den alten Mitarbeiter wartet. Er wird dort nicht mehr gebraucht.

Erst jetzt können wir loslassen – vielleicht ein befreiendes Gefühl. Eine lange Phase des Lebens wird Vergangenheit. Wir verabschieden uns von der Identität, die wir im Berufsleben hatten. Damit wird ein Abschnitt des eigenen Lebens abgeschlossen. Für manche ist dies ein ähnlich harter Einschnitt wie der Umzug in eine andere Stadt, die Trennung von einem Partner oder der Auszug des letzten Kindes aus der Wohnung.

Die beruflichen Abschiede werden unterschiedlich wirken – abhängig von der Begeisterung und dem Engagement für die Arbeit. Aber in einem dürften sich alle Ruheständler einig sein: Stress und Hektik verringern sich, und das Gefühl, für eine Aufgabe funktionieren zu müssen, ist endgültig vorbei.

Und was zeigt der Blick nach vorne? Was macht der junge Ruheständler jetzt mit seiner Kreativität, die er vorher für den Beruf eingesetzt hat? Er kann nach Betätigungsfeldern suchen, die ihm Spaß machen, die ihn weiterhin geistig oder körperlich fordern. Sicherlich sagt der Einzelne: „Bitte keinen Stress!" Das ist o. k., es kann ja auch geruhsamer zugehen.

Abschließend noch eine Anmerkung für diejenigen, die sich zum Ende nicht mehr für ihre beruflichen Aufgaben begeistern konnten – oder sogar jahrelang frustriert zur Arbeit gehen mussten. Auch diese Menschen haben sich über ihren Beruf identifiziert, nur stimmten ihre Vorstellungen mit denen des Chefs oder der Kollegen nicht überein. Diese Situation hat sie unzufrieden und ärgerlich gemacht. Mit dem Ausstieg aus dem Beruf sollte gleichzeitig ein Schlussstrich unter den alten Ärger gezogen werden. So muss man nicht in der Rolle des Benachteiligten verharren, sondern kann konstruktiv in die Zukunft blicken.

Übung zur Vorbereitung Ihrer Verabschiedung

Wieder suchen Sie sich bitte Papier und Stift. Nun fragen Sie sich selbst:

1. *Von welchen interessanten und/oder weniger spannenden Arbeitsaufgaben muss ich mich verabschieden?*
2. *Mit welchem Ärger ist jetzt Schluss?*
3. *Wo habe ich Anerkennung erhalten?*
4. *Ich trenne mich von meinen Arbeitskollegen. Welche habe ich besonders geschätzt und warum? Wen möchte ich regelmäßig wiedersehen? Wer bleibt ein Freund?*

Bitte notieren Sie sich Ihre Antworten. Sie können sie für Ihre Verabschiedung nutzen.

> Pensionierungsschock! Wie gegensteuern?

> *„Nicht wie der Wind weht, sondern wie wir die Segel setzen, darauf kommt es an."* (Seglerspruch aus England)

Einige Rentner oder Pensionäre wollen sich nicht auf das Leben im Ruhestand vorbereiten. Meist sind es Menschen, deren Lebensinhalt ganz dem Beruf gewidmet war, auch in der Freizeit. Die Partnerin so eines Mannes sagt schon vor der Pensionierung: „Lass den Alten ruhig weiter arbeiten, der macht mir sonst hier zu Hause die Hölle heiß!" Aber was ist, wenn der Partner nun wirklich aufhört?

Wieso Pensionierungsschock? Herr Lohse (alias Loriot) will im Film „Pappa ante portas" als frisch gebackener Rentner sofort das Management des Haushalts unter seine Kontrolle bringen. Er übernimmt den Einkauf zur Erzielung vermeintlich günstigerer Konditionen, er erklärt der Putzfrau, wie für ihn die Abfolge der Reinigungstätigkeiten zu erfolgen habe. Derweil sitzt seine Frau verzweifelt zu Hause auf dem Sofa und wagt nicht, sich offen bei ihren Freundinnen am Telefon auszuweinen. Herr Lohse, aber auch die Familie wird schnell missgestimmt. Die Familie zieht sich zurück. Der Neurentner versteht die Welt nicht mehr, weil die Familie seinen Managementideen nicht folgen will, die doch den Erfahrungen seiner bisherigen Arbeitswelt entsprechen.

Fazit: Der Beginn des Ruhestands führt in der Familie Lohse zu einer Krise. Keiner in der Familie fühlt sich verstanden. Es fehlt an Absprache, wie das künftige Leben aussehen kann. Dabei müsste vor allem die Rollenverteilung besprochen werden, wer welche häuslichen Arbeiten übernimmt, wie das gemeinsame Leben gestaltet werden sollte.

Vielleicht ist dieses Beispiel überzeichnet, aber in abgemilderter Form können ähnliche Konflikte entstehen und sogar zu einer depressiven Phase führen, was allgemein als Pensionierungsschock bezeichnet wird. Dazu ein Beispiel:

Unser Freund Werner hatte als Leiter einer psychologischen Beratungsstelle vielen Menschen Tipps für ihre Lebensgestaltung gegeben. Als er seine Tätigkeit beendete, sprach er zwar über die Pläne für ein kleines Holzhaus auf dem Lande in der Nähe der Wohnung seiner Freundin, aber die Umsetzung des Vorhabens schien schwierig und kompliziert zu sein. So unterließ er es, sein Ziel zu realisieren. Er fällt ungern Entscheidungen und beließ alles beim Alten. Seine neu gewonnene Zeit verflog, ohne dass er konkrete, neue Ziele umsetzte. Schließlich begann auch seine Initiative für das alltägliche Leben zu erlahmen, bis er sich selbst die Diagnose einer handfesten Depression stellte. Er war in das „schwarze Loch" gefallen, das Ausdruck des sogenannten Pensionierungsschocks ist.

Nach drei Jahren ist jetzt inzwischen das Wochenendhaus fertig, die Beziehung zur Freundin ist zum Glück erhalten geblieben, dazwischen lag aber eine bleierne Zeit, die er nur mit therapeutischer Hilfe überwinden konnte. Verunsicherung, Hilflosigkeit und Tatenlosigkeit hatten seine Abwehr gegen ein neues Leben bestimmt.

So ein Pensionierungsschock kann immer dann einsetzen, wenn Ideen für ein aktives Leben im Ruhestand fehlen. Wenn erstmal die bisherigen Gewohnheiten fortgesetzt werden, aber keine neuen Aufgaben anstelle des Berufslebens treten. Für einen ehemals im Beruf sehr engagierten Menschen ist es natürlich besonders schwierig, ganz plötzlich auf „Untätigkeit" umzuschalten. Meist wird das mit Faulenzen nach getaner Arbeit begründet. Aber wann wird das Ausruhen beendet? Wann wird die alte Kreativität und Mobilität wieder wach?

Wir empfehlen, sich bewusst zu machen, dass der Lebensinhalt eines Menschen nur partiell mit dem Beruf zusammenhängt. Die Berufstätigkeit ist ein wichtiges, aber nicht das einzige Lebensgebiet, auf dem eine Wert- und Sinnerfahrung möglich ist. Welche nicht erfüllten Träume gibt es, welche Neugierde treibt uns an, mit wem möchten wir mehr Kontakte pflegen, haben wir Lust, anderen zu helfen? Es steht eine Fülle von möglichen Aktivitäten zur Auswahl. Darüber später mehr!

>> Ideen für Sofortmaßnahmen

Um zunächst aus einem Pensionierungsschock herauszukommen, können folgende Vorschläge nützlich sein, und zwar unabhängig davon, dass vielleicht ärztliche oder therapeutische Hilfe angesagt sein sollte.

Sofortmaßnahmen

1. Sie leisten sich eine ganz besondere Reise, und zwar nicht zu den Ihnen bekannten Ferienorten, sondern in eine neue Region, die für Sie erstmal völlig fremd erscheint. Oder Sie unternehmen eine Fahrt zu früheren Wohnorten, um alte Bekannte zu treffen und alte Arbeitsstätten wiederzusehen.
2. Es gibt viele Reparaturen in Wohnung oder Haus, die liegengeblieben sind.

3. Sie räumen den Keller auf oder gestalten das Schlafzimmer neu, dabei anfallende, alte überflüssige Sachen werden verschenkt oder weggeworfen.
4. Vielleicht haben Sie die Möglichkeit, auf Honorarbasis in Ihrer Arbeitsstelle weiter tätig zu bleiben.

Eine „ganz besondere Reise", vielleicht sogar außerhalb der üblichen Ferienzeit, kann zu einem Abschiedsgeschenk vom Berufsleben werden. Sicher werden Sie die neue Freiheit ausgiebig genießen. Allerdings besteht nach der Rückkehr erneut die Gefahr, in ein „Loch" zu fallen, weil die Freude an den Reiseerlebnissen im Alltag wieder verblasst. Deswegen empfehlen wir, andere Sofortmaßnahmen anschließend umzusetzen.

Die Ideen zu Punkt 2 und 3 können wie eine innere Reinigung wirken. Damit hat ein Neuanfang schon begonnen. Auch eine verringerte Weiterbeschäftigung in der alten Firma kann den Übergang in den Ruhestand erleichtern. Und nicht zuletzt ist es spätestens jetzt wichtig, sich mit den Möglichkeiten des Älterwerdens zu beschäftigen durch das Lesen einschlägiger Bücher, durch das Forschen im Internet (siehe Internetadressen im Anhang) und besonders auch durch einen Erfahrungsaustausch mit älteren Ruheständlern.

* Entrümpeln

2 Neuorientierung im Ruhestand

> Informationen aus der Altersforschung

> *„Das Leben ist keine Beweisführung. Die Lebensumstände schließen Irrtümer nicht aus."* (Friedrich Nietzsche)

Altersforschung wird bisher vorrangig im medizinischen Bereich betrieben. Aus soziologischer Sicht stehen viele Untersuchungen über die Gesellschaft der Älteren noch aus. Trotzdem wollen wir Ihnen aus Broschüren und neueren Forschungsarbeiten einen kurzen Überblick geben.

Lebenserwartung: Die Lebenserwartung hat sich im letzten Jahrhundert fast verdoppelt. Während unsere Eltern im Durchschnitt noch Lebenszeiten um die 65 Jahre hatten (Frauen aus dem Jahrgang 1920), können 60-jährige Männer heute mit noch durchschnittlich weiteren 21 Jahren rechnen und gleichaltrige Frauen sogar mit 25 Jahren (Statistisches Bundesamt Wiesbaden 2008). 89 % der Männer und 94 % der Frauen vollenden zumindest das 60. Lebensjahr. Das hat zur Folge, dass der Anteil der Älteren über 60 Jahre an der Gesamtbevölkerung weiter steigt. Nach Harry Friebel müssen wir zukünftig mit einer dreifachen Art des Alterns der Bevölkerung rechnen. Hier eine Übersicht (Friebel 2008, 11):

Die absolute Zahl älterer Menschen über 60 Jahre steigt:
2001: 20 Mio. 2030: 23 Mio. 2050: 28 Mio.

Der Anteil Älterer über 60 an der Gesamtbevölkerung steigt ebenso:
2001: 24 % 2030: 34 % 2050: 37 %

Die absolute Zahl hochaltriger Menschen über 80 Jahre steigt stark an:
2003: 3,2 Mio. 2030: 5,7 Mio. 2050: 9,1 Mio.

Schon bald werden die über 60-Jährigen sogar mehr als ein Drittel der Bevölkerung stellen (BMFSFJ 2008, 95). Damit haben wir bei den über 60-Jährigen eine strukturell klar abgegrenzte Lebensphase von erheblicher Länge. Immer mehr wird das Älterwerden zu einem selbstverständlichen und eigenständigen Teil der Normalbiografie. Die Zahl der Hundertjährigen lag 1970 weltweit noch bei 300 Menschen, heute liegt sie bei 5000.

Mehr Leistungskraft der Älteren: 40 % der Deutschen im Alter zwischen 55 und 64 sind noch voll erwerbstätig, die anderen befinden sich im Vorruhestand, in arbeitsmarktpolitischen Maßnahmen oder in der Arbeitslosigkeit – eine Art Schwebezustand zwischen Arbeit, Ruhestand und Rente. Industriearbeiter gehen möglichst früh in Rente, um noch ein paar gesunde Jahre zu erleben. In unserer Dienstleistungsgesellschaft hat die Arbeit am PC die am Band immer mehr abgelöst. Auch mit 67 Jahren sind die Ruheständler nicht unbedingt müde, sondern eher vital und relativ gesund. Klar ist: Das Bild vom alten Menschen mit reduzierter Leistungskraft, der zwischen Schaukelstuhl und Gartenlaube hin und her pendelt, ist überholt. Die in den Köpfen vieler Bürger verankerten Wahrnehmungsformen von Ruheständlern sind nicht mehr angemessen. Durch die deutlich gestiegene Lebenszeit im Ruhestand sind sie gewissermaßen jünger und damit aktiver. Und jede nachfolgende Ruhestandsgruppe weist eine im Schnitt bessere Bildung und bessere Gesundheit auf (Kühnemund 2006, 293). Nie zuvor sind ältere Menschen zwischen 50 und 70 so gebildet gewesen wie heute. Am Anfang ihrer biografischen Karriere stand damals das „Bürgerrecht auf Bildung“, die Bildungsreform. Vor allem Frauen haben davon profitiert. 85% der männlichen Senioren zwischen 55 und 64 Jahren lesen eine Tageszeitung, 40 % haben Zeitschriften abonniert – so leben sie am Puls der Zeit.

Zufriedenheit der Älteren: In der Bewertung der eigenen Lebenssituation unterscheiden sich die Ruheständler von heute deutlich von der Ruhestandsgeneration der Vergangenheit:

- Der Anteil, der mit seinem Leben rundum zufrieden ist und sich wohlfühlt, hat sich fast verdoppelt. 1983 waren es 18 %, 2007 schon 30 %.
- Der Anteil derer, die immer etwas vorhaben und denen nicht langweilig ist, stieg auch deutlich an. 1983 waren es noch 12 %, 2007 sind es 29 %. Zum Vergleich: Der Anteil der jüngeren Generation im Alter von 18 bis 29 Jahren, die über Langeweile klagen, ist dreimal so hoch (Opaschowski 1998, 109).

Besondere Aktivitäten: Bisher gibt es laut Statistik kaum Anzeichen für neue Lebens- und Freizeitstile der Älteren, vielmehr werden die traditionellen Aktivitätsmuster wiederholt. Die Teilhabe und Mitwirkung an gesellschaftlichen Aufgaben oder Gruppen soll insgesamt wenig gewachsen sein. Unser Eindruck ist ein anderer: In unseren Seminaren und in unserem kommunalen Umfeld besteht z. B. ein reges Interesse an Ideen für ehrenamtliches Engagement. Wir gehen deshalb von einem wachsenden Engagement aus. Möglicherweise wird dieser Aspekt in den neueren Erhebungen genauer untersucht werden. Durch das größere Interesse staatlicher Stellen und der Sozialverbände werden immer mehr neue Tätigkeitsformen für Ältere eröffnet. Deswegen ist zu vermuten, dass sich immer mehr Ruheständler weniger für Freizeitaktivitäten, dafür aber für Tätigkeiten interessieren, die dem Gemeinwohl dienen. Neuere Begriffe in der Literatur wie „gewandeltes Ruhestandsbewusstsein“ oder „neue Freizeitgeneration“ deuten darauf hin (Kühnemund 2006, 293).

Finanzielle Situation: Den Rentnern geht es heute so gut wie keiner Generation von Rentnern vorher. Von den 20 Millionen Rentnern leben nur 2,5 % unter der Grundsicherung, 400.000 klagen das nicht ein (Talkshow „Arm im Alter“ mit Anne Will, 8. 2. 2009). Trotzdem – mit diesen 2,5 % erleben wir möglicherweise den Beginn von Altersarmut für Rentner. (Zum Vergleich: 14 % der Familien insgesamt leben unter der Grundsicherung, davon sind 40 % Alleinerziehende, nur 2,5 % Rentner).

Die goldenen Jahre der gesellschaftlichen Solidarität können in dem nächsten Jahrzehnt zu Ende gehen. Bald werden zwei Werktätige eine wirtschaftlich unproduktive Person tragen müssen. Das System der Altersvorsorge mit der Solidargemeinschaft der Jüngeren für die Alten, wie wir es heute kennen und schätzen, wird eines Tages zusammenbrechen, wenn es nicht schon vorher abgebaut wird. Nachdem wichtige Fortschritte in über 100 Jahren politischen Kampfes errungen wurden, wird die künftige Bevölkerungsentwicklung mit ihrem riesigen Anteil an Pensionären und Rentnern unweigerlich Rückschritte erzwingen. Ohne starkes soziales Netz dürften wohl mehr und mehr ältere Menschen an den Rand der Gesellschaft gedrängt werden – eine bedrückende Perspektive.

Wie kann gegengesteuert werden? Eigene finanzielle Mittel müssen zur Vorsorge eingesetzt werden. Wer es sich leisten kann, sollte gezielt Geld auf die Seite legen: Wer mit 65 Jahren in Rente geht, müsste künftig für etwa 25 Jahre Finanzen bereithalten. Das kann im Alter immer wichtiger werden im persönlichen Kampf um die Erhaltung von Selbstständigkeit und Würde.

Das System der gesetzlichen Rente ist veränderungsbedürftig, auch wenn es heute noch 98 % der Ruheständler finanziell relativ gut geht. Vorbild könnte das Schweizer Rentensystem sein: Die wirtschaftlich Starken müssen aus Solidarität mehr einzahlen als die Schwächeren. So belaufen sich heute die gesetzlichen Renten in der Schweiz auf 1200 bis 2800 Euro.

Für uns in Deutschland bleibt anzumerken: Die finanzielle Situation von Ruheständlern hat sich 2007 gegenüber 1997 erheblich verbessert. 57 % bewerten ihre finanzielle Situation als sehr gut oder gut, davor waren es 42 %. Eine finanziell schlechte Situation beklagten fast unverändert 9 % der Ruheständler. Außerdem gaben nur 27 % der Rentner an, sich für die Zukunft keine Sorgen um ihre finanzielle Situation zu machen (Opaschowski/Reinhardt 2007, 59, 109).

Zur Gesundheit: Menschen in Deutschland können heutzutage mit einiger Sicherheit erwarten, einen mindestens zwei Jahrzehnte umfassenden Ruhestand in relativ guter Gesundheit zu erfahren. Viele von ihnen werden die Geburt von Enkeln und Urenkelkindern erleben, auch wenn sich die Zahl der Nachkommen mit dem Nachrücken der geburtenschwächeren Jahrgänge der Elterngeneration verringern wird.

Die seit vielen Jahren explodierenden Kosten der Krankenkassen werden durch die künftige, „auf den Kopf gestellte" Alterspyramide in neue Dimensionen gehievt, sodass ein massiver Leistungsabbau zu befürchten ist. Neue Hüften, teure Krebstherapien, Abwehr gegen Alzheimer oder der vierfache Bypass belasten die Solidargemeinschaft der Krankenkassen enorm.

Beruhigend ist dennoch, dass viele Menschen auch bis in das höhere Alter fit bleiben. Die Leidenszeit bei Gebrechen ist meist auf ein Jahr beschränkt (Koch 2005, 266). Unsere Eltern oder Großeltern hätten von solch positiven Aussagen zur Gesundheit nur träumen können. Für die jetzt lebenden Älteren ist diese Entwicklung Ermutigung und Herausforderung zugleich.

> Lebensphasen im Älterwerden

> *„In der Jugend lernt, im Alter versteht man."*
>
> (Marie von Ebner-Eschenbach)

Älterwerden ist ein langsamer Prozess. Erst merken wir nur, dass unsere Falten zunehmen. Dann spüren wir, dass wir nicht mehr unendlich lange arbeiten können, ohne ab und zu Pausen einzulegen. Bis dann schleichend auch die körperliche Leistungsfähigkeit abnimmt, Aktivitäten zunehmend schwer fallen – und schließlich das Dasein als hochbetagter Mensch beginnt. Die einzelnen Phasen des Älterwerdens sind für jeden jedoch unterschiedlich ausgeprägt. Bis zur Schwelle zum höheren Lebensalter stellt jedoch das Alter zwischen 60 und mindestens 80 insgesamt gesehen kaum einen Risikofaktor für Lebensqualität und Wohlbefinden dar. Voraussetzung dafür sind Einsicht und Energie für persönliche Anpassungsprozesse. Wenn wir uns bisher nicht gescheut haben, den einzelnen Phasen unseres Lebens mit Mut und Zuversicht zu begegnen, was haben wir jetzt zu befürchten?

Gleichzeitig ist uns bewusst, dass es auch Menschen gibt, die ganz plötzlich mit einer schweren Krankheit konfrontiert sind, andere sterben viel zu früh. Und es gibt Mitbürger, die aus gesundheitlichen Gründen vorzeitig aus dem Berufsleben ausscheiden müssen. Sie werden sich dadurch früher als andere mit Themen späterer Altersphasen befassen.

Die Altersstudie des Landes Berlin von 2008 (Lindenberger et al. 2010) ergab, dass Menschen über 70 Jahre sich heute durchschnittlich 13 Jahre jünger fühlen als es ihrem tatsächlichen Alter entspricht – auch wenn Jugendliche uns sofort ansehen, dass wir zu den Älteren gehören. Wir interpretieren das so, dass unsere Energiereserven und unsere Dynamik weitaus größer sind als die unserer Elterngeneration. Wenn das nicht zuversichtlich stimmt! Ein Leitsatz könnte lauten: „Ich bin so alt wie ich mich fühle, und ich fühle mich sehr jung!"

Im Folgenden wollen wir auf unterschiedliche Formen der Einteilung von Altersphasen eingehen. Die Weltgesundheitsorganisation unterscheidet (Baus 2007, 60ff):

- Mittleres Alter: 35 bis 60 Jahre
- Reifes Alter: 60 bis 75 Jahre
- Fortgeschrittenes Alter: 75 bis 90 Jahre
- Hohes Alter: über 90 Jahre

Wir dagegen bevorzugen für die Einteilung der Phasen im Älterwerden den voraussichtlichen Wandel der Lebensgewohnheiten und den Grad des selbstbestimmten Lebens, wie wir es bei unseren Kursteilnehmern, bei Freunden, bei älteren Verwandten und insbesondere bei uns selbst erfahren haben. Dementsprechend gliedern wir das Älterwerden in folgende Phasen:

Altersphasen

1. Phase: Innere Vorbereitung auf das Älterwerden (55 bis 62 Jahre)
2. Phase: Genießen des Ruhestandes (62 bis 70 Jahre)
3. Phase: Akzeptanz des Älterseins im Ruhestand (70 bis 80 Jahre)

4. Phase: Übergänge vom Ältersein zum Altsein
(80 bis 84 Jahre)
5. Phase: Umgang mit dem Altsein
(ab 85 Jahre)

Uns ist bei dieser Einteilung bewusst, dass viele Menschen diese Phasen individuell unterschiedlich erleben. Dabei sollen die Altersangaben nur Zeiträume andeuten, die sich verschieben und individuell kürzer oder länger sein können. Das trifft vor allem auf die Phasen 4 und 5 zu. Hier zeichnet sich ein Unterschied allein durch die kürzere Lebensdauer der Männer ab. Auch können sich in diesen Phasen Persönlichkeitsunterschiede akzentuieren. Ein befreundetes Paar berichtete, dass die jeweiligen Mütter mit 85 und 87 Jahren sich nicht so gut verstehen, weil die eine zu lebhaft und fordernd in der Unterhaltung ist, was auf die andere anstrengend und ermüdend wirkt.

Diese Phaseneinteilung hängt ebenso von der persönlichen Lebenssituation ab. Ein Notar, der noch mit 69 Jahren intensiv arbeitet – vielleicht ein Workaholic – wird sich innerlich kaum auf das Älterwerden (1. Phase) vorbereitet haben. Ein herzkranker Mann dagegen wird vorzeitig die Begrenztheit seines Lebens spüren und deswegen das Genießen des Ruhestandes (2. Phase) mit der Akzeptanz des Älterseins (3. Phase) fast zur selben Zeit „abarbeiten".

Um immer wiederkehrende Gedanken und Problemstellungen, die die einzelnen Phasen kennzeichnen, deutlich zu machen, haben wir sie – nach einer kurzen Beschreibung der Phasen selbst – in Fragen und Anregungen zum Nachdenken gefasst.

>> 1. Phase: Innere Vorbereitung auf das Älterwerden (55 bis 62 Jahre)

Kennzeichen: Die Lebensweise bleibt erst einmal unverändert – außer wenn die Kinder sehr spät aus dem Haus gehen. Praktische Fragen zum Ruhestand sind vorzubereiten: Klärung der zu erwartenden finanziellen Situation im Ruhestand, Prüfen der Rentenberechnung, Vorentscheidung über die zukünftige Wohnsituation. Mehr oder wenig regelmäßige Vorsorgeuntersuchungen bei Ärzten werden wahrgenommen. Freizeit und Urlaub laufen wie bisher ab. Die Gedanken kreisen um folgende Themen:

- Wie organisiere ich mich, damit ich trotz abnehmender Leistungsfähigkeit im Beruf bis zur Pensionierung durchhalten kann?
- Wie viel Geld brauche ich für mein Leben im Ruhestand? Kann ich mir weitere Urlaubsreisen erlauben?
- Wie gestalte ich meinen Alltag, wenn ich nicht mehr arbeite?
- Werde ich in der Arbeit noch wichtig genommen?
- Werde ich meine Arbeit später vermissen? Oder nur die Kollegen?
- Will ich etwas gegen meine Altersflecken im Gesicht oder auch gegen die grauen Haare tun? Und wenn ja, was?
- Hoffentlich muss ich mich noch nicht so bald im Rollstuhl bewegen!
- Was mache ich, wenn ich plötzlich im Seniorenheim lande?

Wir erleben bei Treffen mit Freunden immer wieder, dass Themen wie die beiden letztgenannten halb witzig, halb ernsthaft eingeworfen werden.

>> 2. Phase: Genießen des Ruhestandes (62 bis 70 Jahre)

Kennzeichen: Letzte Vorbereitungen für den Start in den Ruhestand sind zu treffen. Noch ausstehende Fragen zur Auszahlung der künftigen Renten oder Pensionen werden geklärt. Die Verabschiedung vom Beruf ist aufregend, dagegen sind die ersten freien Tage ohne Beruf entspannend. Dann sind konkrete Planungen fällig für künftige Aktivitäten. Vielleicht fängt es mit der Renovierung der Wohnung an. Aber das kann eher Stress bedeuten als den ersehnten Genuss. Oder werden erstmal ausgedehnte Ferien gemacht? Alte Kontakte werden wieder aktiviert. Arztbesuche sind notwendig. Die Gedanken kreisen um folgende Themen:

- Es macht Spaß, täglich in Ruhe mit Freundinnen zu telefonieren oder sich beim Kaffeekränzchen zu treffen.
- Schön, einfach Zeit zu genießen, raus zu gehen, im Grünen zu sitzen.
- Wie will ich den Kontakt zu alten Freunden wieder aufnehmen?
- Das Fernsehprogramm ist selten spannend.
- Wie bekomme ich all das, was ich machen will, unter einen Hut?
- Normalerweise passiert im Rentnerleben nicht viel Aufregendes.
- Wieso ruft mich keiner von der Arbeit an, damit ich ihm etwas erkläre?
- Was kann ich jetzt Sinnvolles tun?
- Ich muss unbedingt noch mal eine Fahrradtour machen.
- Ich muss trainieren, damit mein Rücken nicht schmerzt.
- Was mache ich, wenn es mir einmal schlechter geht?
- Warum muss ich täglich Tabletten einnehmen?
- Hoffentlich bleiben meine medizinischen Analysewerte im grünen Bereich.
- Wie lange werde ich wohl leben?

>> 3. Phase: Akzeptanz des Älterseins im Ruhestand (70 bis 80 Jahre)

Kennzeichen: Der 70. Geburtstag ist für viele ein magischer Punkt. Die Jahre ab 70 galten nach den Maßstäben unserer Eltern als die Zeit des beschwerlichen Alters. Mit dem 70. Geburtstag ist es heute mittlerweile zwar endgültig klar, dass wir nicht mehr zu den Jüngeren zählen, aber nach den heutigen Maßstäben gehören wir auch nicht zu den ganz Alten. Insbesondere wenn wir uns noch fit fühlen.

Das Leben im Ruhestand hat sich eingespielt. Wahrscheinlich verringert sich der Umfang der Aktivitäten, vielleicht lässt das Reisefieber nach. Oder bestimmte Jobs oder das Schreiben von Familienchroniken sind beendet. Dies alles beflügelt die Suche nach anderen Aufgaben, vielleicht geruhsameren. Es ist die Zeit, seinem Leben noch einmal eine Wende zu geben. Zum täglichen Einerlei gehören auch Maßnahmen zur Stärkung der Gesundheit und damit häufigere Arztbesuche. Die Gedanken kreisen um folgende Themen:

- Wie kann ich meine Kräfte bewahren?
- Was unternehme ich, um geistig fit zu bleiben?
- Welche besonderen Erlebnisse möchte ich mir noch gönnen?
- Ich habe zunehmend Ängste, insbesondere vor größeren Reisen!
- Die Zahl meiner täglichen Pillen vermehrt sich! Werde ich langsam abhängig?
- Der Nachbar hat seine schwere Operation gut überstanden. Hoffentlich trifft mich so etwas nicht.
- Wie erhalte ich mir eine gute Beziehung zu den Kindern?
- Wie soll ich im Alter leben und wo? Sollte ich demnächst meine Wohnung aufgeben?
- Wer unterstützt mich später?
- Was war in meinem Leben sinnvoll? Hätte ich mein Leben anders führen sollen?
- Wem kann ich meine Erfahrungen weitergeben?

>> 4. Phase: Übergänge vom Ältersein zum Altsein (80 bis 84 Jahre)

Kennzeichen: Trotz gesundheitlicher Einschränkungen versuchen viele Ältere, den alten Lebensstil aufrechtzuerhalten. Ziele und Vorhaben müssen jetzt auf kleinere Aktivitäten begrenzt werden. Über eine Veränderung der Wohnsituation muss spätestens jetzt entschieden werden: Verweilen in der alten Wohnung mit entsprechenden baulichen Anpassungen oder Umzug in ein Seniorenheim? Größere körperliche Gebrechen machen sich bemerkbar, die Leistungsfähigkeit nimmt ab. Die Gedanken kreisen um folgende Themen:

- Wie erhalte ich mir eine positive Lebenseinstellung?
- Wie lerne ich, mit meinen Beschwerden besser umzugehen?
- Wie bleibt mein Leben trotz Einschränkungen noch erfüllt?
- Wer wird mich später unterstützen?
- Wen kann ich anrufen? Wer besucht mich?
- Wie pflege ich meine Freundschaften und Bekanntschaften, wenn ich nicht mehr so beweglich bin?
- Ich denke häufiger an mein früheres Leben.
- Wie bewältige ich Abschiede von Freunden oder Bekannten?
- Wie lange erhalte ich mir meine Disziplin, allein und unabhängig zu leben?
- Soll ich mir Unterstützung durch einen Pflegedienst oder einen Essensdienst organisieren?
- Werde ich auf Dauer in der alten Wohnung zurechtkommen oder sollte ich besser in ein Seniorenheim umziehen?
- Wie lange werde ich noch gut lesen können?
- Ich habe weniger Angst vor dem Tod als vor einer schweren Krankheit.

>> 5. Phase: Umgang mit dem Altsein (ab 85 Jahre)

Kennzeichen: Mit der Pflegebedürftigkeit verringern sich alle Aktivitäten stark. Trotzdem ist es im Interesse der eigenen Selbstständigkeit wichtig, noch einige Aufgaben selbst zu erledigen. Das Lebensende wird akzeptiert. Spaß an kleineren Freuden kann erhalten bleiben. Begegnungen stärken das Selbstwertgefühl und vermeiden Niedergeschlagenheit. Die Gedanken kreisen um folgende Themen:

- Wie erreiche ich, dass ich mich nicht einsam fühle?
- Wie gehe ich damit um, dass ich zunehmend weniger selbst bewerkstelligen kann und stattdessen betreut und gepflegt werden muss?
- Was kann mir Freude schenken?
- Wie halte ich schöne Erinnerungen an mein früheres Leben wach?
- Ist ein Leben mit Beschwerden und Einschränkungen für mich noch sinnvoll?
- Was kommt nach meinem Tod?

Fazit

1. Das Älterwerden ist ein langer Prozess, wir werden nicht auf einen Schlag alt oder gebrechlich. Es ist deswegen wenig hilfreich, sich schon besonders frühzeitig Sorgen über die fünfte Phase, das Altsein, zu machen.
2. Auch wenn im Laufe des Älterwerdens die Leistungsfähigkeit abnimmt, können wir noch ein vitales und produktives Leben führen. Nur müssen wir unsere Aktivitäten umstellen oder verringern. Ich, Günter, mache mit 73 Jahren noch Bergwanderungen und laufe Abfahrtski, allerdings heute nur noch mit halbem Pensum gegenüber vor fünf Jahren. Und neuerdings haben Inga und ich mit Skilanglauf begonnen.
3. Um ängstlichen Neuruheständlern Sorgen zu nehmen, empfehlen wir, sich Fragen und Probleme klar vor Augen zu führen und mit anderen zu besprechen – statt sich mit diffusen Ängsten im Stillen zu quälen.

Realität ist, dass am Ende unseres Lebens Gebrechlichkeit zu erwarten ist. Wann, steht nicht in unserem Ermessen. Diese Erkenntnis sollte uns beflügeln, in den Zeiten davor gelassen und lebensfroh zu sein.

> Typische Merkmale von Älteren

> *„Woran glaubst du? Daran, dass die Gewichte aller Dinge immer neu bestimmt werden müssen."* (Friedrich Nietzsche)

Es gibt kein Allgemeinrezept, was alles im Ruhestand zu machen ist. Jeder wird seine individuelle Note leben. Trotzdem lassen sich bestimmte gleichartige Kennzeichen unterschiedlicher Lebensweisen erkennen.

Wir haben aus den Lebenskonzepten von älteren Freunden und Bekannten und aus denen der Teilnehmer unserer Kurse zum Älterwerden eine Typologie für Ruheständler entwickelt. Die einzelnen Typen bevorzugen gleichartige Schwerpunkte ihrer Lebensgestaltung. Derjenige, der ähnlich dem Berufsleben seine Zeit weiterhin überwiegend mit Erwerbsarbeit verbringt, wird als Weitermacher bezeichnet. Derjenige, der sich ständig Sorgen während des Älterwerdens macht, wird Bedenkenträger genannt. Dahinter stehen Eigenschaften, die sicherlich schon früher, vielleicht während der Arbeitsphase, entstanden sind und die jetzt durch das Plus an Zeit besonders deutlich hervortreten.

In der Realität vermischen sich die Ausprägungen der einzelnen Typen. Das bedeutet, dass der Einzelne bei sich vielleicht von Typ X 60 % der Eigenschaften in seiner Person entdeckt und von Typ Y 40 %. Das hört sich zunächst kompliziert an, zeigt aber letztlich ein spannendes Bild von individueller Lebensweise, wodurch Schwerpunkte der Ausprägungen unserer Persönlichkeit deutlich werden. Nach Vorstellung der verschiedenen Typen können Sie sich selbst testen.

>> Eine kleine Rentnertypologie

Der Weitermacher arbeitet und/oder lebt wie bisher weiter. Er ist im alten Umfang tätig, auch wenn die Arbeitsstelle ggf. in eine soziale Institution verwandelt wurde. Der Partner sorgt auch weiterhin für Haushalt und Garten. Die Rollen in der Partnerschaft bleiben unverändert, die Urlaubs- und Freizeitgewohnheiten ebenso.

Ein befreundeter Rechtsanwalt (73 Jahre) leitet seit vielen Jahren eine große Anwaltskanzlei. Er ist von seiner Arbeit sehr begeistert und möchte erst frühestens in drei Jahren aufhören.

Der Suchende möchte neue Aktivitäten ausprobieren und neue Kontakte finden. Er bringt dazu Vorkenntnisse oder Erfahrungen mit. Vielleicht hat er unerfüllte Wünsche und fühlt sich frei, seine Bedürfnisse auszuleben. Das kann die Suche nach einem neuen Lebensumfeld, z. B. in wärmeren Ländern, sein. Das kann sich auf ein Studium beziehen. Es können aber auch kleine Aktivitäten sein wie Hilfe im Sozialbereich, Ausbildung für eine soziale Aufgabe. Diese Aktivitäten sind gleichzeitig verbunden mit neuen Kontakten.

• • • *Als ehemaliger Konstrukteur möchte Ludwig mehr mit Menschen zu tun haben. Er lässt sich in einer kirchlichen Beratungsstelle zum Berater für Arbeitslose und Sozialhilfeempfänger ausbilden und berät jetzt wöchentlich an zwei Vormittagen ältere Arbeitssuchende.* • • •

Der Helfer will vielen in Familie und Nachbarschaft helfen und unterstützt Bedürftige. Die Helferin leistet z. B. bereitwillig „Oma-Dienste" oder beteiligt sich an der Patientenfürsorge in Krankenhäusern. Die Männer sorgen z. B. gern für Hausreparaturen bei Nachbarn oder beschneiden Büsche und Bäume für andere. Oma mit Begeisterung?

• • • *Christa springt regelmäßig als Babysitterin für die Drillinge ihrer jungen Nachbarin ein. Werner kauft für die alte Dame im Nebenhaus ein.* • • •

Der Zurückgezogene lässt alles langsam und ruhig angehen, lebt für sich oder mit seiner Partnerin allein und schränkt auch die Kontakte zu anderen ein. Der Zurückgezogene lebt möglichst im erprobten Lebensumfeld und neigt dazu, sich lieber mit der selbst gelebten Vergangenheit zu beschäftigen als mit der Gegenwart und Zukunft. Seinen Hobbys geht er im Stillen nach.

• • • *Nachbar Hans lebt im Sommer in seinem kleinen Garten, pflegt seine Blumen und Bäume und erfreut sich an den Vogelstimmen, im Winter liest er Bücher, ordnet seine Fotoalben, sitzt vor dem Fernseher und renoviert Teile der Wohnung.* • • •

Der Genießer kostet die neue freie Zeit ausgiebig aus und freut sich über umfangreichen Konsum. Er geht gern auf Schnäppchenjagd, reist viel, besucht zahlreiche Veranstaltungen und sitzt am Abend gemütlich mit Gleichgesinnten zusammen und erzählt von Reiseerlebnissen. noch mehr Achtsamkeit

Werner und Lore reisen häufig, am liebsten auf südliche Inseln, wie Mallorca. Zu Hause treffen sie sich abends mit der Nachbarschaft, sitzen beim Bier zusammen und reden über Gott und die Welt.

Der ewig Junge unternimmt große Anstrengungen, um jung zu wirken. Diese Menschen wollen sich durch körperliche Hochleistungen beweisen, was sie noch alles können, z. B. unternehmen sie lange, anstrengende Fahrradtouren wie in früheren Jahren. Andere sind mehr auf ihre junge Erscheinung bedacht, tragen Kleidung eher wie Teenager, leiden gerne durch endlose Fitnesstrainings oder versuchen, sich mit Operationen zu verschönern.

Rudi ist frühpensioniert. Er fährt täglich mindestens zwei Stunden mit dem Fahrrad, macht regelmäßig Krafttraining und geht zweimal wöchentlich in die Disco.

Der Bedenkenträger macht sich wegen unberechenbarer Ereignisse oder möglicher Schwierigkeiten Sorgen, wagt kaum, neue Aktivitäten auszuprobieren, spart aus Sorge vor späterem Geldmangel. Meckereien wie „Alles wird teurer!" oder „So was kann ich mir nicht leisten!" drücken seine Stimmung und verbieten Ausgaben sogar für angenehme, preisgünstige Vorhaben. Das Motiv Bedenken oder Sorgen durchzieht alle Lebensaktivitäten und macht damit jede neue Erfahrung zu einem Risiko. Krankheiten führen zu Ängsten und panikartigen Fantasien.

Besucher müssen bei Martha anrufen, damit sie weiß, dass sie wohlbehalten zu Hause angekommen sind.

Der Enttäuschte hat häufig das Gefühl, im Leben benachteiligt worden zu sein oder keine angemessene Rolle gespielt zu haben. „Wenn mein Mann nicht aus seiner gehobenen Position freiwillig ausgeschieden wäre, würde ich jetzt bei Freunden eine viel bedeutendere Rolle spielen!“ Es geht häufig um Erwartungen, die man fast erzwingen will. Da die Erwartungen aber nicht erfüllt werden, fühlt sich der Enttäuschte im Stich gelassen. Dies wird als Selbstmitleid gegenüber Partnern und Freunden weitergegeben, was wenig konstruktiv wirkt.

Anne glaubt einen neuen, wohlhabenden Partner gefunden zu haben, mit dem soll alles wie früher sein. Der Partner wehrt sich vor zu viel Nähe. Er zieht sich zurück. Anne ist enttäuscht: „Keiner hält es mit mir länger aus.“

>> Welche Chancen im Leben lassen die Typen aus?

Kennzeichen dieser Menschen ist, dass sie sich einseitig auf bestimmte Lebensweisen konzentrieren.

- **Der Weitermacher** verzichtet darauf, neue Seiten des Lebens intensiver kennenzulernen, auch wenn das Engagement im Beruf erstmal zu bewundern ist. Auch wird voraussichtlich eine innere Beschäftigung mit dem Älterwerden umgangen.
- **Der Suchende** verpasst es, sich Grenzen zu setzen, um für sich auch Besinnlichkeit und Ruhe zu finden und genießen zu können.
- **Der Helfer** steht oft nur für andere zur Verfügung, er vermeidet Aktivitäten nur für sich persönlich zu entwickeln.
- **Der Zurückgezogene** verzichtet auf Anregungen durch Neues, es besteht die Gefahr, dass er in alten Denkformen verharrt, was zu Starrsinn führen kann, nach dem Motto „Das habe ich schon immer so gemacht!“.
- **Der Genießer** liebt zu sehr die Schönheiten und Verführungen des Lebens, was zu einer Flucht vor der Bewältigung von Problemen des täglichen Lebens führen kann und damit zu einer gewissen Abgehobenheit oder Isolation.

- **Der ewig Junge** versucht das Älterwerden zu verneinen oder weit hinauszuschieben. Seine Kontaktpartner könnten ihn als unreif abstempeln und irgendwann meiden. Damit kann einer später aufkommenden psychischen Krise der Boden bereitet werden.
- **Der Bedenkenträger** stellt die Sorge um die Zukunft in den Vordergrund, anstatt die Chancen zu neuen Aktivitäten aufzugreifen.
- **Der Enttäuschte** sieht zu sehr das Destruktive, also das, was nicht klappt. Stattdessen wäre eine positive Denkweise mit realistischen Erwartungen für die eigene Stimmung und für den Kontakt mit anderen angemessener.

>> Welche Anteile der Typen lebe ich?

Jede Leserin und jeder Leser kann selbst eine Analyse vornehmen: Welcher Typ sind Sie? Welche Anteile entdecken Sie bei sich? Mit dem Ergebnis dieser Untersuchung können wir unser Lebenskonzept überprüfen. Erkennen wir Grenzen unserer Persönlichkeit? Vielleicht stellen wir fest, welche Chancen und Möglichkeiten wir an uns vorüberziehen lassen. Haben wir das Interesse, uns Anteile eines anderen Typs anzueignen? In unseren Kursen haben sich die Teilnehmer vorrangig für den Suchenden und den Helfer-Typ entschieden. Das ist natürlich kein objektives Urteil, weil allein schon die Teilnahme an Kursen zum Älterwerden ein entsprechendes Interesse voraussetzt. Es mag auch durchaus Begeisterte für den Weitermacher und den Genießer geben; diese Typen wurden von unseren Kursteilnehmern nachrangig gewählt.

Übung zur Analyse der Typanteile

Bitte prüfen Sie anhand der Typen älterer Menschen im Ruhestand, welche Anteile (in Prozent) Sie selbst heute verkörpern. In einem zweiten Schritt können Sie für Ihr Leben in fünf Jahren eine Vorausschau wagen. Nutzen Sie dazu die nachfolgende Tabelle.

Spannend kann es sein, eine Einschätzung der Eltern vorzunehmen. Sie werden im Vergleich zu Ihrer persönlichen Analyse erkennen, welche Anteile Ihrer Eltern Sie selbst ebenso leben und worin Sie sich unterscheiden.

Sie können zusätzlich eine Einschätzung über Ihre Lebensweise auch von einem Partner oder Freunden vornehmen lassen. Das wäre eine spannende Gegenüberstellung von Ihrer eigenen und einer fremden Wahrnehmung und gäbe Anlass, die verschiedenen Bilder zu vergleichen und im Hinblick auf künftige Lebenskonzepte zu überprüfen.

Tab. 1: Selbstanalyse von Typanteilen

Typen	**Meine Typanteile heute *(in Prozent)***	**Meine Typanteile in 5 Jahren *(in Prozent)***	**Typanteile meines Vaters *(in Prozent)***	**Typanteile meiner Mutter *(in Prozent)***	**Meine Typanteile aus Sicht des Partners/der Partnerin *(in Prozent)***
Der Weitermacher					
Der Suchende					
Der Helfer					
Der Zurückgezogene					
Der Genießer					
Der ewig Junge					
Der Bedenkenträger					
Der Enttäuschte					
Gesamtanteile in Prozent	100	100	100	100	100

> Wie wird sich die Lebensweise im Ruhestand verändern?

■ *Sich verändern bedeutet Leben.*

Die bisherige private Lebensweise wird sich zu Beginn des Ruhestands zunächst kaum verändern. Gerade wenn wir ein ausgedehntes Privatleben mit Hobbys und einem großen Bekanntenkreis haben, wenn wir besondere Gewohnheiten für Ausflüge und Urlaub pflegen, dann liegt es nahe, alles erst einmal beim Alten zu belassen. Was verändert sich trotzdem? Von einigen Veränderungen im Ruhestand wissen wir, andere werden uns später erst bewusst:

- Je nach Umfang der bisherigen Beschäftigung stehen uns täglich fünf bis zehn Stunden mehr zur freien Verfügung.
- Die gedankliche Konzentration und körperliche Anstrengung in der Arbeit entfällt und trainiert nicht mehr Kopf und Körper.
- Damit hören auch die Belastungen aus dem Beruf auf, die wir mit besonderen Erholungszeiten bisher abbauen mussten.
- Der regelmäßige Kontakt zu den Kollegen mit gegenseitiger Aufmunterung und Würdigung oder auch Ärger wird abgebrochen.
- Die finanziellen Mittel für den Lebensunterhalt werden durch die niedrigere Rente eingeschränkt. Sie sind jedoch eine verlässliche Einnahmequelle im Vergleich zu Lohn oder Gehalt.

Gewiss, wir können anfangs so tun, als ob wir Ferien machen. Also schlafen wir länger, auch können wir länger fernsehen. Mit größerer Ruhe werden Einkauf und Hausputz erledigt. Aber vier bis sechs Stunden bleiben dann immer noch täglich zur freien Verfügung.

Ein „Vergammeln“ der Zeit macht vielleicht zwei oder drei Wochen Spaß, aber dann wird es langweilig, und es droht der Absturz in Unzufriedenheit, Untätigkeit und schließlich in depressive Verstimmungen. Der Pensionierungsschock wird manifest.

>> Warnungen vor Verfall

Betty Friedan (1995, 55), eine amerikanische Kämpferin für die Rechte der Senioren, drückt drastisch aus:

> „Weil die Umwelt weniger von ihnen erwartet, erwarten ältere Menschen ebenfalls weniger von sich selbst – und sie gewöhnen sich das Denken ab. Sie lassen zu, dass sie versorgt und gepflegt werden und verlieren nach und nach die Fähigkeit, für sich selbst zu sorgen."

Der Alterungsprozess kann sehr schnell einsetzen, wenn man keine Anforderungen an sich selbst stellt. Nicht Abtreten von der Bühne ist angesagt, sondern die bewusste Suche nach einem neuen Mittelpunkt.

>> Chancen für ergänzende Lebensweisen nutzen

Welche Ideen gibt es? Welche Vorsätze wurden während der Berufsphase für den Ruhestand gefasst? Was kann jetzt ausprobiert werden? Neue Rollen warten auf uns. Der Ruhestand kann zum Un-Ruhestand werden. Welche Veränderungsmöglichkeiten sich mit Beginn des Ruhestandes eröffnen, soll das unten folgende Beispiel demonstrieren.

Einige werden sicherlich auch Grenzen ihrer persönlichen Freiheit sehen. Vielleicht fühlen sie sich verpflichtet, den erwachsenen Kindern zu helfen oder mit besonderen Diensten Nachbarn zu unterstützen. Andere haben körperliche Beschwerden und können ihre Vorhaben deswegen nicht verwirklichen. Noch andere erhalten so niedrige Rentenzahlungen, dass sie sich ihre Wünsche stark beschneiden müssen. Trotzdem muss dies nicht zwingend ein Anlass sein, auf die Entwicklung von Ideen für die Zukunft zu verzichten. Natürlich sind damit die Aktivitäten etwas eingeschränkt, aber sie können immer noch dazu beitragen, die Lebensweise im Ruhestand spannend und sinnvoll zu machen.

>> Lebensweisen verändern sich – das Beispiel einer 65-Jährigen

Wie Veränderungen der Lebensweise sich entwickeln können, wollen wir am Beispiel der 65-jährigen Frau B. darstellen, deren Lebensschwerpunkte sich im Laufe von 25 Jahren ständig verschoben haben. In immer wieder neuen Rollen trug sie den Veränderungen ihrer jeweiligen Lebenssituation Rechnung.

Lebensphase mit 40 Jahren: Frau B. lebt zusammen mit Mann und zwei Kindern (15 und 19 Jahre alt). Sie arbeitet halbtags in der Buchhaltung einer Firma. Welche Rollen bestimmen ihr Leben? Wie teilt sie sich ihre Zeit ein?

- Mutterrolle: Um ihre älteren Kinder zu betreuen, benötigt sie 15 % ihrer verfügbaren Zeit.
- Rolle als Partnerin: Um die Beziehung zu ihrem Mann zu pflegen, nutzt sie etwa 10 % ihrer Zeit.
- Rolle als Büroangestellte: Zeitaufwand von 40 %.
- Rolle als Hausfrau: Mit Unterstützung durch ihren Mann etwa 20 %.
- Rolle als Genießerin von Freizeit und Urlaub: Es verbleibt ihr nur 5 % ihrer Gesamtzeit.
- Rolle als Freundin oder Verwandte: 10 % Zeitanteile stehen für Kontakte zur Verfügung.

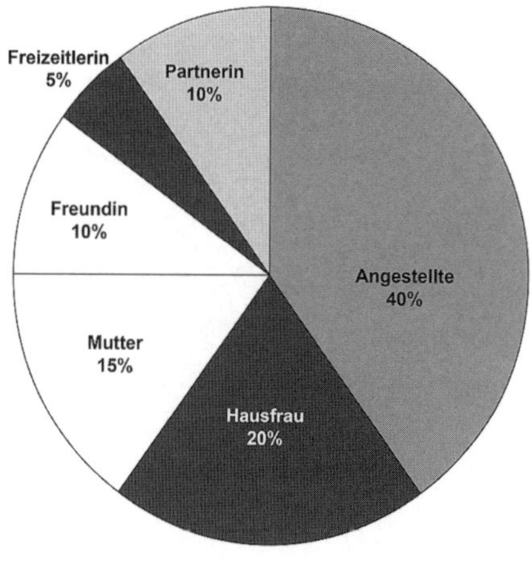

Abb. 1: Rollen mit 40 Jahren

Diese Rollen mit ihren entsprechenden Zeitanteilen finden Sie in Abbildung 1 dargestellt. Die Abbildungen 2 und 3 zeigen die Situation von Frau B. mit 52 Jahren und dann mit 65 Jahren.

Lebensphase mit 52 Jahren: Frau B. hat sich scheiden lassen. Die Kinder sind aus dem Haus. Sie arbeitet jetzt voll als Abteilungsleiterin der Buchhaltung. Zeitbedarf für ihre verschiedenen Rollen:

- Rolle als Mutter: 5 %,
- Rolle als Partnerin: fällt weg,
- Rolle als leitende Angestellte: 70 %,
- Hausfrauenrolle: 10 %,
- Rolle als Genießerin von Freizeit: 5 %,
- Rolle als Freundin oder Verwandte: 10 %

Lebensphase mit 65 Jahren: Frau B. ist seit 2 Jahren in Rente. Sie hat jetzt einen Lebensgefährten. Zeitbedarf für ihre Rollen jetzt:

- Rolle als Mutter und Oma: 10 %,
- Rolle als Partnerin: 20 %,
- Rolle im Beruf: entfällt,
- Rolle als Hausfrau 25 %,
- Genießerin von Freizeitaktivitäten: 20 %,
- Rolle als Freundin oder Verwandte: 25 %.

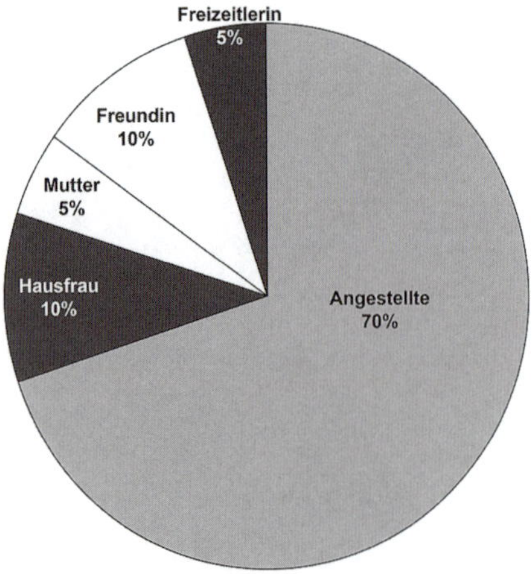

Abb. 2: Rollen mit 52 Jahren

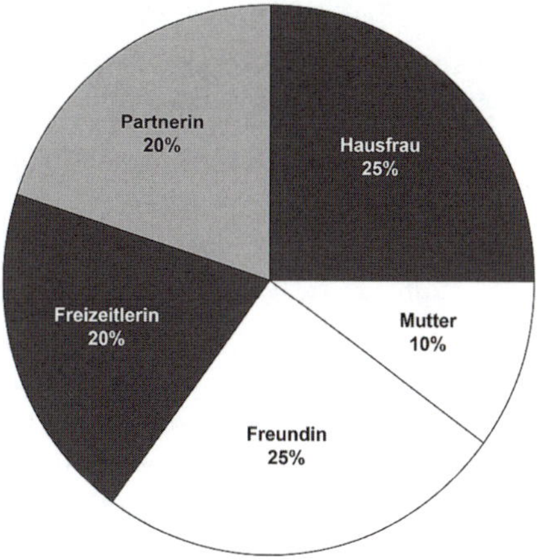

Abb. 3: Rollen mit 65 Jahren

Die drei Abbildungen zeigen, wie die veränderten Lebenssituationen zwangsläufig zu einer Anpassung der Rollen im täglichen Leben geführt haben. Die Rollen von Frau B. richteten sich zunächst nach den Hauptaufgaben Kinder, Partnerschaft, Beruf und Haushalt. Änderte sich das Engagement in einer dieser Rollen, mussten andere Rollen entsprechend angepasst werden. Zum Beispiel war die 2. Phase bestimmt durch ihre berufliche Führungsposition. Es war praktisch keine Zeit frei für Partnerschaft; auch der Haushalt musste schnell erledigt werden. Für Freizeitaktivitäten und Kontakte stand in den ersten beiden Phasen wenig Zeit zur Verfügung.

In der dritten Abbildung für den Ruhestand ist zu erkennen: Plötzlich steht mehr Zeit für Partnerschaft, Freizeitaktivitäten und Kontakte zur Verfügung. Insgesamt sind es jetzt 65 % – statt vorher 15 % – der verfügbaren Zeit. Das bedeutet eine gewaltige Umstellung im Leben von Frau B. Ihre Frage wird sein: Wie nutze ich die neu gewonnene Zeit? Frau B. ist in der glücklichen Situation, Zeit für die Entwicklung ihrer neuen Partnerschaft gewonnen zu haben.

Übung zum Bewusstmachen der persönlichen Rollen in den verschiedenen Lebensphasen

Bitte überlegen Sie sich jetzt selbst, welche verschiedenen Rollen Sie in bestimmten Lebensphasen ausgefüllt haben.

Dazu zeichnen Sie sich bitte drei Kreise auf ein Papier, die Sie dann wie eine Torte in verschiedene Rollenanteile für Ihre Lebensphasen unterteilen:

1. *Stellen Sie jetzt die Rollen in Ihrem Leben im Alter von etwa 40 Jahren dar (1. Phase).*
2. *Danach malen Sie die Situation (2. Phase) für die Anteile im Alter zwischen 55 und 60, also kurz vor dem Ruhestand, auf.*
3. *Schließlich die 3. Phase: Zwei Jahre nach Beginn des Ruhestands (oder ggf. Ihrer arbeitsfreien Zeit). Falls Sie unmittelbar im Übergang zum Ruhestand sind, schätzen Sie einfach ein, welche Rollen in welchem Umfang Sie sich für die kommende Ruhestandszeit vorstellen können. Diese dritte Torte können Sie auch als Teil Ihrer Lebensplanung verstehen.*

Es kann spannend sein, diese Übung mit dem Partner, der Partnerin oder einem guten Freund gemeinsam zu machen. Ein außenstehender Betrachter kann Sie vielleicht verständnisvoll auf Besonderheiten aufmerksam machen.

>> Veränderungen beleben das Leben

Wie wir gesehen haben, ist Veränderung eine ständige Notwendigkeit. In der Persönlichkeit des Menschen spiegelt sich dieser Prozess wider: Wir haben mit 70 in der Regel eine reifere Art gefunden, mit den Anforderungen des Lebens umzugehen. Diese Erfahrung sollte uns nicht zum Ausruhen veranlassen. Behalten wir die Initiative für die Gestaltung unseres künftigen Lebens, für Veränderungen und neue Anpassungsprozesse.

Sich positiv im Älterwerden zu verändern, heißt neugierig bleiben, sich selbst infrage zu stellen und Risiken einzugehen. Das bedeutet, alte Gewohnheiten auf ihre aktuelle Tauglichkeit zu überprüfen, möglicherweise davon Abschied zu nehmen und schließlich Neues auszuprobieren. Auf diese Themen werden wir in den folgenden Kapiteln eingehen. An dieser Stelle ist uns wichtig, dass die Notwendigkeit von Veränderungen unserer Lebensweise mit ihren alten Rollen akzeptiert oder zumindest nicht ausgeschlossen wird, um Neuem Chancen im Leben als Ruheständler Raum zu geben.

Wir Autoren erleben eine Veränderung gerade bei einer unserer beliebtesten Freizeitaktivitäten: Wir mussten Abschied nehmen vom Segeln. Günter fühlt sich als Kapitän auf unserem kleinen Segelboot in seinem Alter nicht mehr sicher. Das ist weniger erfreulich. Welche anderen Möglichkeiten werden wir nutzen? Für uns heißt das: Mehr mit einem VW-Bus zu reisen, mehr Zeit in den Bergen beim Wandern zu verbringen und so den Blick nach vorne zu richten.

>> Theoretischer Ablauf eines Veränderungsprozesses

Wie eine Veränderung in der Regel abläuft, haben amerikanische Psychologen mit 5 Stufen beschrieben:

1. Stufe: **Abwehr**
Motto: „*Das habe ich mein ganzes Leben schon so gemacht!*“

2. Stufe: **Bewusstwerden**
Motto: „*Wenn es mir nicht so gut geht, muss ich etwas ändern!*“

3. Stufe: **Vorbereiten**
Motto: „*Im Grunde kann ich das Problem selber lösen. Es gibt ja konkrete Lösungsschritte.*“

4. Stufe: **Handeln**
Motto: „*Wenn ich die Lösung weiß, dann will ich sie auch umsetzen.*“

5. Stufe: **Dranbleiben**
Motto: „*Jetzt habe ich mich dafür entschieden, meine Situation zu verändern. Ich werde es auch tun, und zwar zielstrebig und ohne Unterbrechungen.*“

Es geht dabei erstmal um kleine Veränderungen und damit um kleine Schritte. Wir sollten versuchen, realistisch zu bleiben, damit wir uns nicht durch überhöhte Ziele enttäuschen und dadurch zurückwerfen lassen. Wenn ich bisher immer

Pauschalreisen auf Kreta gebucht habe, werde ich nicht sofort eine selbstorganisierte Rucksackreise in den Bergen und Schluchten dieser Insel machen können. Ich sollte zuerst Zwischenschritte erproben.

> Ja sagen zum Älterwerden und respektiert bleiben

> *Von den Geschwätzigen habe ich das Schweigen gelernt, von den Intoleranten die Toleranz und von den Unfreundlichen die Freundlichkeit. Ich sollte diesen Lehrern nicht undankbar sein.*
>
> (Khalil Gibran)

Wir wünschen uns, von unserer Familie, von Freunden, Bekannten und von ehemaligen Kollegen akzeptiert und gewürdigt zu werden. Im Älterwerden, insbesondere im Ruhestand, besteht die Gefahr, dass sich unser Ansehen verringert. Manche tragen selbst dazu bei, sie verharren in alten Rollen, sie übernehmen keine Verantwortung für sich, möglicherweise machen sie sich selbst alt.

>> Nicht zum Altsein abstempeln lassen!

Schon wenn wir etwas vergessen haben, sagen wir schnell: „Typisch, wir werden alt!“ Damit unterstellen wir, dass Vergesslichkeit nur etwas mit Älterwerden zu tun hat. Diese Annahme entspricht einerseits nicht der Wirklichkeit, andererseits provozieren wir damit, dass wir uns selbst zu einer geistig nicht mehr ganz zurechnungsfähigen Person abstempeln. Dahinter steht die Vorstellung vom schnellen Verfall und von der Reduzierung der geistigen und körperlichen Kräfte des älter werdenden Menschen.

Das verleugnet die Wirklichkeit. Diese Verleugnung bezeichnet Betty Friedan (Friedan 1995, 55) als „Alterswahn“. Sie ermahnt:

„Besessen von dem Gedanken, den Alterungsprozess aufzuhalten und als jung angesehen zu werden, suchen wir nicht nach neuen Möglichkeiten für die vor uns liegenden Jahre, diese Jahre jenseits der weiblichen und männlichen Rollen unserer Jugend, die auf Sexualität, Kindererziehung und Macht ausgerichtet waren. Wenn wir Altsein nur als Verlust der Jugend betrachten, machen wir das Alter selbst zum Problem – und wir setzen uns nie mit den tatsächlichen Problemen auseinander, die verhindern, dass wir uns weiterentwickeln und nach wie vor ein sinnvolles, vitales und produktives Leben führen. Indem wir den Altersmythos für andere akzeptieren (selbst wenn wir ihn für uns selbst leugnen), schaffen und verstärken wir die Voraussetzungen für unsere eigene Hilfsbedürftigkeit, Machtlosigkeit, Isolation und Senilität."

Wir als moderne, ältere Menschen werden uns darauf einstellen, dass eine zwar begrenzte, doch lange Zukunft noch vor uns liegt, die unser Leben erfüllen kann. Vergessen wir das negative Bild über alte Menschen, das Altersgeiz, Altersstarrsinn und Altersgeschwätzigkeit ausmalt. Stattdessen betonen wir unsere positiven Eigenschaften, wie Lebenserfahrung, Großzügigkeit, Toleranz, Wissen und vielleicht sogar Weisheit.

>> Neue Sichtweisen

Der Abschied vom Berufsleben lässt uns innehalten, um die eigenen Gewohnheiten und Überzeugungen zu hinterfragen sowie um über bisherige Denkmuster, Verhaltensweisen und Ansprüche neu nachzudenken.

Der Beruf hat von uns ein zielgerichtetes und leistungsbezogenes Arbeiten verlangt. Er erforderte die Einhaltung von Vorgaben und Regeln, jeder sollte für seinen Arbeitsbereich engagiert sein und musste sich oft in ein Team einordnen. Diese Anforderungen gibt es so nicht mehr. Welche bleiben trotzdem von Bedeutung?

Erinnern Sie sich an die Geschichte von Herrn Lohse. Sie zeigt die Zwanghaftigkeit dieses Mannes bei der Übertragung von beruflichen Regeln in das Privatleben. Unterliegen wir in unserem Ruhestand auch gewissen Zwanghaftigkeiten? Prüfen Sie doch einmal bei folgenden inneren Vorgaben, die möglicherweise für Ihr Berufsleben gegolten haben, inwieweit sie noch Gültigkeit haben:

- Ich muss der/die Schnellste sein,
- ich möchte das perfekt machen,
- ich muss kreativ sein,
- ich habe keine Zeit für anderes.

Wie wäre es mit folgenden Gedanken?

- Ich bin langsamer geworden, das ist natürlich und auch in Ordnung.
- Ich kann mir Fehler erlauben wie jeder andere auch.
- Ich kann kreativ sein, wann und wie ich es sein will.
- Morgen ist auch noch ein Tag.

Niemand zwingt uns im Ruhestand, eine Topform vorzuweisen, mit der wir Höchstleistungen vollbringen sollen. Anstelle von außerordentlichen Quantitäts- und Qualitätsansprüchen darf man sich die Frage stellen, ob eine Tätigkeit Sinn oder Spaß macht und ob man zufrieden mit sich sein kann.

Dazu das Beispiel Gartenarbeit: Pausen sollten eingelegt werden, wenn es anstrengend wird. Schluss gemacht wird, wenn die Lust vergeht. Die innere Stimme mag widersprechen: „Das und das muss noch fertig werden“ oder „Die Nachbarn haben schon das Unkraut gejätet, und hier sieht es noch wild aus“. Diesen Widerstreit muss man aushalten lernen und sich für seine persönliche Befindlichkeit entscheiden. Es geht hier um eine Verschiebung von Maßstäben:

- Qualitative Gesichtspunkte erhalten größeres Gewicht als quantitative.
- Persönliche Befindlichkeit hat Vorrang vor Perfektionismus oder gesellschaftlichen Ansprüchen.
- Spaß und Freude an besonderen Tätigkeiten erhalten eine neue Wertigkeit gegenüber reiner Pflichterfüllung.

Die oben genannten Maßstäbe bedeuten auch, Regeln nicht mehr so eng zu setzen, sie großzügiger auszulegen. Solange Regeln nur für jemanden allein bedeutsam sind, können sie flexibel gehandhabt werden. Das erweitert den Spielraum für spontanes Handeln. Anders stellt sich das bei Regeln dar, die den Umgang mit den Mitmenschen betreffen. Hier sollten Verabredungen eingehalten werden.

>> Verantwortung übernehmen und Disziplin behalten

Vorgaben aus dem Berufsleben entfallen im Ruhestand. Trotz der Freiheit bleibt es unausweichlich, Verantwortung für den Tagesablauf zu übernehmen und Tatkraft und Disziplin aufzubringen, den Alltag zu strukturieren und zu organisieren.

Bezogen auf die Gesundheit kann uns schon der Wille, möglichst lange zu leben, helfen. Es wird dabei nicht ausreichen, die Gesundheit allein durch regelmäßige Arztbesuche zu erhalten; vielmehr muss man vielfältig aktiv werden, um körperlich und geistig fit zu bleiben. Das hat nur Erfolg, wenn wir uns nicht treiben lassen.

Da wir selbstbestimmt leben können, sind alle unsere Entscheidungen auch mit ihren Konsequenzen selbst zu tragen. Das erfordert Disziplin, auch unangenehme Dinge anzugehen. Verweigern wir uns dem, haben wir Konsequenzen zu tragen, die uns das Leben möglicherweise schwer machen. Das kann mit unflexiblen Körperbewegungen anfangen und möglicherweise schon früh mit der Unfähigkeit, sich selbst zu versorgen, enden.

Unsere Eltern und Großeltern lebten noch in von der Gesellschaft festgelegten, festen Regeln, die ihre Rollen, ihre Verantwortlichkeiten und damit ihre Disziplin im Älterwerden bestimmten. Eine Selbstverständlichkeit war, dass die Kinder für die Betreuung der alten Eltern bereitzustehen hatten. Unsere Generation der Älteren dagegen kann im Ruhestand die Chance nutzen, sich ein weitgehend selbstbestimmtes Leben zu schaffen. Das erfordert größere Verantwortungsbereitschaft für sich selbst, als sie früher notwendig war. Wenn die meisten Ruheständler gern allein für sich leben wollen, werden sie heute auch gleichzeitig die Konsequenz tragen müssen, schwierige Lebenslagen eher allein zu bewältigen. Das wiederum erfordert Disziplin, insbesondere dann, wenn erwachsene Kinder weiter entfernt wohnen und sie davon ausgehen können, dass ihre Eltern sich erstmal eigenständig versorgen.

Mit Bewunderung haben wir erlebt, wie zwei Hochbetagte aus unseren Familien ihren Anspruch verwirklichten: Ich will den anderen nicht zur Last fallen! Ich will Vieles noch selbst machen!

>> Sich Respekt und Wertschätzung erhalten

Wenn wir an ältere Menschen denken, die wir länger und intensiv begleitet haben, lassen sich diese Personen einteilen in die Gruppe der respektierten Älteren, mit denen wir gern Kontakte pflegen, und in die Gruppe derjenigen, mit denen die Kontaktaufnahme anstrengend ist und wir deshalb Zusammentreffen eher meiden. Man selbst wünscht sich natürlich, zur ersten Gruppe zu gehören, und zwar zu den Älteren, die von ihrem Familien- und Bekanntenkreis geschätzt und gern gesehen werden.

Was erzeugt Wertschätzung für die einen, was stößt uns bei anderen ab? Das Erste ist schnell beantwortet. Wertschätzung wird uns entgegengebracht werden durch Zuwendung, Geduld und Bescheidenheit. Wir werden Wertschätzung durch besonderen Einsatz erfahren: Wir helfen, wenn wir gefragt werden oder bieten Unterstützung an, wenn wir sie für notwendig halten. Wir sind großzügig mit Geschenken, soweit es uns finanziell möglich ist. Wir bemühen uns aktiv um Kontakte und warten nicht darauf, bis der andere sich meldet.

Ältere, die wir weniger würdigen, sind geschwätzig, geizig oder jammernd. Sie wissen alles besser und kennen das meiste schon. Der eine erzählt ständig, welche großartigen Leistungen er im Leben vollbracht hat. Der andere rechnet vor, welche Schnäppchen er irgendwo sammeln konnte. Und der Dritte beklagt, dass sich keiner um ihn kümmert.

>> Einander zuhören und anregende Gespräche führen

Manch einer neigt dazu, sich auf der Kommunikationsebene seiner früheren beruflichen Zeit zu bewegen, als Erfolge und Misserfolge in der Arbeit sowie die Freizeiterlebnisse wichtig waren. Das sind alles Ereignisse, die lange her sind, zu denen der aktuelle Bezug für einen Dritten heute erstmal fehlt. Ein anderer kreist allein um sich und seine Themen und redet pausenlos über eigene Probleme. Das ist für die Beteiligten anstrengend, weil es sie vermutlich wenig interessiert.

Um die Wertschätzung des anderen im Gespräch zu erreichen, gilt es, zwei sogenannte Gegenspieler in der Kommunikation wahrzunehmen: Der eine bin ich selbst; der andere ist mein Gegenüber. In der Kommunikationspsychologie spricht Schulz von Thun von dem Sender und dem Empfänger. Der Sender selbst offenbart mit seiner Kommunikation bestimmte persönliche Haltungen. Sie können sehr unterschiedlich sein.

Erinnern Sie sich noch einmal an die Typen älterer Menschen im Ruhestand. Der Weitermacher wird davon berichten, wie er täglich noch eine enorme Arbeitsleistung schafft. Die ewig junge Frau wird stolz ihr neues Strandkleid vorführen und über aktuelle Modeerscheinungen reden wollen. Der Zurückgezogene wird wenig sagen. Und der Bedenkenträger wird erzählen, welche Sorgen er sich um seine Kinder macht, ob sie wohl mit ihren Kräften gut haushalten.

Das kann Gleichgesinnte zwar interessieren, viele werden aber gelangweilt sein und sich nach dem Ende des Gespräches sehnen. Denn unser Gegenüber, der Empfänger unserer Botschaften, hört nicht nur einfach teilnahmslos zu, sondern er bewertet gleichzeitig die Botschaften des Senders und prüft sie dabei auf seine eigenen Denkweisen und Erfahrungen ab. Um ein Interesse an gemeinsamen Gesprächen aufzubauen oder zu erhalten, ist es wichtig, dass wir in der Kommunikation ein Gespür dafür entwickeln, ob der andere sich angesprochen fühlt.

Dazu zwei Beispiele: Der Weitermacher wird seine Altersgenossen, die inzwischen ihren Ruhestand erleben, nicht mit ausgiebigem Erzählen seiner beruflichen Probleme und Leistungen begeistern können. Er muss sehen, dass er sich auch mit den Themen seiner Partner auseinandersetzt. Die Bedenkenträgerin stößt Freundinnen ab, die nicht dauernd zum „Abfalleimer“ für ihre Sorgen werden wollen. Aufschlussreicher wäre es darzustellen, wie die Bedenkenträgerin es geschafft hat, verschiedene Schwierigkeiten zu meistern.

Es tut gut, wenn der Gesprächspartner uns als lebenserfahrenen Älteren positiv einschätzt. Worauf sollten wir achten, um diesen Respekt zu erhalten oder zu gewinnen?

- Wir interessieren uns für einzelne Lebensbereiche unseres Gesprächspartners und würdigen sein Handeln. Besserwisserei vermeiden wir.
- Wir zeigen Verständnis für dessen Probleme.
- Wir werden miteinander über Problemlösungen nachdenken, aber nur, wenn es gewünscht wird.
- Eigene Probleme tragen wir vor, wenn wir das Gefühl haben, dass der andere sich dafür interessiert. Und wenn wir akzeptieren können, dass der Gesprächspartner sich an der Lösungssuche beteiligen darf.

So wird der Empfänger – um im obigen Bild zu bleiben – eine positive Beziehung zum Sender aufbauen, bei der er sich als Person angenommen und durch die Gespräche bereichert fühlt. Eine persönliche Voraussetzung dafür wird sein, dass der Ältere sich selbst und anderen nichts mehr vormachen muss und er unabhängig ist vom Urteil anderer. Wenn sein Denken frei ist, wird er sich als offener, toleranter Mensch mit freier und konziliant vorgetragener Meinung präsentieren.

Für Zuhörer wird auch interessant sein, durch wen das Denken und Handeln des anderen geprägt ist. Mit unserem Freund Jürgen unterhalten sich besonders jüngere Menschen gern, er nennt als Vorbilder beispielsweise Karl Marx, Mahatma Ghandi oder Nelson Mandela. Ihn verbindet also viel mit kritischen, politisch engagierten jungen Menschen, die sich z. B. bei Attac organisieren.

Demgegenüber gibt es Situationen, die den Respekt vor Älteren mindern können.

- Trifft ein Ruheständler mit noch arbeitenden Freunden oder Kollegen zusammen, muss er akzeptieren, dass seine frühere Autorität aus dem Arbeitsleben geschwunden ist. Die ehemals anerkannte Expertenmeinung zählt nur noch, wenn danach gefragt wird. Lassen wir uns stattdessen auf das real existierende Lebensbild oder die Lebensgewohnheiten der berufstätigen Freunde ein! Das bedeutet auch, nicht langatmig oder ungefragt die Freuden des Ruhestands auszubreiten.
- Frühere Generationen pflegten bis in das hohe Alter unangefochten die Autorität des „Familienoberhauptes“ anzuerkennen, in der Regel war dies die des ältesten Mannes. Manche Ältere müssen sich heute noch umstellen. Mit erwachsenen Kindern einen partnerschaftlichen Kontakt zu pflegen, schafft eher Respekt.

>> Soziale Einbindung und Engagement

Der Beruf und das damit verbundene gesellschaftliche Leben können dazu verführen, die Persönlichkeitsstrukturen eines Egozentrikers anzunehmen, also eines Menschen, der die Welt nur aus seiner individuellen Perspektive sieht und entsprechend seine Bedürfnisse allein auf sich zentriert. Der Psychiater Horst Eberhard Richter (2002, 11) schreibt in seinem Buch „Das Ende der Egomanie“:

> „Wer von Manie befallen wird, strotzt vor Selbstüberschätzung, hält sich für das Maß aller Dinge und lässt sich in seinen Ansprüchen durch keine Bedenken oder Schuldgefühle hemmen. Niemand ist da, vor dem der Maniker sich verantworten zu müssen glaubt. Zur manischen Krankhaftigkeit passt das wahnhafte Erstreben einer totalen Unabhängigkeit.“

Damit wir nicht zu Egozentrikern werden, sollten wir uns persönliche Ziele setzen zur Stärkung unserer sozialen Kompetenz. Dies ist mittelbar auch die Empfehlung der Altersforscher zur Erhaltung der Vitalität. Grundlage dafür ist das Engagement für gesellschaftliche Belange. Damit sind nicht nur Familie und Freunde gemeint, das kann auch Themen in unserem weiteren Lebensraum betreffen. Eingebunden sein in die Gesellschaft bedeutet, Verantwortung zu tragen, mindestens durch den Aufbau von sozialen Beziehungen, wenn nicht durch soziales Engagement. Das könnte eine Grundlage schaffen für eine gemeinsam getragene Verantwortung und Solidarität aller Älteren gegenüber der Gesellschaft.

In diesem Zusammenhang hat uns das Märchen von den Bremer Stadtmusikanten imponiert. Hier der Inhalt in Kurzform:

> Esel, Hund, Katze und Hahn, alle vier alt geworden und daher aus Sicht ihrer Besitzer zu nichts mehr nütze, tun sich zusammen, um dem drohenden Tod zu entgehen. Das Märchen beginnt mit einem Donnerschlag, als der Esel sagt: „Etwas Besseres als den Tod findest du überall!" Das sagt er dem Hahn als dem Dritten, der ihm seine Ausweglosigkeit als alterndes Tier vorjammert. Der Esel schafft es, ihn und die anderen zu überzeugen, Bremer Stadtmusikanten zu werden. Was da genau geschehen soll, bleibt unklar. Offensichtlich reicht allein die Idee, sich auf den Weg zu machen.
>
> Im Wald angekommen, fehlen Essen und Unterkunft. Zu Viert ersinnen sie eine List und überrumpeln in einem Waldhaus die dort wohnenden Räuber. Vorher noch jammernd, jetzt gemeinsam einig und stark, vertreiben sie die gefürchteten Räuber. Es muss den vier Tiergenossen wie im Paradies vorgekommen sein, als sie anschließend beim Abendessen sitzen.
>
> Eine Rückkehr der Räuber verhindern die Vier mutig und entschlossen; kaum daran zu denken, dass sie vorher verzweifelt und ausweglos auf den Tod warten wollten. Das Haus der Räuber wird zu ihrem Zuhause, keiner will nach Bremen weiterziehen.

Eine gemeinsame Idee und gemeinsames Handeln macht die Tiere so stark, dass sie es schaffen, die Räuber zu vertreiben. Einzeln fühlten sie sich schwach, jetzt gemeinsam aber stark. Das kann Leitmotiv für das Älterwerden sein: Gemeinsam sind wir stark!

Soziales Miteinander wird uns beflügeln. Wir geben und bekommen von der Gemeinschaft etwas zurück. Wir helfen, und der Dank stärkt unser Selbstwertgefühl.

> Wie kann das Selbstbewusstsein gestärkt werden?

> *Kraft und Wohlgestalt sind Vorzüge der Jugend. Der Vorzug des Alters aber ist die Blüte der Besonnenheit.*
>
> (Plautus)

>> Stärken erkennen

Wir mussten erfahren, dass unsere Stimmungen im Laufe des Lebens auf und ab gegangen sind. Abgesehen von den Tagesschwankungen hat es Zeiten gegeben, die – ausgelöst durch bestimmte Ereignisse – zu einem längeren Hoch oder auch zu einem längeren Tief geführt haben. Wir mussten schwierigste Situationen meistern, konnten uns in anderen Jahren aber auch zufrieden fühlen. Jetzt im Ruhestand sollten wir alle guten Tage bewusst schätzen und nicht als Selbstverständlichkeit hinnehmen.

Was beeinflusst unsere Stimmung? Es gibt nicht nur besondere Ereignisse, die sich auswirken, es gibt auch individuelle Verhaltensweisen und Einstellungen, die Stimmungen positiv wie negativ beeinflussen. Diese Verhaltensweisen haben wir uns im Laufe unseres Lebens angeeignet; sind sie positiv, sprechen wir von Stärken, sind sie negativ, von Schwächen. Stärken gehören zu den positiven Stimmungsmachern. Erinnern wir uns an die Bremer Stadtmusikanten. Die Stimmung der Tiere war verzweifelt und niedergeschlagen. Die Aufforderung des Esels, mit ihm zusammen nach Bremen zu gehen, veränderte nicht nur die Stimmung, plötzlich erwachten auch alte Stärken wieder, wodurch die Tiere die Räuber verjagen konnten. Welche Stärken waren das? Vor allem Mut, Begeisterung, Durchhaltevermögen, Gemeinschaftssinn und Visionen. Welche Stärken hat man selbst im Laufe des Lebens gewonnen? Eigene Stärken sind einem nicht immer bewusst, sie lassen sich aber entdecken. Werfen Sie einen Rückblick auf Ihr Leben.

Übung zum Entdecken der eigenen Stärken

Die Frage lautet: „Welche Ereignisse gab es in Ihrem Leben, die Höhepunkte waren, welche waren Tiefen?“

Nehmen Sie bitte ein Blatt Papier (am besten DIN A4) und falten Sie es in der Mitte im Querformat. Der Knick soll eine Nulllinie sein. Auf der Nulllinie tragen Sie bitte die Jahreszahlen Ihres Lebens ein, von 1 bis …? Zeichnen Sie jetzt bitte eine Lebenslinie mit allen Höhen und Tiefen ein, die es in Ihrem Leben bisher gegeben hat – von der Kindheit an bis heute. Vielleicht skizzieren Sie zuerst Punkte für bestimmte Lebensereignisse, um dann die Linie zu ziehen und Stichworte neben die einzelnen Punkte zu schreiben.

Bei der Betrachtung und Besprechung dieser Linien kann jeder nun erforschen, welche Stärken dazu geführt haben, dass trotz verschiedener Schwankungen und Tiefen im Leben die Stimmungslinie immer wieder nach oben gegangen ist. Dabei werden Sie feststellen, welche Stärken Sie im Laufe Ihres Lebens zu welchem Zeitpunkt benötigt oder gewonnen haben. Dazu passt ein Satz von Wladimir Horowitz:

„Es gibt nur zwei Dinge im Leben, die dich glücklich gemacht haben:
Das Leichte, das dir geschenkt wurde,
und das Schwere, das du gemeistert hast“.

Beispielsweise kann die Bewältigung einer schweren Ehekrise den Partnern Zutrauen in die eigenen Klärungsfähigkeiten bringen. Für die Zukunft machen diese Erfahrungen Mut:

- Ich bin stark genug, um eine Auseinandersetzung mit meinem Partner zu führen.
- Mit meiner Geduld und Zielstrebigkeit kann ich eine Lösung der Probleme erreichen.
- Ich habe Vertrauen in mich, dass ich Krisen bewältigen kann.

Solche ermutigenden Sätze sind in ihrer Wirkung mächtige, intensive und dynamische Kräfte, die Einfluss auf unser Verhalten haben. Der Satz von Günter, aus seiner Kindheit übernommen, lautet: „Ich habe immer Glück!“ Der Enttäuschte würde so einen Satz nicht benutzen. Er oder sie würde eher sagen: „Ich werde wie immer Pech haben!“ So unterschiedlich können persönliche Lebenseinstellungen sein.

Jeder kann um seine Stärken wissen, sie könnten in einem Satz zusammengefasst werden. So könnten die Stärken einer Frau dann beispielsweise in folgenden Satz münden: Ich bin eine zielstrebige, geduldige und mutige Frau. Die Stärken eines Mannes lassen sich vielleicht so kennzeichnen: Ich bin ein toleranter, zupackender und großzügiger Mann. Suchen Sie einen passenden ermutigenden Satz für sich! Wenn Sie ihn gefunden haben, merken Sie ihn sich, schreiben ihn vielleicht auf. Wiederholen Sie ihn häufig – auch bei positiven Anlässen – dann werden Sie ihn in schwierigen Situationen erinnern und er kann Ihnen die notwendige Kraft für den Umgang mit einer kritischen Situation geben. Negative Stimmungsmacher werden in den Hintergrund gedrängt und bleiben stumm.

In besonders schwierigen Fällen ist auch der Satz der Bremer Stadtmusikanten eine Stärkung: *„Etwas Besseres als den Tod findest du überall!“* Das soll nicht zur Flucht auffordern, sondern helfen, Energie zur Veränderung der Situation aufzubringen.

Wir gehen davon aus, dass alle Menschen einen krisensicheren Ort kennen, an dem sie sich stärken können. Oder wissen, was ihnen Kraft gibt, sei es ein einfacher Spaziergang, sei es Tai Chi oder eine Aussprache mit einer engen Freundin. Jedenfalls lohnt es sich, danach zu suchen.

Segeln beispielsweise ist für Inga ein wunderbarer Ausgleich zu jeder Form von Trübsal oder Existenzsorgen. Allein schon auf das Meer zu schauen und seine Größe zu erahnen, lässt die Probleme schrumpfen und gibt ihr Kraft.

Optimistische Menschen in Ihrer Umgebung strahlen Stärke aus. Suchen Sie ihre Gegenwart. Optimismus wirkt ansteckend. Natürlich erleiden Optimisten ebenso Schicksalsschläge wie andere auch. Sie leben aber besser, weil sie durch positive Wahrnehmungen häufiger Lebensfreude empfinden können.

Übung zum Aufspüren erfreulicher Kleinigkeiten

Gerade, wenn die Zeiten für Sie im Moment nicht unbedingt rosig sein sollten, ist es hilfreich, erfreuliche Dinge in den Vordergrund zu rücken.

Dabei wird Sie folgende Übung unterstützen. Bitte nehmen Sie Stift und Papier zur Hand. Jetzt konzentrieren Sie sich bitte auf die erträglichen Seiten Ihres Lebens und beantworten Sie unsere drei Fragen schriftlich:

- *Was war gestern in Ihrem Tagesablauf ein Lichtblick, eine Kleinigkeit, die Ihnen Freude bereitet hat? Was war angenehm?*
- *Was war heute eine klitzekleine Kleinigkeit, die erfreulich war, vielleicht eine Situation, in der Sie sich körperlich gut gefühlt haben?*
- *Worauf können Sie sich schon freuen, wenn Sie an morgen denken?*

Wir hoffen, dass Sie mithilfe Ihrer Sammlung von liebenswerten Kleinigkeiten ein wenig Optimismus gewinnen können.

>> Denkblockaden überwinden

Blockaden werden durch negative Einschätzungen über sich selbst aufgebaut:

- Das werde ich nie schaffen!
- Das haben wir schon immer so gemacht!
- In meinem Alter muss ich mir das nicht mehr zumuten!

Mit diesen einschränkenden Sätzen verzichten wir auf die Überlegung, Dinge auch anders machen und bewältigen zu können und damit Alternativen ins Auge zu fassen. Das kann das alltägliche Leben negativ beeinflussen und die Planung von besonderen Aktivitäten einschränken.

Was spricht denn dagegen, sich positiv zu motivieren? Jeder kann lernen, negative Selbstgespräche in positive zu verwandeln. Die oben genannten negativen Einschätzungen lassen sich etwa so verändern:

> „Das werde ich nie schaffen.“ Stattdessen: „Ich werde es diesmal schaffen, ich mache kleine Schritte. Ich habe schon Vieles geschafft.“
> „Das haben wir schon immer so gemacht.“ Stattdessen: „Jetzt probiere ich es einmal anders aus. Es wird bestimmt klappen.“
> „In meinem Alter muss ich mir das nicht mehr zumuten.“ Stattdessen: „Auch in meinem Alter habe ich noch Energie genug oder ich suche mir Helfer.“

Mit der Kraft der Zuversicht werden Sie Ihre Gedanken auf einen positiven Kurs bringen und haben genügend Zeit, eine neue Aufgabe in Gelassenheit anzugehen und zu verwirklichen. Ein Tipp: Achten Sie darauf, wo und wann bei Ihnen solche Blockaden entstehen oder bitten Sie Ihren Partner oder Freunde, Sie darauf aufmerksam zu machen. Ihr Wissen darüber wird es Ihnen erleichtern, auf negative Sichtweisen aufmerksamer zu reagieren, um sie in positive zu verwandeln.

Wenn ein dicker Stein im Weg liegt, haben wir die Möglichkeit, um ihn herum zu gehen. Oder wir besteigen ihn, um einen Weitblick zu gewinnen. Wir können allerdings auch darüber stolpern.

>> Stets die positive Seite sehen: Refraiming

Jedes Ereignis hat zwei Seiten, eine positive und eine negative. Wir kritischen Deutschen neigen dazu, uns gern erst die negative Seite anzusehen. Erleichtern wir uns das Leben – nehmen wir zuerst die positiven Seiten wahr. Amerikanische Therapeuten haben für diesen Denkvorgang den Ausdruck „Refraiming“ geprägt, was mit „Umdeuten“ zu übersetzen ist. Das heißt, ich versuche die positive Seite für mich anzunehmen, teils als Trost gegenüber der negativen Seite, teils als Voraussetzung, um einen neuen Lösungsweg zu entdecken.

Die Besuchstage einer alten Freundin fallen aus. Negativ ist, sie ist schwer krank geworden, positiv ist dagegen, ich habe Zeit eingeplant für sie und kann sie betreuen und ihr helfen.

Nehmen wir eher die positive Sichtweise an, wird sie sich in unserem Erleben widerspiegeln.

>> Gelassenheit durch Lebenserfahrung gewinnen

Wir Älteren haben zweierlei der Jugend voraus, allgemeine Lebenserfahrung und vielleicht persönliche Reife.

> „Persönliche Reife als das erlebte Wissen um biologische und seelische Entwicklungen, um menschliche Krisen, Reifungsschritte und Wandlungserlebnisse, um Auseinandersetzungen und Aufgaben, um all das, was menschliches Leben ausmacht, was man aber erst im Laufe seines Lebens erfährt." (Riemann/Kleespies 2007, 121)

Im Rückblick auf unser Leben erschließen sich größere Zusammenhänge. Details und Kleinigkeiten treten zurück. Probleme aus der Vergangenheit erhalten einen neuen Stellenwert. Weitsicht ist möglich. Gelassenheit nimmt zu.

Unser Wissen ist umfangreicher. Über berufliche Spezialgebiete haben wir viel zu sagen. Wir können Verbindungen zu alten Wissensbeständen ziehen und sie mit Neuem verflechten. Wir haben Tiefen und Höhen erlebt, wir haben unsere Erfahrungen mit persönlichen Krisen und konnten diese mehr oder weniger gut bewältigen.

Gelassenheit ermöglicht es, auch sich selbst mit Abstand zu betrachten. Wir lassen uns nicht mehr so schnell aus dem Lot bringen. Und wir müssen uns auch nicht mehr zum Nabel der Welt machen. Mit dieser Distanz zu sich selber schaffen es manche sogar, eigene Defizite mit Humor zu nehmen.

Humor ist eine Sache der inneren Freiheit, des inneren Abstands zu sich selbst. Humorvoll sein ist die Fähigkeit, in den Wechselfällen des Lebens zwischen Wichtigem und nicht so Wichtigem zu unterscheiden und die Welt in einer angemessenen Perspektive zu sehen. Über sich lachen zu können, entlastet auch die umgebenden Menschen von der Anstrengung des Prestigegehabes.

Vieles, was wir einmal begehrt haben, hat einen neuen Stellenwert erhalten. Anderes, was unentbehrlich zu sein schien, ist nicht mehr so bedeutungsvoll wie früher. Wir können loslassen. In dem Maße, wie wir es auch tun, gewinnen wir neue Freiheit.

>> Wertschätzung üben

Manchmal kritisieren wir andere und erteilen ihnen ungefragt Ratschläge. Dabei werden positive Bemerkungen, die sich ja in der Regel auch anbieten, oft weggelassen. Diese positiven Bemerkungen können dem anderen Wertschätzung bezeugen und führen meist zu positiven Rückmeldungen. Sie erleichtern uns das Zusammenleben. Erstaunt stellt man fest:

- Ich bedanke mich bei anderen. Und ich bekomme eine positive Bemerkung zurück.
- Ich lobe jemanden für eine kleine Handreichung. Mir wird gedankt.
- Ich empfange Lob. Ich freue mich darüber und bedanke mich.
- Ich lobe mich selbst gegenüber anderen, was ich Besonderes geleistet habe. Sie bestätigen mein Eigenlob.
- Ich lobe mich selbst im Stillen. Und ich fühle mich dadurch gestärkt.

Mit jedem Eigenlob motiviere ich mein Selbstbewusstsein. Stecken Sie dabei bitte den alten Satz „Eigenlob stinkt!“ weg. Andererseits sollte ein Eigenlob nicht ungefragt in unendliche Geschichtenerzählerei ausarten, um den Held von früher zu besingen. Das stößt Familie und Freunde ab.

Zum Abschluss eine Empfehlung aus unserer Beratungspraxis: Zählen Sie sich selbst jeden Abend zwei oder drei positive Ereignisse oder Erlebnisse des vergangenen Tages auf, die Sie vielleicht sogar durch Ihr Handeln bewirkt haben. Sie erzeugen damit eine frohe Stimmung, langweilige oder schwierige Tagesereignisse werden in den Hintergrund treten. Zusätzlich erreichen Sie vor dem Schlafengehen eine angenehme Stimmung für Ihre Träume.

>> Exkurs: Schönheitsideal und Selbstbewusstsein

Trotz Emanzipation beziehen gerade Frauen viel mehr Selbstwert aus ihrer äußeren Schönheit als die meisten Männer. Die Frage: „Wie sehe ich aus?" wird von Frauen häufiger gestellt als von Männern. Viele Frauen im Älterwerden gehen mit der Veränderung ihres Aussehens wenig positiv um und hängen eher jugendlichen Schönheitsidealen nach. Wir merken im Spiegel: zu viel Bauch, keine Taille, Orangenhaut. Mit Lidstrich, Lippenstift, schlank machender Kleidung kaschieren wir einiges. Gesellschaftliche Standards, dass schöne Frauen eher gesehen und gemocht werden, quälen uns. Wir fühlen uns schlecht, wenn wir uns als wenig attraktiv einschätzen. Worin besteht der Zusammenhang zwischen Attraktivität und Selbstwert?

In unserer Kultur gelten alterstypische Veränderungen eher als ein „Abwärts" und als ein „Weniger". In anderen Kulturen, in denen die Älteren geehrt werden, bedeutet Älterwerden einfach ein „Anderssein", ein „Wichtigerwerden" oder gar ein „Weisesein".

Unser Äußeres ist reicher geworden. Wir können schön aussehen, schön im Älterwerden. Wir können uns angemessen kleiden. Man kann seinen Körper positiv als Ausdruck von „Wir haben gelebt, wir sind lebendig!" akzeptieren. Eine junge Frau hat mal zu Inga gesagt: „Ich mag deine vielen Falten, deine Lachfalten. Sie zeigen, dass du lebendig bist und nicht zeitlos!"

Welche Rolle spielte denn der dicke Bauch der geliebten Tante? Was machte uns die fehlende Taille aus? Sicher gar nichts! Was man erinnert, ist ihr Wesen, ihre Stimme, vielleicht eine angenehme Berührung oder wie sie uns fürsorglich bekocht hat.

Inga erinnert sich gern an ihren Opa als einen liebevollen, toleranten und großzügigen Mann – ihr Männervorbild schlechthin. Was sie weder heute noch als Kind wirklich wahrgenommen hat: Er hatte einen Buckel – seit seiner Kindheit, in der er unglücklich gefallen war. Inga aber sieht ihn noch heute vor sich, wie er lachte, wenn er ihr bei seinen nachmittäglichen Spaziergängen manchmal im Park begegnete, wie er sich freute, wenn sie ihn besuchen ging. Sie erinnert die Situation, wo er ihr heimlich zwei Groschen zugesteckt hat.

In dem Buch „Tritt einen Schritt zurück und du siehst mehr" befragt Eva Jaeggi die dreiundsiebzigjährige Anneliese, die sehr unglücklich über ihr Aussehen gewesen ist, wie sie es geschafft habe, ihren Körper zu akzeptieren (Jaeggi 2005, 52). Das Wichtigste: Anneliese hat aufgehört, sich mit anderen zu vergleichen, mit jugendlich aussehenden Frauen aus Illustrierten und Reklameblättern. Sie hat entschieden: Zu mir gehört sehr viel mehr als die Hülle meines Körpers. Zusammen mit Freundinnen schafft sie es, sich sogar lustig über vermehrte Alterserscheinungen zu machen:

„Mein Körper ist mir ein liebes Instrument geworden, das mir hilft, mich gesund zu fühlen, mich zu bewegen und mich in der Welt zu orientieren. Dafür bin ich ihm dankbar. Ein Mittel, meinen Selbstwert zu definieren, ist er nicht." (Jaeggi 2005, 53)

Doch bei manchen Menschen belastet die Veränderung des Körpers so sehr die Seele, und ihre Sehnsucht nach Wohlfühlen und Schönheit ist so stark, dass sie operative Eingriffe vornehmen lassen und riskieren: Lidkorrekturen, Lifting, Botox. Insbesondere wer in seinem Berufsleben großen Wert auf gute Kleidung und jugendliches Aussehen legen musste, wird sein Aussehen eher auch operativ verändern wollen. Das kann für mehr oder weniger kurze Zeit eine Lösung sein, sich und anderen zu gefallen und sich selbst damit besser anzunehmen. Diese persönlichen Entscheidungen sollte man akzeptieren. Wer hier moralisch abwertet, kann stattdessen versuchen, „in den Schuhen des anderen zu gehen" und sich in dessen Befürchtungen und Ängste einzufühlen.

> Besondere Herausforderungen: Selbstbestimmt leben und sinnvoll mit Zeit umgehen

In der Beschränkung zeigt sich erst der Meister.
(Johann Wolfgang von Goethe)

Solange wir berufstätig waren, haben wir ein Leben geführt, in dem viele Entscheidungen von den Zwängen des Berufslebens diktiert wurden. Diese Entscheidungen hatten häufig einen erheblichen Einfluss auf das Privatleben. Man hatte vielleicht auch zu arbeiten, während andere Freizeit genießen konnten. Manchmal nahm man beruflichen Stress mit in den Feierabend, vielleicht mussten Dienstgespräche am Wochenende geführt werden. Das hinderte uns daran, entspannt den eigenen Interessen nachzugehen. Damit ist Schluss. Kein Chef ruft zu Hause an, es gibt keine Albträume mehr über ungelöste Dienstprobleme. Der Abschied von der Arbeit bedeutet Befreiung von Hetze und Zwängen, Entlastung von fremden Ansprüchen. Erstmal ist das eine große Erleichterung. Aber wer bestimmt jetzt das Leben oder nur den Tagesablauf?

Natürlich geht zu Hause alles erst einmal seinen gewohnten Gang, als würde sich ein Wochenende an das andere reihen. Aber irgendwann bricht tatsächlich der neue Alltag an. Wie wird dieser normale alltägliche Tag gestaltet?

>> Was heißt Aktivitäten gestalten?

Die Aktivitäten des Tages ergeben sich nicht zufällig. „Gestalten" zielt darauf ab, sich neben den alltäglichen Notwendigkeiten bestimmte Bedürfnisse und Wünsche zu erfüllen, jeden Tag zu einem Ereignis zu machen, was ihn von anderen Tagen unterscheidet. Aber vielleicht haben wir verlernt, unser Leben selbst zu bestimmen? Vielleicht führte der Stress in der Arbeit nur zu dem Bedürfnis, zu Hause auszuspannen und sich zu erholen? Jetzt kommt umso mehr die Herausforderung:

„Ich muss mein eigener Chef sein!"

Diese Rolle ist noch unbekannt. Um diese Rolle zu managen, brauchen Sie Ziele, Pläne zur Umsetzung, den Entscheidungswillen, die Kraft zur Konkretisierung und nicht zuletzt ein passendes Zeitmanagement. Dafür ist insbesondere Selbstdisziplin erforderlich. Allerdings müssen wir aufpassen, dass kein neuer Druck entsteht. Der permanente Zwang zum Selbstentwurf der eigenen künftigen Lebensweise könnte nämlich auch zu einer Belastung führen.

>> Was bedeutet Chef-Sein?

Ich muss meine Aufgaben bzw. Aktivitäten selbst bestimmen, organisieren und verantworten. Das bedeutet:

- Ich sammle erst einmal Ideen.
- Ich wähle aus, welche Ideen besonders interessant und sinnvoll sind.
- Ich kläre die Ideen mit Partner und Freunden ab.
- Ich bzw. wir entscheiden, planen und verwirklichen die Ideen.
- Ich kann von meinen Aktivitäten berichten.

Das hört sich sehr verstandesmäßig an: Ist es auch, aber mit der Absicht, einen systematischen Anstoß zu bekommen, über eigene künftige Vorhaben nachzudenken. Außerdem steht am Ende des Prozesses der Erfolg – als Genuss oder als Befriedigung. Wir wollen das nachfolgend am Thema Zeit genauer verdeutlichen.

Wahrscheinlich wird jeder Ruheständler das neue Chef-Sein unterschiedlich annehmen. Am wenigsten wird es von den Typen des Zurückgezogenen und des Enttäuschten angenommen werden. Dagegen werden der Weitermacher und der Suchende die Rolle des eigenen Chefs für selbstverständlich halten.

Sicherlich, Sie können als eigener Chef nicht alles selbstherrlich bestimmen. Es gibt Grenzen; Sie müssen sich mit anderen abstimmen. Sie haben einen finanziellen Rahmen. Sie haben Verpflichtungen gegenüber Familie oder Freunden. Trotzdem haben Sie als Ruheständler einen weitaus größeren Rahmen als bisher, in dem Sie handlungsfähig sind.

> Wie gehe ich mit meiner Zeit um?

„Guten Tag“, sagte der kleine Prinz. „Guten Tag“, sagte der Händler. Er handelte mit höchst wirksamen, Durst stillenden Pillen. Man schluckt jede Woche eine und spürt überhaupt kein Bedürfnis mehr zu trinken. „Warum verkaufst du das?“ fragte der kleine Prinz. „Das ist eine große Zeitersparnis“, sagte der Händler. „Die Sachverständigen haben Berechnungen angestellt. Man erspart dreiundfünfzig Minuten in der Woche.“ Und was macht man mit diesen dreiundfünfzig Minuten?“ „Man macht damit, was man will.“ „Wenn ich dreiundfünfzig Minuten übrig hätte“, sagte der kleine Prinz, „würde ich ganz gemächlich zu einem Brunnen laufen.“(de Saint-Exupery 1956, 74)

Es heißt häufig, Ruheständler hätten keine Zeit. Das mag stimmen. Aber wählen diese Ruheständler ihre Aktivitäten besonnen aus? Versuchen manche vielleicht, zu viele Ideen auf einmal zu verwirklichen? Planen Sie Ihren Tag oder Ihre Woche vorausschauend? Oder genießen Sie es, alles spontan entscheiden zu können?

> Entschleunigung tut not

Wir können einfach drauf los leben, ohne uns weiter Gedanken zu machen. Dabei können wir eine Aktivität an die andere reihen, ohne zur Ruhe zu kommen, ohne uns selbst Zeit zum Nachdenken, zum Nachspüren zu lassen.

Vielleicht haben einige Angst vor Langeweile? Wobei Langeweile ja auch eine lange Weile sein kann – keine Langeweile auf unergiebigen Konferenzen, sondern selbst gewählte lange Weile, gedehnte Zeit – ohne Rahmen, ohne Ziel, ohne Rechenschaft (Bovenschen 2006, 72).

Oder ist es wie eine Sucht nach Erlebnissen, nach immer Neuem oder Aufregendem? Müssen wir in diesem Leben, unserem einzigen Leben, möglichst viel erleben? Dazu schreibt Rosa:

„Nachdem die Vorstellung einer Heilszeit (des Lebens nach dem Tod) allmählich an Kraft verlor, gelangte eine andere Vorstellung zu kultureller Vormacht, nach der das Leben gleichsam die letzte Gelegenheit darstellt, weshalb unsere irdische Zeitspanne so intensiv und umfassend wie möglich zu nutzen sei. Daraus ergibt sich als neuzeitliches Lebens- und Zeitideal, dass das gute Leben das erfüllte Leben sei, das darin besteht, möglichst viel von dem, was die Welt zu bieten hat, auszukosten. Das Problem aber besteht darin, dass die Welt ein viel größeres Angebot bereithält, als wir in einem Leben erfahren können. Daraus entwickelt sich der Gedanke der Beschleunigung von selbst: Wenn wir schneller machen, können wir mehr Welt mitnehmen, erfahrbar machen. Wir können in einem Leben das Pensum von zwei oder drei Leben auskosten …" (Rosa 2001, 22)

Die Wissenschaft beschreibt dies mit dem Begriff der Beschleunigungsgesellschaft. Das zentrale Problem ist dabei, dass die Angebote durch moderne Techniken immer umfangreicher werden, sodass der Ausschöpfungsgrad von realisierten Aktionen zu unrealisierten Optionen ungünstiger wird, oder anders gesagt, dass man das Angebot an Aktionsmöglichkeiten bei Weitem nicht ausschöpfen kann. Rosa empfiehlt deswegen:

„Was wir […] uns selbst in dieser Situation beibringen müssen ist, dass Schnellmachen, dass Beschleunigung keine praktikable Antwort auf das Verpassensproblem ist. Wir müssen vielmehr bewusst die Erfahrung machen, dass der Verzicht auf die Optionsausschöpfung eine Steigerung der Lebens- und Erlebnisqualität bewirken kann, man hat mehr davon, eine Sache richtig zu machen als mehrere nur flüchtig. Dabei muss man aber das, was man gleichzeitig verpasst, bewusst ausblenden, loslassen können […] Zugleich ist es eine ebenso wichtige, aber immer weniger selbstverständliche Erfahrung, dass sich Erlebnisse nicht nur durch Beschleunigung, sondern gerade durch Entschleunigung, Verlangsamung intensivieren lassen; man muss das aber erst einmal ausprobiert haben." (Rosa 2001, 22)

Insofern sollten wir von der Beschleunigung zur Entschleunigung unseres Tuns kommen. Das gibt Anlass, genauer hinzusehen und nachzudenken, was wir wirklich wollen und machen: Nehmen wir viele Dinge bewusster wahr: Wo unser Lieblingsplatz ist, um aus dem Fenster zu sehen. Wie andere Menschen mit uns umgehen, welchen Sinn eine Begegnung hatte. Ist ein Erlebnis neu und aufregend oder eine angenehme Wiederholung von früher?

Nicht zuletzt ist Zeit für uns Ältere inzwischen ein kostbares Gut, weil wir akzeptieren müssen, dass unsere Lebenszeit begrenzt ist.

>> Exkurs: Achtsamkeit schärfen

Im Alltag vor Ihrem Ruhestand, mit Verpflichtungen und Aufgaben, die die unterschiedlichsten Reize mit sich brachten, war es nicht ganz leicht, achtsam zu sein. Jetzt gibt es weniger Hektik. Sie müssen nicht wie im Beruf mit drei Problemen auf einmal geistig jonglieren. Die Chance ist groß, Ihre Achtsamkeit für sich und andere zu schärfen. Achtsamkeit ist die Fähigkeit, in jedem Augenblick unseres täglichen Lebens wirklich präsent zu sein, aufmerksam zu sein, bewusst den gegenwärtigen Moment zu erleben, ohne gleichzeitig zu werten, zu beurteilen. Handeln wir achtsam, so ist unser Geist ruhig, klar und ganz auf die jeweilige Tätigkeit ausgerichtet. Wir gewinnen Ruhe und Gelassenheit und verringern unseren alltäglichen Stress.

Häufig handeln, denken und sprechen wir nicht mit ungeteilter Aufmerksamkeit. Unsere Gedanken schweifen in die Zukunft oder in die Vergangenheit ab. So kann es passieren, dass wir zum Beispiel während einer Unterhaltung schon bei den nächsten Sätzen sind, die wir mitteilen wollen, und wir hören unserem Gesprächspartner nicht wirklich zu.

Wahrscheinlich kennen Sie auch Situationen aus Ihrem Berufsleben, wie Sie schon auf dem Weg zur Arbeit gedanklich an Ihrem Arbeitsplatz gewesen sind, anstatt Ihre Aufmerksamkeit bewusst zum Beispiel auf das Radfahren zu lenken.

Andererseits kennt bestimmt jeder von uns die wohltuende Erfahrung, mit einer Tätigkeit ganz verbunden zu sein, ohne durch abschweifende Gedanken abgelenkt zu werden – vielleicht beim Musizieren, beim Gärtnern, beim Malen oder Heimwerken. Die störenden, manchmal Spannung erzeugenden Gedanken sind dann ausgeschaltet, möglicher Stress verringert sich.

Viele Alltagshandlungen können Sie zu einem Ritual der Achtsamkeit werden lassen. Ein Beispiel dafür ist das Abwaschen. Inga wäscht tatsächlich gern ab: Nach einem Zusammensein mit vielen Freunden erholt sie sich durch die Konzentration auf Ordnung, Sauberkeit und neuen Glanz. Auch das Kochen, Torte belegen, Singen oder Zuhören – alles kann unter der Überschrift stehen: Das ist im Moment das Wichtigste auf der Welt. Richten Sie bewusst Ihre volle Aufmerksamkeit zum Beispiel auf den Vorgang des Essens, ohne dabei Zeitung zu lesen, den nächsten Einkaufszettel zu schreiben oder fernzusehen: Einfach nur den Duft der Speisen wahrnehmen, Portion für Portion wirklich schmecken und genießen, vielleicht danach dem Koch für das Zubereiten des Gerichtes danken.

Hier weitere kurze Übungen für die Achtsamkeit gegenüber den kleinen Dingen im Alltag, die Sie hellwach und entspannt werden lassen.

Übung zum Sehen, Hören, Riechen, Erinnern

Setzen Sie sich allein oder gemeinsam mit Ihrem Partner in einen Raum Ihrer Wohnung und lassen Sie den Raum auf sich wirken. Bleiben Sie achtsam und wach!

Sehen:

- *Welche Farben umgeben Sie?*
- *Wie wird der Raum vom Tageslicht ausgeleuchtet?*
- *Wirken die Farben eher warm oder kalt?*
- *Wo steht welches Möbelstück mit welchem Zubehör?*

…

Hören:

- *Was genau können Sie in Ihrem Raum, Ihrer Wohnung, Ihrer Umgebung hören?*
- *Sind die Geräusche eher laut oder leise?*
- *Welche Geräusche dominieren?*

…

Riechen:

- *Welche Düfte riechen Sie in dem Raum, in der Wohnung, bei geöffnetem Fenster?*
- *Welcher Geruch ist besonders intensiv?*
- *Welchen Eigengeruch haben die Einrichtungsgegenstände?*

…

Erinnern:

- *Haben Sie einen Lieblingsplatz?*
- *Woran erinnert Sie welches Möbelstück?*
- *Wie alt mag das eine oder andere Stück sein?*

…

Nutzen Sie es als besonderes Privileg, im Ruhestand Zeit zu haben, in sich zu lauschen oder irgendwo draußen in der Natur zu sehen, zu hören oder nur zu riechen.

Zum Abschluss noch eine Weisheit aus China (Gudjons 1993, 147), die wir Ihnen gern ans Herz legen wollen:

Die Achtsamkeit

Ein in Meditation erfahrener Mann wurde einmal gefragt, warum er trotz seiner vielen Beschäftigungen immer so gesammelt sein könnte.

Er sagte:
Wenn ich stehe, dann stehe ich.
Wenn ich gehe, dann gehe ich.
Wenn ich sitze, dann sitze ich.
Wenn ich esse, dann esse ich.
Wenn ich spreche, dann spreche ich.

Da fielen ihm die Fragesteller ins Wort und sagten:
Das tun wir auch. Aber was machst Du darüber hinaus?
Er sagte:
Wenn ich stehe, dann stehe ich.
Wenn ich gehe, dann gehe ich.
Wenn ich sitze, dann sitze ich.
Wenn ich esse, dann esse ich.
Wenn ich spreche, dann spreche ich.

Wiederum sagten die Leute:
Das tun wir doch auch.
Er aber sagte zu ihnen:
Nein!
Wenn Ihr sitzt, dann steht Ihr schon.
Wenn Ihr steht, dann geht Ihr schon.
Wenn Ihr geht, dann seid Ihr schon am Ziel.

In einem nachfolgenden Kapitel werden wir auf den Punkt „Achtsamkeit“ noch einmal zurückkommen, indem wir Sie darauf aufmerksam machen, wie wichtig die Achtsamkeit nicht nur für die eigene Person, sondern auch für ein zufriedenstellendes Zusammensein mit anderen ist.

>> Welche Tätigkeiten sind wichtig?

In Zeitmanagementkursen spricht man von „Zeitfressern", die uns die aktive Zeit rauben. Jetzt im Älterwerden ist es wichtig, unser Handeln darauf zu überprüfen, ob es sinnvoll für uns persönlich ist oder eher Zeitverschwendung bedeutet. Dafür haben wir folgende Fragen zur Bewertung der Nutzung unserer verfügbaren Zeit entwickelt:

1. Ist mein Tun für mich wichtig oder weniger wichtig?
2. Bringt mir meine Aktivität Befriedigung oder erfülle ich nur eine lästige Pflicht?
3. Was wäre stattdessen sinnvoller, also wichtiger und befriedigender?

Diejenigen, die irgendwann einmal Zeitmanagement gelernt oder praktiziert haben, merken, dass jetzt im Ruhestand andere Schwerpunkte gesetzt werden.

Wichtig oder weniger wichtig: Die Definition von „wichtig" oder „weniger wichtig" war individuell schon immer unterschiedlich. Mit dem Beginn des Ruhestandes wird sich diese Einschätzung noch einmal ändern.

Manche Menschen haben sehr bestimmte, feste Ansprüche oder Vorstellungen. Diese können im Alter auch zu Zwängen werden. Hinterfragen Sie getrost alte Regeln wie: „Der Rasen muss alle 5 Tage gemäht werden!" Der „Rasen muss lernen, auch warten zu können", bis er gemäht wird.

Der Umgang mit verschiedensten Optionen lässt sich am Beispiel des Fernsehens gut demonstrieren. Welche Sendung ist denn wirklich wichtig? Ist sie wichtig, weil ich einen guten Film oder eine interessante Dokumentation sehen will oder ein Fußballspiel? Macht mir Fernsehen wirklich Spaß? Habe ich keine andere wichtigere Beschäftigung? Oder ist mir wichtig zu gucken, was überall so läuft? Also „daddele" ich durch die Sender. Früher diente dieses Daddeln nach einem arbeitsreichen Tag der Entspannung. Das war notwendig und verständlich. Und jetzt?

Sinnvoll oder aus Pflichtgefühl: Diese beiden Kriterien sollen den Stellenwert von „wichtig“ beeinflussen. Natürlich sind Aktivitäten weiterhin wichtig, die von Notwendigkeiten oder Pflichtgefühl getragen sind, z. B. dass der Rasen irgendwann gemäht wird! Das Lustgefühl von Spaß oder Befriedigung sollte aber bei möglichst vielen Aktivitäten entstehen dürfen. Das kann z. B. bedeuten, dass Gartenarbeiten nur so lange gemacht werden, wie sie Freude bereiten. Morgen ist ja auch noch ein Tag. Außerdem lassen sich Pflichtaktivitäten in Lustaktivitäten verwandeln, indem sie anders organisiert werden. Zum Beispiel macht es Spaß, wenn Gartenarbeit gemeinsam gemacht wird, wenn Partner oder Kinder dabei tatkräftig unterstützen.

Was wäre sinnvoller und wichtiger gewesen: Mein Tun kann ich danach beurteilen, ob und wie meine Wünsche erfüllt wurden, ob ich dabei Spaß und Befriedigung hatte. Diese Besinnung sollte weniger der Kritik dienen als dem Vorsatz, dieselben Vorhaben entweder zu wiederholen oder sie zu ändern und anders zu gestalten, wenn sie nicht den Erwartungen entsprachen. Ein derartiges Nachdenken führt dazu, mehr und mehr zu erkennen:

Was will ich wirklich?
Was ist für mich wichtig?
Was macht für mich Sinn?
Was macht mir Spaß?

Diese Fragen können uns im Alltag ständig begleiten. Früher wussten wir, es ist für die Firma wichtig; jetzt heißt es, für mich persönlich ist es wichtig.

>> Sind Zeitplanungen wichtig und sinnvoll?

Viele Ruheständler lehnen Planungen ihrer Aktivitäten und täglichen Routinen ab. Wir schlagen vor, es nicht grundsätzlich so zu sehen. Eine gewisse Planung soll spontane Handlungen nicht unterdrücken, aber sie ist für uns schon wichtig, um einen Tag nicht in Beliebigkeit zerfließen zu lassen, ohne dann am Abend zu wissen, was das Besondere an diesem Tag war. Wenn Beliebigkeit die Vorhaben bestimmt, werden die Tätigkeiten häufig zu mehr belanglosen Wiederholvorgängen. Dann wird auch nicht gefragt: „Waren sie wichtig oder sinnvoll für uns? Worauf wollen wir demnächst stärker achten?"

Natürlich gibt es Menschen, die Planungen ablehnen oder sogar hassen, weil sie dazu vom Typ her gar nicht neigen oder insbesondere, weil sie damit in der hinter ihnen liegenden Berufsphase gequält wurden. Früher mussten Pläne eingehalten werden, jetzt im Ruhestand gilt das so nicht mehr. Trotzdem empfehlen wir Ihnen, sich folgenden Fragen zur Lebensplanung und zu den Routinen des Alltags zu öffnen.

Übung zur Lebensplanung für das nächste Halbjahr

Überlegen Sie bitte und notieren Sie Fragen zu Inhalten, Ideen, Anforderungen. Was will ich im nächsten halben Jahr erreichen

- *für meine Beziehungen zu Freunden,*
- *für meine Beziehungen zu Familienangehörigen,*
- *für meine Partnerschaft,*
- *für mein Zuhause,*
- *für mein körperliches und seelisches Wohlbefinden,*
- *um mein Wissen zu erweitern,*
- *um alte Hobbys weiterzuführen,*
- *um neue Aktivitäten zu beginnen?*

Fragen zur Entscheidung und zur Umsetzung:

- *Welche Bereiche sind besonders wichtig für mich?*
- *Was will ich zuerst umsetzen?*
- *Was sind meine ersten Schritte?*
- *Wann sollen sie umgesetzt werden?*
- *Brauche ich dazu jemanden, der mich unterstützt? Wenn ja, wen?*
- *Was verwirkliche ich danach?*

Weniger ins Detail können weitere Planungen über die nächsten zwei oder sogar fünf Jahre gehen. Längerfristige Planungen machen Sinn, wenn Sie innerlich viel „auf dem Zettel“ haben. Vielleicht fangen Sie aber erstmal mit der oben beschriebenen halbjährlichen Ideensammlung und Planung an.

>> Routine des Alltags klären

Last but not least geht es darum, den Alltag zu leben. Es ist empfehlenswert, sich auf gewisse Routinen festzulegen. Das gibt Verlässlichkeit, ist eine gegenseitige Verpflichtung für Paare. Bei Alleinlebenden fördert die Festlegung eine innere Disziplin. Verpflichtungen gegenüber einem Partner bestehen aber nicht, keiner beäugt Unerledigtes.

Vorschläge für Routinen des Alltags:

1. Tagesrhythmus festlegen, nicht zu spät beginnen, regelmäßige Zeiten für Mahlzeiten und körperliche Bewegung einbeziehen.
2. Plan für Aktivitäten des Tages oder der Woche aufstellen, möglichst variiert nach Lust- und Pflichtteilen.
3. Zeitblöcke für regelmäßige Aktivitäten wie Sport, Kurse, Treffen festhalten.
4. Einen Zeitblock für „Ungeplantes“ einrichten.
5. Termindruck vermeiden.
6. Dringend notwendige Dinge sofort erledigen.
7. Kleinigkeiten morgens zuerst fertig machen und sie als erste persönliche Erfolgserlebnisse abbuchen (z. B. Telefonate mit der Krankenkasse, Termine für Arztbesuche, Schreiben an Behörden verschicken).
8. Regelmäßig und frühzeitig Pausen einlegen, bevor ein Ermüdungs- oder Belastungseffekt eintritt.
9. Unerledigtes (notdürftige Reparatur, Steuererklärung) systematisch angehen (vielleicht als Eigenkontrolle mit einer Offene-Punkte-Liste arbeiten – vielleicht auch mit anschließenden Belohnungen).

10. Gute Organisation/Ablage erspart lästiges Suchen oder Nacharbeiten.
11. Zum Tagesabschluss: Was war schön an diesem Tag? Was ist mir gut gelungen? Was hat mich herausgefordert?

Wie kann ein Tagesplan strukturiert sein?

7.30 – 9.00 Uhr:
Aufstehen und Frühstück: Vor dem Frühstück Gymnastik, evtl. mit CD, Jogging, Zeitung am Kiosk kaufen, Brötchen holen, dann frühstücken, danach Rituale: Zeitung lesen (im Überblick) und Planung des Tages.

9.00 – 10.00 Uhr:
Erledigung lästiger Kleinigkeiten, wie Telefonate führen zwecks Terminabsprachen, wichtige Korrespondenzen erledigen (Strafmandate bezahlen ...), Haushalt auf Vordermann bringen.

10.00 – 12.00 Uhr:
Besondere Arbeiten im Haushalt oder Garten, Bewegungstraining, einkaufen, putzen, von der Jahreszeit abhängige Gartenarbeiten durchführen (Stauden umpflanzen, Büsche schneiden, Laub wegbringen), walken, Fitness.

12.00 – 13.30 Uhr:
Mittagspause: Mittagessen zubereiten, zu Mittag essen, ausruhen, Zeitung lesen.

13.30 – 15.30 Uhr:
Besondere Aktivitäten, wie Einkaufsbummel, Ausstellung besuchen, Schwimmen gehen, Kurs belegen bei der Volkshochschule, Rad fahren, Hobbys nachgehen, lesen, stricken, Rätsel lösen.

15.30 – 16.00 Uhr:
Kaffeepause.

16.00 – 18.30 Uhr:
Besondere Aktivitäten – Fortsetzung.

18.30 – 19.00 Uhr:
Abendessen: Berichte über Ereignisse des Tages.

Ab 19.00 Uhr:
Abendprogramm wie Verabredungen, Sport, Theater, Kino, Lesen, Gespräche, Fernsehen, Spiele.

3 Wichtige Lebensbereiche im Ruhestand gestalten

› Sechs Säulen des Lebens bestimmen das Wohlergehen

> *„Denn das Leben verläuft nicht rückwärts noch verweilt es im Gestern.“* (Khalil Gibran)

Was braucht man, um sein Leben zufrieden und ausgeglichen zu führen? Es gibt sechs Bereiche, die das Leben stabilisieren und unsere Identität ausmachen, das sind

- › Wertvorstellungen,
- › soziales Netz,
- › materielle Sicherheit,
- › Zuhause,
- › Arbeits- und Leistungsvermögen,
- › gesundheitliche Verfassung.

Man kann sich diese Bereiche bildlich vorstellen als Säulen, auf denen das Leben ruht. Je stärker und ausgewogener diese Säulen gebaut sind, desto tragfähiger werden sie sein. Fängt eine Säule an zu bröckeln oder gar einzustürzen, gibt es noch fünf andere, die einen tragen, und die eine lässt sich möglicherweise noch in Ruhe reparieren. Sind drei Säulen gefährdet, müssen wir uns Sorgen machen und uns anstrengen, sie schnellstmöglich wieder aufzubauen, um das Gleichgewicht zurückzugewinnen.

Alle sechs geben uns den notwendigen Halt, um den Herausforderungen des Lebens zu begegnen. Im übertragenen Sinne stützen diese Säulen den Boden, auf dem unser Lebenstanz stattfindet. Sie bilden die Grundlage für unser künftiges Leben.

Wertvorstellungen: Spirituelle Grundlage für unsere Lebensweise und unser Handeln ist die Beantwortung der Frage nach dem Sinn des Lebens. Was wollen wir mit unserem Leben? Dahinter steckt die Suche nach einem tieferen Verständnis der Welt.

Ob wir Christen, Moslems oder Buddhisten sind, ob wir uns als Atheisten bezeichnen oder einem Naturglauben anhängen: Wir werden die Frage nach dem Sinn unseres Lebens klären müssen. Sie ist der Schlüssel für unsere Motivation. Welche Werte treiben uns an? Wovon lassen wir uns inspirieren? Geht es uns um Wahrheitsfindung, um Gerechtigkeit und Hoffnung, um Frieden in der Welt? Oder geht es uns ganz einfach darum, in Ruhe gelassen zu werden, irgendetwas zu genießen ohne viel organisieren oder vorbereiten zu müssen? Oder ist es der Wunsch, etwas zurückzugeben, was wir in unserem Leben als Geschenk empfunden haben?

Die Frage nach dem Sinn des Lebens begleitet uns schon das ganze Leben. Je nach Lebenssituation können sich auch die Antworten ändern. Als Jugendliche haben wir nach Wahrheit und Gerechtigkeit gesucht. Im Erwachsenenleben stand die Bewältigung der alltäglichen Probleme im Vordergrund. Wir konzentrierten uns darauf, unser Berufs- und Familienleben zu bewältigen. Jetzt sind wir im Ruhestand wieder freier von Zwängen, wir können uns Gedanken zum Sinn des Lebens erneut stärker öffnen. Die gedankliche Beschäftigung kann umso intensiver werden, je mehr wir über unser Lebensende nachdenken. Für manche Menschen gelten diese Fragen als abgeschlossen, durch den Glauben an ein ewiges Leben oder durch die Überzeugung von der Endlichkeit des Lebens. Aber ist diese Frage angesichts des aufkommenden Lebensabends wirklich abgeschlossen? Und nicht zuletzt steht die Frage: Wie setzen wir unseren Lebenssinn jetzt im Alltag des Älterwerdens um? Wir helfen anderen und gewinnen dabei Anerkennung. Wir verschönern etwas in unserem Wohnbereich und machen unser Zuhause vollkommener. Wir erlernen spezielle Nutzungsmöglichkeiten des Computers und steigern unsere Leistungsfähigkeit. Wir genießen den Weitblick am Meer, damit stärken wir unser Wohlbefinden. In vielen kleinen

Dingen drücken wir den Sinn unseres Lebens aus. Letztlich verdeutlicht das der griechische Philosoph Epikur in folgendem Ausspruch: „Der Sinn des Lebens ist das Leben selbst."

Das soziale Umfeld: Das Umfeld, in dem wir uns bewegen, gibt uns das Gefühl: „Wir leben gemeinsam". Vernetzungen und Bindungen sind entstanden, wir fühlen uns eingebunden in Familie und Freundeskreis, mit dem Ruhestand können Bindungen sogar noch zunehmen. Gleichzeitig müssen wir den Widerspruch aushalten, dass wir uns zwar einerseits ein mit anderen Menschen vernetztes Leben wünschen, andererseits aber unabhängig und autonom sein wollen.

Materielle Sicherheit: Sicherheit, die persönliche Unabhängigkeit stabilisieren kann, wünschen wir uns im Ruhestand. Sie ist ein Baustein für unsere konkrete Lebensplanung und -gestaltung.

Das Zuhause: Unsere Wohnung oder unser Haus ist der zentrale Lebensmittelpunkt. Man kann dort zur Ruhe kommen und den Ort als Treffpunkt mit Familie und Freunden genießen. Hier fühlen wir uns wohl, hier ist unser Rückzugsort, wo wir uns fallen lassen und neue Kraft schöpfen können. Im Älterwerden wird das Thema „Zuhause" besonders akut, weil man viel mehr Zeit als früher in seinen vier Wänden verbringen wird.

Das Arbeits- und Leistungsvermögen: Beide werden durch den Wegfall des Berufslebens entscheidend weniger gefordert. Jetzt muss man neue Wege finden für Aktivitäten, die man für sich selbst als gewisse Leistung einschätzt oder als Herausforderung definiert. Erfolgserlebnisse erfreuen und können auch von anderen gewürdigt werden.

Die gesundheitliche Verfassung: Die persönliche Befindlichkeit, unsere Energie und Kraft ist abhängig von unserer körperlichen und seelischen Verfassung. Wie sieht unsere körperliche, wie unsere geistige Beweglichkeit aus? Welche Lebensführung ist für den Erhalt unserer Gesundheit angemessen? Wie gehen wir mit entstehenden seelischen Belastungen um? Wie halten wir uns geistig fit?

Ausmaß, Befindlichkeit und Balance dieser sechs Lebensbereiche unserer Identität werden unser Leben im Älterwerden bestimmen. In den folgenden Kapiteln stellen wir Ideen zu ihrer Stabilisierung und Festigung vor.

> Das soziale Umfeld gestalten

> *„Im Grunde genommen sind es doch die Verbindungen zu Menschen, welche dem Leben seinen Wert geben."*
>
> (Wilhelm von Humboldt)

Das soziale Netz mit Partnern, Verwandten, Freunden, Bekannten und Nachbarn betrachten wir als eine der wichtigsten Säulen. Wir Menschen sind soziale Wesen, die den Kontakt mit anderen Menschen brauchen. Im sozialen Verbund zu leben, ist für Kinder selbstverständlich. Als Erwachsener, als Älterer geht diese Selbstverständlichkeit verloren. Wir müssen unser soziales Umfeld eigenverantwortlich aufbauen und erhalten. Das gilt, auch wenn manche gern ihren Individualismus herausstellen.

In der systemischen Therapie spricht man statt von sozialen Netzen von sozialen Systemen, in denen wir leben. Diese Systeme können eng oder weitmaschig miteinander verwoben sein. Jedes System folgt dabei seinen eigenen Regeln, mit unterschiedlich angemessenen Verhaltensweisen. Wir alle wissen, in einer Partnerschaft gelten andere Regeln und Selbstverständlichkeiten als in einer Bekanntschaft, wir sprechen als Paare anders miteinander als unter Bekannten.

Soziale Verbundenheit mit anderen stärkt uns und fordert uns zugleich heraus, egal, wie eng die Beziehung ist. Leider ist dieser soziale Verbund in den westlichen Gesellschaften erheblich geschrumpft. Goleman, ein Experte für soziale Intelligenz, spricht sogar vom sozialen Verfall (Goleman 2006, 11). Als Ursache sieht er u. a., „wie die Menschen auf der ganzen

Welt neuerdings auf reduzierte Weise miteinander in Verbindung treten – mit Hilfe der modernen Technik, die immer mehr Möglichkeiten der nominellen Kommunikation zur Verfügung stellt. Tatsächlich handelt es sich um Isolation. All diese Trends zeigen das allmähliche Verschwinden von Möglichkeiten an, miteinander in Kontakt zu treten".

Aber gerade im Älterwerden wünschen wir uns intensive und vertrauensvolle Kontakte zu nahestehenden Menschen. Golemann (2006, 48) verweist auf das Ergebnis einer Untersuchung, wonach harmonische Beziehungen von folgenden Elementen bestimmt werden:

> gemeinsame Aufmerksamkeit und Wahrnehmung,
> gemeinsame positive Empfindungen,
> positive, nonverbal gezeigte Offenheit.

Die Formen der sozialen Beziehungen und die damit verbundene Nähe bestimmen die Intensität dieser Elemente.

Jetzt im Ruhestand können diese sozialen Systeme in Frage gestellt werden. Partnerschaft und Freundschaften müssen den veränderten Verhältnissen nach dem Wegfall der Erwerbstätigkeit angepasst werden. Vielleicht war ja das soziale Netz bisher wesentlich vom Beruf bestimmt? Freundschaften und Bekanntschaften müssen anders gepflegt werden als zuvor. Manches kann intensiver unternommen werden, eine Vorbeugung, um der Gefahr von Vereinsamung zu begegnen.

Wenn das soziale Netz aus dem Berufsleben sich weitgehend auflöst, ist es gut zu wissen, welche Bedürfnisse mit den verbliebenen Kontakten befriedigt werden können und sollen. Klar ist, dass wir mit Menschen des sozialen Netzes reden wollen, um unsere Erlebnisse auszutauschen. Darüber hinaus ermöglicht das soziale Netz dem Einzelnen, auch noch andere Bedürfnisse abzudecken:

> Man spürt Gemeinsamkeiten im Denken und Handeln. Das stärkt.

- Gemeinsame Erlebnisse und gesellige Unternehmungen verbinden.
- Man erfährt Vertrauen, Verständnis und Anerkennung, vielleicht auch eine neue Verbundenheit.
- Man bekommt ein Gefühl von Sicherheit.
- Man überwindet Isolation und Einsamkeitsgefühle.

Die oben beschriebenen Typen werden für ihre sozialen Kontakte im Älterwerden sehr unterschiedliche Bedürfnisse zeigen.

Der Weitermacher hat vielleicht wenig Zeit für ausführliche Gespräche, außerdem nimmt er Vertrauen und Sicherheit als selbstverständlich an. Ihn werden mehr Gemeinsamkeiten in seiner Arbeit und damit verbundene Erlebnisse begeistern. Damit die Kontakte zum privaten, sozialen Netz nicht verkümmern, ist es für ihn empfehlenswert, sich regelmäßig mit Familie und Freunden zu treffen und vielleicht kleine gemeinsame Wochenendausflüge mit ihnen zu machen.

Der Suchende ist konzentriert auf sein Ziel, weswegen er viel Kontakt zu anderen Menschen nötig hat, Themen wie Sicherheit oder Einsamkeit bewegen ihn erstmal nicht. Trotzdem könnte er daran denken, seine Hobbys zu pflegen, um auch körperlich aktiv zu bleiben, und natürlich auf einen regelmäßigen Kontakt zu Familie und Freunden zu achten.

Der Helfer will in großer Harmonie zu seinen Mitmenschen leben, er wird sich nicht allein fühlen. Intensiver Kontakt wird ihm Anerkennung und auch Sicherheit verschaffen. Er ist es gewohnt, auf Menschen zuzugehen. Umgekehrt muss er eher mehr an sich selbst denken, um etwas ganz individuell für sich zu erleben.

Der Zurückgezogene lebt seine Gedanken mehr in inneren Dialogen aus, als dass er ein ständiges Bedürfnis nach Gesprächen hat. Er verspürt daher kaum die Einsamkeit, die ihn umgibt. Auch benötigt er wenig Anerkennung von außen, er ist sich selbst genug. Trotzdem empfiehlt es sich für ihn, unter Menschen zu kommen. Vielleicht kann er das mit ehrenamtlichen Aktivitäten schaffen, bei denen er zwangsläufig auch mit Kollegen zusammenkommt.

Für den Genießer stehen gemeinsame Erlebnisse im Vordergrund, dagegen ist gegenseitiges Verständnis und Vertrauen untergeordnet. Trotzdem braucht er einige wenige Freunde, mit denen er intensiv über auftretende Probleme des Älterwerdens reden kann und die ihn im Notfall unterstützen.

Der ewig Junge wird sich gern mit Jüngeren treffen, hofft, über seine Aktivitäten oder sein Aussehen die erforderliche Anerkennung zu finden und sucht Kontakt zu Personen, mit denen übereinstimmende Interessen gepflegt werden können. Dabei sollte er insbesondere nicht den Kontakt zu seinen gleichaltrigen Gesprächspartnern vernachlässigen, die ihm möglicherweise ein größeres Gefühl von Verbundenheit und Sicherheit geben.

Der Bedenkenträger sucht zwar Kontakt zu seinen Mitmenschen, wird sie aber mit seinen Sorgen ermüden oder abstoßen. Dadurch erfährt er auch weniger Gegenliebe, Vertrauen und Sicherheit, zumal seine Eigeninitiative durch Bedenken gegenüber neuen Kontakten gelähmt sein wird. Möglicherweise vermittelt ihm die Übernahme von Nachbarschaftshilfe oder ehrenamtlichen Aufgaben eine positive Zielsetzung, gleichzeitig erhöht sie die Gelegenheit zu Kontakten.

Der Enttäuschte stößt andere mit seinen Erwartungen möglicherweise vor den Kopf oder langweilt sie mit anklagenden Geschichten. Das führt dazu, dass er die soziale Nähe durch gemeinsame Erlebnisse und insbesondere Vertrauen und Zuneigung wenig zu spüren bekommt. Durch neue Aufgaben oder die Übernahme von Dienstleistungen im ehrenamtlichen oder früheren beruflichen Bereich können neue Ziele entwickelt werden, die alten Ärger vielleicht vergessen lassen und die soziale Kontakte stärken. Kurse in Volkshochschulen vermitteln möglicherweise ein Wir-Gefühl, was das Tor zu Freundschaften öffnen kann.

Um das soziale Netz zu pflegen, ist in erster Linie Eigeninitiative erforderlich. Unsere 91-jährige Tante ruft manchmal an und fragt: „Ich wollte mal wissen, wie es euch geht und was ihr macht!“ So bleibt sie in ihrem sozialen Netz verankert. Zum Zweiten sollte die Kontaktpflege mit einem Ziel verbunden sein.

Das kann allgemein gehalten sein, wie diese Tante es macht. Es kann aber auch um konkrete Verabredungen gehen.

Und schließlich sollte der Initiator offen für den angesprochenen Freund oder Bekannten sein, um auch dessen Themen annehmen zu können und sich nicht von eigenen Anliegen blockieren zu lassen.

Wie Kontakte aufgebaut werden können und sich gute Kommunikation abspielen kann, wird in den nachfolgenden Kapiteln beschrieben.

> Eine gute Partnerschaft führen

> *Geteilte Freude ist doppelte Freude, geteiltes Leid ist halbes Leid.*

Auch das Leben in der Partnerschaft wird sich durch den Eintritt in den Ruhestand ändern. Die neu gewonnene, freie Zeit führt plötzlich zu einem engeren täglichen Zusammenleben. Wie werden die Partner das verkraften? Wie werden sie gemeinsam, wie getrennt leben?

Vordringlich ist die Überlegung, wie sich die alltäglichen Arbeiten und Verantwortlichkeiten aufteilen lassen. In traditionellen Ehen kann das bedeuten, dass die Hausfrau, die bisher zuständig war für alle Belange des Haushalts, sich plötzlich zurückgesetzt fühlt, wenn der Mann sich in Haushaltsangelegenheiten einmischt. Umgekehrt kann der Mann das Gefühl haben, mit den ihm überlassenen Arbeiten sei er der Hausdiener. Auch kann es Erwartungen in anderer Richtung geben. Vielleicht meint die Frau, der Mann drücke sich vor dem Arbeiten und halte lieber bei Nachbarn große Reden. Das führt natürlich zu Störungen in der Beziehung.

Doch bietet die längere Zeit für Gemeinsamkeit auch eine Chance für die Weiterentwicklung der Beziehung im Ruhestand. Was beide Partner als Paar zusammengeführt hat, kann wieder aufgefrischt und intensiver gelebt werden. Es wohnen keine Kinder mehr im Haus, um die sich beide kümmern müssen. Die Partner brauchen nur noch für sich selbst zu sorgen, Stress oder Missstimmungen aus dem Beruf werden nicht mehr in die Beziehung getragen. Andererseits besteht jetzt die Gefahr, dass das Genervtsein bei einem der Partner, der seine schlechte Laune früher manchmal bei der Arbeit „ablassen“ konnte, der Partnerbeziehung aufgebürdet wird.

Jetzt drängt die Zeit zu verabreden, wie Sie gemeinsam weiterleben wollen, wie Sie Ihre Gespräche, Ihren Gedankenaustausch, Ihre Kommunikation miteinander intensivieren können. Überprüfen Sie, was Sie an Ihrer Beziehung beibehalten, verändern oder verbessern wollen. Dazu sollen Sie im Folgenden Anregungen erhalten.

>> Kennzeichen einer zufriedenstellenden Partnerschaft

Gute Paarbeziehungen – es gibt sie wirklich: Paare, die ausgeglichen und fröhlich miteinander umgehen, die Vertrautheit und Sicherheit ausstrahlen. Paare, die sich ehrlich und offen begegnen. Das fällt allerdings nicht vom Himmel.

Wir wissen aus unserer Beratungspraxis: Viele Paare, die kurz vor dem Ruhestand stehen oder schon einen gelungenen Übergang zum Ruhestand geschafft haben, mussten intensiv für die Neugestaltung ihrer Partnerschaft sorgen. Irgendwann vorher haben sie meistens eine oder mehrere schwere Krisen allein oder auch mit Unterstützung eines Beraters gemeistert, sodass eine Phase der Vernachlässigung oder sogar des Widerstandes durch Toleranz, Zuwendung und neues Vertrauen verändert werden konnte.

Die meisten Partner haben dann aufgehört, eigene innere Widersprüche auf den anderen zu projizieren. Auch haben sie aufgehört, den anderen als bloßen „Ersatzvater“ oder als „Ersatzmutter“ zu sehen. Sie haben stattdessen herausgefunden, welche Zeichen der Liebe für den anderen besonders wichtig sind. Ist es Unterstützung in praktischen Dingen? Ist es Zärtlichkeit, Lob und Anerkennung? Sind es Geschenke? Es gibt unterschiedliche Sprachen der Liebe: Ein Partner fühlt sich z. B. geliebt, wenn er intensive Gespräche führen kann, ein anderer fühlt sich durch Geschenke gewürdigt, ein nächster durch gemeinsame Theaterabende. Wichtig ist anzuerkennen: Es gibt Unterschiede zwischen den Partnern, was für den Einzelnen im Zusammensein bedeutsam ist. Um diese Verschiedenheit zu wissen und sie im Zusammenleben zu beachten, beweist tiefes Verständnis füreinander.

Damit die Beziehung im Alter nicht beschädigt wird, ist Selbstdisziplin nötig. Wir brauchen sie für unser enges Zusammensein, eng wie schon am Anfang der Beziehung, jedoch ohne den Schwung der ersten Verliebtheit. Wir Autoren leben beide in zweiter Ehe miteinander. Eine Lehre aus dem Scheitern unserer jeweils ersten Ehe ist: Wir müssen regelmäßig etwas für unsere Beziehung tun, und zwar sehr bewusst – und sogar täglich. Das möchten wir allen Paaren nahelegen.

Die spannende Frage, wie es kommt, dass manche Paare mehr als 20 Jahre zufrieden miteinander leben, ist nicht einfach zu beantworten. Genauso ist es mit der Frage, warum viele Paare neu zusammenwachsen und zusammenbleiben trotz Krisen, die sie seinerzeit in die Beratung geführt haben. Da wir mit mehreren Frauen und Männern aus unseren Beratungstreffen weiterhin Kontakt pflegen, konnten wir sie befragen, was sie an Empfehlungen weitergeben würden nach der Bewältigung ihrer kritischen Zeit. Aus den Interviews ging hervor, was sie anders machen als bisher, worauf sie genauer achten. Hier eine Zusammenfassung der Empfehlungen:

Wir unterstützen uns gegenseitig: Es ist für uns selbstverständlich, sich die alltägliche Arbeit zu teilen. Genauso wichtig ist es, die Verantwortung für einander zu tragen, insbesondere auch in emotionalen Dingen. Dabei sollte Geben und Nehmen möglichst ausgeglichen sein. Also: Wir unterstützen den anderen, wenn es ihm schlecht geht. Wir versuchen, den Stress des anderen zu begreifen und wenn möglich zu lindern.

Wir bleiben miteinander im Gespräch: Wir sprechen regelmäßig miteinander und bemühen uns, die Denkweise des anderen zu verstehen. Bei strittigen Fragen versuchen wir, Lösungen zu finden, die uns beiden gerecht werden oder zumindest beiderseits akzeptiert werden können.

Wir bringen häufig zum Ausdruck, was wir am anderen schätzen oder bewundern: Jeder würdigt den anderen, er lobt ihn nicht nur allein für besondere Aktionen oder Zuwendungen, sondern zeigt, dass es etwas Besonderes ist, mit ihm zusammen zu leben. Dazu gehört ein liebevoller Blick, eine kleine Geste oder eine kurze Berührung.

Anmerkung: Für uns als Berater ist dies der zentralste Baustein für den Erhalt oder den Wiederaufbau einer Beziehung, die gegenseitige Aufmerksamkeit wird auf das Positive gelenkt. Das stärkt das Selbstwertgefühl von beiden, was eine positive Grundstimmung zur Folge hat.

Wir verzeihen einander: Oberstes Gebot: All die vergessenen Hochzeitstage, der Riesenstreit vor dem letzten Urlaub, der Flirt vor 15 Jahren, die ewigen Spritzer am Spiegel im Bad – wir vergessen oder übergehen das. Wer Niederlagen, Enttäuschungen, Verletzungen ewig warm hält, verbaut sich den Weg zur Versöhnung und zum glücklichen Zusammensein. Wir pflegen stattdessen lieber schöne gemeinsame Erinnerungen.

Wir finden Zeit für Gemeinsamkeit: Uns verbinden Gespräche und gemeinsame Erlebnisse, wir organisieren Feste und nehmen gemeinsam Veränderungen in Haus oder Garten vor.

Wir pflegen unsere individuelle Paarkultur: Wir haben gemeinsame Rituale für uns entdeckt. Beispiel: Wir frühstücken jeden Samstagmorgen in Ruhe mit knusprigen Brötchen und gekochtem Ei. Wir gehen einmal im Monat ins Theater. Wir kochen uns am ersten Sonntag jeden Monats gemeinsam ein Vier-Gänge-Menü.

Wir verwirklichen unsere Träume: Wir schmieden Zukunftspläne. Für den einen ist es der Urlaub am Meer, für den anderen eine neue Wohnzimmereinrichtung. Wir genießen die Vorfreude bis zur Realisierung der Träume.

Wir sprechen unsere autonomen Aktivitäten ab: Bei uns ist z. B. jeder Mittwoch „Alleine Tag". Sich mit eigenen Freunden oder

Freundinnen zu treffen, ist anregend. Ebenso eine Kurzreise allein zu machen, zum Beispiel zu alten Freunden oder zu Geschwistern. Denn jeder will sich auch alleine spüren. Wir können danach davon erzählen. Neues belebt unsere Zweisamkeit.

Uns ist klar geworden, dass der andere eine wirklich andere Persönlichkeit ist, die anders denkt und insbesondere anders fühlt: Unterschiedliche Meinungen auszuhalten, Wünsche und Standpunkte des anderen zu respektieren – und seien sie noch so verschieden von den eigenen – ist die zentralste und schwierigste Anforderung in unserer Partnerschaft. Doch gerade dieses Anderssein erleben wir immer mehr als Erweiterung und Bereicherung. Es ist der Schlüssel für unser gutes Zusammenleben.

Was wir als Berater noch hinzufügen wollen: **Aufeinander achten:** Es hilft, dem anderen achtungsvoll und aufmerksam in den kleinen Problemen des Alltags gegenüberzutreten; dann lassen sich Durststrecken leichter überwinden.

Das sagt sich einfach, scheitert aber leider in vielen Paarbeziehungen daran, dass die Wahrnehmung des anderen in seinem Tun mindestens bei einem der Partner wenig ausgebildet ist. Wir geben Paaren in Beratungen gern die Hausaufgabe, dem anderen in den nächsten zwei Wochen eine kleine, aber besondere Überraschung zu bereiten, und zwar ohne vorherige Ansage. Beim nächsten Treffen müssen wir manchmal feststellen, dass einer der Partner die Überraschung nicht wahr genommen hat (frische Blumen standen auf dem Tisch, eine neue Bluse sollte Aufmerksamkeit erregen, besondere Musik wurde zum Essen aufgelegt, ein Regal im Schuppen wurde aufgeräumt, leere Flaschen weggebracht oder der Fahrradreifen aufgepumpt).

Den anderen wahrzunehmen ist eine zentrale Voraussetzung, um aus dem Partneralltagstrott zu entfliehen. Neues zu entdecken bringt Frische. Wir empfehlen, eine Übung auszuprobieren, die wir von Jellouschek (2008, 69ff) abgeleitet haben:

Übung zur Erhöhung der Achtsamkeit in der Partnerschaft

Sie können sich gegenseitig befragen und dabei testen. Bitte beantworten Sie folgende Fragen schriftlich und tauschen Sie die Ergebnisse später miteinander aus – sie werden Anlass für Aha-Erlebnisse sein und sicher auch für neue Absprachen miteinander.

1. Fragenbereich: Einander wahrnehmen und würdigen

- *Wie nehmen wir uns gegenseitig wahr? Was fällt mir dabei besonders auf?*
- *Wie erlebe ich dich in dieser Hinsicht?*
- *Wie erlebst du wohl mich?*
- *Würdigen wir uns? Und wenn ja, wie?*
- *Wie erlebe ich dich in dieser Hinsicht?*
- *Wie du mich?*

2. Fragenbereich: Störungen benennen und Kritik äußern

- *Was stört mich an deiner Achtsamkeit?*
- *Was stört möglicherweise dich an meiner Achtsamkeit?*

Letzte Frage: Was soll sich ändern?

- *Hast du einen Wunsch an mich? Wenn Ja, worauf soll ich besser achten?*
- *Ich habe einen Wunsch an dich. Bitte achte besser auf …*

Anmerkungen zum gemeinsamen Austausch: Vielleicht wird Sie manche Antwort überraschen. Bitte rechtfertigen Sie sich auf keinen Fall, sondern fragen Sie eher nach, was genau gemeint ist. Über die Erfüllung des Wunsches sollten Sie genauer sprechen. Bleiben Sie bei *einem* Wunsch, später kann immer noch ein weiterer genannt und vielleicht erfüllt werden.

Als Ergebnis der Übung wird der andere spüren: Ich bin meinem Partner wichtig. Er wird merken, dass sich etwas verändert hat, dass die neue Achtsamkeit auch zu einer genaueren Wahrnehmung der partnerschaftlichen Beziehung führt. Beispielsweise kann es für jede Beziehung enorm vitalisierend sein, wenn man sich gegenseitig dabei beobachtet, wie der andere bei der Realisierung eines individuellen Projektes Erfolgserlebnisse erfährt. Seine frohe Stimmung wird abfärben.

>> Eine positive Grundstimmung halten

Für jede Paarbeziehung ist eine gute Grundstimmung wichtig. Wenn einer der Partner ein Besserwisser ist, werden dem anderen die fröhlichen Kommentare schnell vergehen. Wenn der eine alles nach richtig und falsch beurteilt, wird selten echter Humor aufkommen. Natürlich wünschen wir uns das Gegenteil, wir wünschen uns eine leichte und heitere Stimmung, die nicht von Problemdebatten strapaziert ist. Das erfordert erstmal, Abstand zu gewinnen und dann, den anderen zu akzeptieren, auch mit seinen vermeintlichen Fehlern.

Wenn es unbeschwert und mit Humor zugehen soll, heißt das gleichzeitig, sich auf die Denkweise des anderen einzulassen. Vielleicht erinnern Sie sich daran, wie Sie als junger Mensch ausgelassen sein konnten und auch Quatsch und Blödsinn gemacht haben. Da war viel Leichtigkeit; Sie waren frei von Vorbehalten und Wichtigtun. Wir wünschen Ihnen, diese Leichtigkeit neu zu gewinnen oder zu erhalten.

Wir Autoren bemühen uns zu Hause um einen humorvollen Umgang miteinander. Günter spielt gerne den Benachteiligten, der unter seiner emanzipierten Frau leidet und insbesondere zu wenig zu essen bekommt. Inga bedauert ihn, wie schwer er es habe. Das bedeutet Deeskalation für die leichteren Konflikte.

>> Neun Stolpersteine

Keine Sorgen, die Chance für eine positive Weiterentwicklung der Partnerschaft ist im Ruhestand gut. Die Umstellung in der neuen Lebenssituation wird uns herausfordern und kann bewältigt werden. Paare um uns herum beweisen es. Allerdings möchten wir Sie auf einige Stolpersteine aufmerksam machen.

1. Stolperstein: Veränderung der Rollen

Als Familientherapeuten wissen wir, wie äußere Anlässe zu Veränderungen in der Beziehung führen können. Vielleicht erinnern Sie sich noch an den Auszug Ihrer Kinder. Eine Verunsicherung. Plötzlich war da eine Leere. Statt täglich den Kindern konkret zu helfen, konnten Sie sich nur noch Gedanken machen, ob es ihnen auch gut geht. Aufgaben fielen weg, die besondere Verantwortung für die Kinder war Ihnen genommen, abendliche Gespräche mit Ihrem Partner konzentrierten sich weniger auf Themen über die Kinder. Es wurde stiller. Vielleicht kam etwas Langeweile auf, weil Sie sich zu nah auf die „Pelle" rückten, weil Sie nicht mehr gewohnt waren, sich miteinander länger zu unterhalten oder weil abends kleinere Unternehmungen weggefallen waren.

Das kann beim Übergang in den Ruhestand ähnlich sein. Die Rollen in Ihrer Beziehung werden sich ändern. Das betrifft nicht nur die Organisation des Haushalts, das bezieht sich auch auf den Umgang miteinander: Wie informieren wir uns gegenseitig, wie sprechen wir Aktivitäten ab, was unternehmen wir gemeinsam, was getrennt, wer übernimmt welche Aufgaben? Das Zusammenleben muss neu durchdacht werden. Eingespielte Rollen werden neu definiert, autonome Bereiche klar abgesteckt. Sie werden andere Verhaltensweisen ausprobieren.

Erinnern Sie sich an den Lebensweg der 65-jährigen Frau, den wir schon oben beschrieben haben? In unserem Beispiel gewann die Frau von ihrer früheren aktiven beruflichen Zeit etwa 65 % für ihr Leben im Rentenalter hinzu. Einerseits konnte sie dadurch besondere Lebensbereiche intensivieren. Andererseits musste sie die Reaktionen und Wünsche des Partners einbeziehen.

Um sich genauer abzustimmen, lassen sich zunächst die aktuellen Tagesaufgaben und Aktivitäten sammeln. Es gilt zu vereinbaren, wer verantwortlich sein soll für den Haushalt, für Wohnungs- oder Hauswartung, für die Pflege des Autos oder der Fahrräder, für die Finanzführung, für Kontakte zu Familie, Freunden und Nachbarn, für die Reiseplanung usw.

Die Aufgaben lassen sich gliedern in selbstständige, partnerschaftliche oder helfende. Um die Beziehungsbalance zu halten, sollte sich keiner der Partner nur als Diener fühlen, also nur der Helfende sein. Umgekehrt sollte auch keiner meinen, er müsse für alle Entscheidungen verantwortlich sein, alle

Beschlüsse bestimmen. Es gibt aber sicher Bereiche, für die der eine mehr Kompetenz oder Interesse entwickelt als der andere. Entscheidend ist dabei, dass nicht einer allein die Generallinie vorgibt. Der Psychotherapeut Willi ergänzt außerdem: „Je stärker die Aufgabenbereiche voneinander getrennt sind, desto leichter ist es, unterschiedliche Beiträge zu identifizieren und unterschiedliche Anerkennung zu beanspruchen." (Willi 2002, 143)

Wir haben zum Beispiel im Garten folgende Aufgabenverteilung: Inga jätet die Beete, gemeinsam beschneiden wir Büsche und Bäume, auch ernten wir gemeinsam. Günter ist für Erdarbeiten und Rasen zuständig, jeder hat sein eigenes kleines Gemüsebeet zum Experimentieren. Inga kocht Marmelade ein und Günter später die Pflaumen. Das Eingekochte genießen wir dann gemeinsam. Wenn sich bei uns Chef-Allüren einschleichen (da wir im Berufsleben jahrelang Vorgesetzte waren), versuchen wir uns Grenzen zu setzen mit Bemerkungen wie: „Jetzt will auch ich mal der Chef sein!"

Wenn die Partner in unterschiedlichen Lebenssituationen stehen, können Komplikationen auftreten. Vielleicht ist einer von beiden noch berufstätig, vielleicht möchte einer seine Hobbys zeitintensiv ausbauen, ein anderer ist schwerkrank, wieder einer fühlt sich verpflichtet, seine pflegebedürftigen Eltern zu versorgen – oder der Altersunterschied zwischen den Partnern ist auffällig groß. Derartige Unterschiede bedürfen besonderer Aufmerksamkeit.

2. Stolperstein: Paare mit zeitintensiven autonomen Bereichen

Die Verwirklichung von persönlichen Projektideen kann in Konkurrenz zur Gemeinsamkeit in der Paarbeziehung stehen. Der intensive Einsatz für besondere Aufgaben zeigt das individuelle Verlangen nach besonderen Kontakten oder Erfolgserlebnissen. Vielleicht versucht einer der Partner, dadurch seine unausgesprochene Angst zu bewältigen, länger oder ständig mit dem anderen zusammen sein zu müssen.

Hartmut, ein erfolgreicher Wirtschaftsprüfer, wollte mit Beginn seines Ruhestandes ein Sozialprojekt aufbauen. Er startete zunächst in den Räumen seines früheren Büros. Seine Frau Gisela hatte allerdings erwartet, dass beide im Ruhestand viel mehr Zeit miteinander verbringen würden als früher. Doch Hartmuts Projekt erforderte volles Engagement, um überhaupt in Gang zu kommen. Diese unterschiedlichen Erwartungen führten zu großer Enttäuschung bei Gisela. Besonders Frauen haben oft die Erwartung, all die Gemeinsamkeiten zu pflegen, die während des Berufslebens hintenan stehen mussten. Sie hatte gehofft, zusammen mit ihrem Mann jetzt ihr Wochenendhaus nahe der Ostseeküste mehr genießen zu können. Die Lebensziele der Partner liefen auseinander. Die während der Berufstätigkeit noch akzeptierten autonomen Bereiche konnten im Ruhestand nicht zusammenwachsen, obwohl beide sich das früher für die Zeit des Ruhestands sehnlich gewünscht und versprochen hatten.

Wie kann dieser Konflikt gelöst werden? Wenn Gisela sich auf mehr Zusammensein gefreut hat, sollte sie diesen Wunsch anders verfolgen. Gisela könnte zum Beispiel eine Aufgabe in dem neuen Projekt ihres Mannes übernehmen, um einen Teil der Verantwortung dafür mit ihm gemeinsam zu tragen.

Es empfiehlt sich, schon vor Beginn des Ruhestandes zu prüfen: Welche Aktivitäten will jeder autonom, welche gemeinsam durchführen? Wie viel Zeit soll dafür jeweils aufgewandt werden? Dieses Abwägen ist schwierig, macht aber das gegenseitige Verhältnis in der Partnerschaft klarer. Sicher muss um Kompromisse gerungen werden, damit der gemeinsame Lebensbereich zumindest als gleichwertig gegenüber den autonomen Bereichen angesehen wird.

3. Stolperstein: Paare mit ungleichen Lebenswelten

Da heute oft beide Partner arbeiten, kommt es nicht selten vor, dass einer, meist der ältere Mann, schon früher im Ruhestand ist. Die Partnerin lebt dann noch in der Welt, die Leistung verlangt und oft Anerkennung gibt. Er dagegen muss seine Ansprüche zurückschrauben, weil Leistung im üblichen Sinne nicht mehr gefragt ist und dadurch Anerkennung kaum von außen kommen wird. Er fragt sich, was er mit seiner freien Zeit machen kann; sie dagegen ist eher von der Arbeit erfüllt oder erschöpft. Einen Teil seiner Zeit verwendet er jetzt darauf, ihr den Rücken im Haushalt freizuhalten, das bedeutet, dass er die Funktion des Hausmannes übernimmt.

Solch ein Wechsel zum Hausmann ist ein Einschnitt. Sie wird für sein häusliches Engagement dankbar sein und ihn deswegen sehr würdigen. Aber was wird aus den Träumen des Mannes, aus seinen Phantasien über Aktivitäten im Ruhestand? Dafür sollte Freiraum bleiben.

Wir haben eine solche Situation selbst erlebt. Ingas Berufssituation veränderte sich durch den Aufbau eines neuen Ausbildungsprojektes für junge Lehrer. Das bedeutete viel Stress, weil ihr Projekt intensiven Einsatz erforderte und von anderen anfangs misstrauisch beäugt wurde. Günter als Frühpensionär übernahm das Amt des Hausmannes, gönnte sich daneben aber noch Zeit für andere Aktivitäten – er führte Therapien durch und arbeitete für den Vorstand eines gemeinnützigen Vereins. Ab und an nahm er sich eine einwöchige Auszeit, um die Renovierung des Ferienhauses voranzutreiben oder mit einem Freund zu verreisen.

4. Stolperstein: Alte Familienmitglieder aufnehmen

Zu einer besonderen Lebensaufgabe kann die zeit- und arbeitsintensive Betreuung eines alten Elternteils werden. Beide Partner müssen abstimmen, inwieweit ihre Partnerschaft die Sorge um die alten Eltern verkraften kann – zeitlich wie seelisch. Der Partner, der gefühlsmäßig weniger beteiligt ist, wird Energie zur psychischen Unterstützung des anderen aufwenden müssen.

Gerd wünschte, seine alte, pflegebedürftige Mutter in seinem Haus zu beherbergen und für eine angemessene Pflege zu sorgen. Dafür bringt er als ehemaliger Arzt gute Voraussetzungen mit. Mit seiner Frau Lisa musste genau abgeklärt werden: Wie ist ihre Beziehung zur Schwiegermutter? Welche Aufgaben würde der Pflegedienst übernehmen? Kann sie sich vorstellen, die Schwiegermutter bei der Pflege zu unterstützen? Würden die Enkelkinder sich um die Großmutter auch kümmern wollen? Welche zusätzlichen Aufgaben müsste Lisa übernehmen? Wie beeinflusst die neue Wohnsituation ihren Freiraum als Ruheständlerin? Würde ihre Partnerschaft durch das Miteinanderleben beeinträchtigt? Was ist mit ihren Reiseplänen? Lisa und Gerd haben es geschafft: Sie akzeptieren die Nähe seiner Mutter, haben Freiräume gewonnen mithilfe von Menschen, die die Mutter in ihrer Abwesenheit versorgen, und führen eine glückliche Partnerschaft.

5. Stolperstein: Gravierende Altersunterschiede zwischen den Partnern

Gravierend nennen wir Altersunterschiede von 10 bis 25 Jahren. In unserem Freundeskreis gibt es mehrere solcher Paare. In allen Fällen handelt es sich um Zweitbeziehungen. In diesen Paarbeziehungen sind es die Männer, die viel älter sind. Sie haben sich jüngere Frauen gewählt. Beide Partner haben sich vor einem mehr oder weniger bewältigten Lebenshintergrund gefunden, was ihr Selbstbewusstsein bestimmt.

Eine kritische Situation ergibt sich, wenn der ältere Partner in den Ruhestand geht, während die sehr viel jüngere Partnerin noch mitten im Leben steht mit ihrer Arbeit und vielleicht noch mit der Fürsorge für die fast erwachsenen Kinder. In einem bestimmten Umfang kann er ihr sicher Arbeit abnehmen. Zusätzlich sollte er sich jedoch um eine autonome Aufgabe kümmern, die ihn erfüllt und ihm Bestätigung gibt.

Wolf, ein Verwandter, hat zusammen mit seiner Partnerin in den USA ein Wohnmobil erworben und „erobert" sich – teils im gemeinsamen Urlaub mit seiner Frau, teils längere Zeit allein (wenn sie wieder arbeiten muss) – neue Erfahrungen und Eindrücke. In seiner Zeit zu Hause klinkt er sich in ihren Alltag ein, indem er sie bekocht, sich um den Garten kümmert und behördliche Angelegenheiten erledigt.

Trotz der besten Kompromisse bleiben Wünsche offen, denn der Ältere wartet sehnsüchtig auf den Beginn des Ruhestandes des anderen. Die Begrenztheit seiner Lebenszeit drängt. Er befürchtet vielleicht, dass sein Wunsch nach gemeinsamen Vorhaben, z. B. außergewöhnlichen Reisen, mit 75 oder 80 Jahren erlahmen könnte oder solche Unternehmungen einfach zu anstrengend werden.

Das birgt Konfliktpotenzial: Will die jüngere Partnerin ihre berufliche Tätigkeit wirklich aufgeben, oder will sie ihre Position im Beruf noch ausbauen? Manche Männer freuen sich an den beruflichen Erfolgen ihrer Frauen mit, sie profitieren von den Anregungen, die das Berufsleben bietet. Andere fühlen sich ausgebootet oder vernachlässigt. Folgt die Jüngere dann dem Ruf des Älteren? Ist sie dabei innerlich unzufrieden? Oder spürt sie Neid auf die Freiheit und das selbstbestimmte Leben des Rentners, wenn die eigene Arbeitswelt stressig und nur mäßig befriedigend ist? Oder kann sie als Jüngere es genießen, besondere Pläne für das Alter zu schmieden und längere Gemeinsamkeit zu leben? Das sind Fragen, die intensiv besprochen werden müssen. Ein Vorteil dabei: Der Ältere hat sich schon vor Längerem aus der Konkurrenz des Denkens in Steigerungen, schöner – schneller – besser, befreien können. Wie er das geschafft hat, kann Vorbild für den anderen sein.

Gerade durch den großen Altersunterschied ist die Zukunft dieser Paare ungewiss. In den meisten Fällen wird der jüngere Partner einmal zur Lebensstütze für den Älteren werden, der durch ihn jung gehalten wird. Denn ständig kommt er mit der Lebenswelt Jüngerer in Berührung. Aber was ist, wenn der Ältere Beschwerden bekommt und damit gemeinsame Vorhaben eingeschränkt oder aufgegeben werden müssen?

Umgekehrt sollte der Ältere in jedem Fall seiner Partnerin den nötigen Freiraum lassen, damit sie Freundschaften und Kontakte mit Menschen ihres Alters aufbauen und pflegen kann. Auch wenn verheiratete Paare normalerweise auf intensive Außenbeziehungen zu Freunden und Verwandten weniger angewiesen sind.

Der Altersunterschied in der Partnerschaft von uns Autoren beträgt 10 Jahre. Wir haben folgende Lösung gefunden: Als Günters Wunsch, viel mehr gemeinsame Zeit mit Inga zu verbringen, immer dringlicher wurde und er sich außerdem noch einer schweren Operation unterziehen musste, haben wir unser Leben in einem wichtigen Punkt geändert: Inga schied frühzeitig aus ihrer regelmäßigen Berufstätigkeit aus, sie konnte sich aber einen Teil der Arbeit, die für sie insgesamt sehr erfüllend war, durch Übernahme von Honoraraufträgen und Beratungen erhalten. Damit hat sie gleichzeitig einen fließenden Übergang von der Arbeit in den Ruhestand gewählt.

Wichtig wäre es, auch im sportlichen Bereich Lösungen für die unterschiedlichen Kräfte und Energien zu finden, um beiden Partnern gerecht zu werden. So mögen wir beispielsweise das Skifahren. Wir fahren in gut bekannten Skigebieten auf leichteren Pisten, zusätzlich macht Inga zwischendurch oder am Tagesende mehrere schnellere Abfahrten allein. Es entlastet Günter, wenn sie zwischendurch mit eigenem Tempo sausen kann.

6. Stolperstein: Gesundheitliche Beschwerden belasten die Partnerschaft

Nicht leicht ist es, mit gesundheitlichen Beeinträchtigungen eines Partners umgehen zu lernen. Dessen Selbstbewusstsein wird durch die Krankheit stark angegriffen. Ihm Bestätigung zu geben, kann für den anderen zur Lebensaufgabe werden, verbunden sicher auch mit Traurigkeit, Enttäuschung und enormen Kraftanstrengungen.

Krankheiten belasten die Partnerschaft unterschiedlich. Eine Herzoperation, die erfolgreich verläuft, bedeutet nur ein kurzes Umschalten auf die Lebensbedingungen eines kranken Partners. Die erforderliche Rücksichtnahme ist zeitlich begrenzt. Trotzdem schärft eine schwere Operation das Bewusstsein des Gesunden, unter welchen Problemen der andere gelitten haben mag und wie kostbar das Leben ist. Bei einem Partner mit gelegentlich auftretenden Herzrhythmusstörungen muss der Gesunde lernen anzuerkennen, dass eine plötzliche Attacke oder auch „nur“ die Angst davor etwa zur Verschiebung oder Aufgabe eines Wochenendausfluges führen kann.

Bei schleichenden chronischen Krankheiten dagegen kann die Schwere der Krankheit vom gesunden Partner manchmal weder richtig erkannt noch entsprechend akzeptiert werden. Angemessene Rücksichtnahme und Einfühlsamkeit sollten in den Vordergrund treten. Eine beginnende Demenz führt leider oft zu Kritik an der Vergesslichkeit und am Verhalten des erkrankten Partners, weil der gesunde die geistige Veränderung erstmal nicht wahrhaben will oder kann.

Auch wenn es den Aktivitätsdrang bremst: Beide Partner werden eine behindernde Krankheit des anderen annehmen und ernst nehmen müssen. Sie wird zu einem bestimmenden Faktor der Beziehung werden. Gerade dann braucht jeder Partner seine persönlichen sozialen Kontakte dringend. Besonders der Gesündere, um sich zu entlasten, um sich auszusprechen und um Unterstützung zu erfahren. Vielleicht lassen sich auch neue kurze, gemeinsame Aktivitäten finden, die nicht von der Krankheit tangiert werden und dem Gesundheitszustand angemessen sind.

7. Stolperstein: Paare ziehen neu zusammen

Manche Partner finden erst im Ruhestand wirklich zusammen. Das können Paare sein, die weit entfernt voneinander gearbeitet haben, sodass Treffen nur unregelmäßig möglich waren. Andere finden vielleicht erst jetzt den Mut, nach längerer Bekanntschaft zusammenzuziehen, um nicht einsam und allein zu wohnen.

Damit so eine Partnerschaft gelingt, müssen folgende Fragen geklärt werden – möglichst noch vor dem Zusammenziehen:

- Was schätze ich an meinem bisherigen Leben?
- Was will ich demnächst anders machen?
- Was wünsche ich mir von meinem Partner?
- Wie gehen wir mit dem Alltag um?
- Welche Sitten und Gebräuche sind mir wichtig?

- Welche Ziele und Vorhaben verbinden uns?
- Welche Träume haben wir?
- Wie steht der Partner zu meinen Vorstellungen? Was wünscht er sich anders?
- Was muss ich beim Partner dulden oder akzeptieren? Welche Kompromisse müssen wir finden?
- Welche familiären Bindungen sind für mich selbst, aber auch für meinen Partner wichtig? Wie werde ich mit seinen Kindern vertrauter? Wie er mit meinen?
- Wie verhalte ich mich, wenn mein Partner in den Familien seiner Kinder häufig Hilfestellung geben muss oder will?

Bei den Lösungen für diese Fragen ist es ratsam, auch über die Grenzen des gemeinsamen Zusammenlebens nachzudenken, damit jeder die gewünschten autonomen Bereiche des anderen akzeptieren lernt, um späteren Verletzungen vorzubeugen. Dabei kann verabredet werden, dass diese Bereiche anfangs größer sind, bis man sich besser an einander gewöhnt hat, mehr dazu weiter unten.

Es gibt Paare, deren Beziehung durch Machtansprüche oder Machtkämpfe charakterisiert ist. Diese Art des Umgangs miteinander mag in der Phase der Berufstätigkeit noch durch schlichte Gewohnheit akzeptiert gewesen sein. Spätestens im Ruhestand können daraus Schwierigkeiten erwachsen.

8. Stolperstein: Einer will bestimmen

Einer der Partner, meist der Mann, versucht, in jeder Frage die Entscheidung zu fällen. Das mag zuvor in der Beziehung noch ganz gut funktioniert haben, weil er durch seine Berufstätigkeit ausgelastet war und seiner Frau als Entscheidungsfeld den Haushalt überlassen hatte. Nun aber, im Ruhestand, will er auch über Haushaltsfragen bestimmen.

Meist handelt es sich dabei um eine Beziehung, in welcher der Mann dem Typ eines Anklägers und Rechthabers entspricht, die Partnerin eher zu den Beschwichtigerinnen gehört, also angepasst und harmoniebedürftig ist. Für eine Paarberatung eine komplizierte Situation. Hier wird schon die oben vorgeschlagene Vereinbarung zur Verteilung der Aufgabengebiete zum Problem werden. Ehen in dieser Konstellation funktionieren meist nur deshalb, weil beide Partner ein weitgehend autonomes Leben nebeneinander her führen. In manchen Beziehungen dieser Art kann eine räumliche Abgrenzung sinnvoll werden. Das thematisieren wir später.

Solche Paare sollten versuchen, sich eine gewisse Gemeinsamkeit für besondere Lebensbereiche zu erhalten. Das wird sich auf den Umgang mit den Kindern, vielleicht auf den engeren Bereich des Haushalts oder auf Urlaubsreisen beziehen.

9. Stolperstein: Gegenseitige Kampfstimmung

Sogenannte „Streitpaare" setzen sich regelmäßig auseinander über scheinbare Kleinigkeiten, die für sie plötzlich große Bedeutung erlangen. Dabei nimmt der eine die Meinung des anderen gar nicht richtig auf, weil er von vornherein Abwertung und Unverständnis erwartet. Jahrelange „Übung" hat zu einer reflexartigen Verteidigungshaltung geführt. Durch diese Streitsituation führen beide Partner ein scheinbar getrenntes Leben, obwohl sie möglicherweise innerlich doch eng verbunden sind. Die häuslichen Aufgaben werden überwiegend autonom abgewickelt, um Diskussionen aus dem Weg zu gehen.

Wenn dieses Paar im Ruhestand ständig zusammenlebt, kann Streiten zu einer psychischen Belastung zumindest für einen von beiden werden. Ansätze zu Gesprächen werden verstummen, oder es wird bei aufkommenden Unstimmigkeiten nur noch ein Satz formuliert wie: „Dazu sage ich nichts mehr!" Solchen Paaren geben wir zwei Empfehlungen:

- Um der Eskalation des Streits die Spitze zu nehmen, sollte vereinbart werden, dass einer von beiden frühzeitig „Stopp" sagen darf. Der Gestoppte sollte das Thema erst dann vorsichtig wieder aufgreifen, wenn die Situation sich beruhigt hat.
- Die Vorwürfe sollten als Wünsche formuliert werden, zum Beispiel: „Bitte frage mich, bevor Du ein Zimmer neu streichst!"

In einem berühmten Dialog von Loriot – „Das Frühstücksei“ können wir die Taktik eines Streitpaares verfolgen:

Er: *„Berta!“*
[…]
Er: *„Das Ei ist hart!“*
Sie: (schweigt)
Er: *„Das Ei ist hart!!!“*
Sie: *„Ich habe es gehört!“*
Er: *„Wie lange hat das Ei denn gekocht?“*
Sie: *„Zu viele Eier sind gar nicht gesund!“*
Er: *„Ich meine, wie lange dieses Ei gekocht hat?“*
Sie: *„Du willst es doch immer viereinhalb Minuten haben.“*
Er: *„Das weiß ich.“*
Sie: *„Was fragst du denn dann?“*
[…]
Er: *„Wieso ist es dann mal zu hart und mal zu weich?“*
Sie: *„Ich weiß es nicht, ich bin kein Huhn!“*
Er: *„Ach! Und woher weißt du, wann das Ei gut ist?“*
Sie: *„Ich nehme es nach viereinhalb Minuten heraus, mein Gott!“*
Er: *„Nach der Uhr oder wie?“*
[…]
Sie: *„Ich habe es im Gefühl, wann das Ei weich ist.“*
Er: *„Aber es ist hart. Vielleicht stimmt da mit deinem Gefühl was nicht.“*
Sie: *„Mit meinem Gefühl stimmt was nicht? Ich stehe den ganzen Tag in der Küche, mache die Wäsche, bringe deine Sachen in Ordnung, mache die Wohnung gemütlich, ärgere mich mit den Kindern rum. – Und du sagst, mit meinem Gefühl stimmt was nicht?!“*
[…]
Er: *„Ich hätte nur gern ein weiches Ei. […] Es ist mir egal, wie lange es kocht!“*
Sie: *„Aha! Das ist dir egal! Es ist dir egal, ob ich viereinhalb Minuten in der Küche schufte!“*
[…]
Sie: *„Gott, sind die Männer primitiv!“*
[…] (Loriot 1997, 49)

Sie werden merken, an welcher Stelle des Dialogs der eine dem anderen nicht mehr richtig zuhört, nicht auf die Feststellung des anderen antwortet und versteckt Gefühle angesprochen werden. Wir haben es hier mit einem Paar zu tun, das gar nicht mehr richtig miteinander reden will oder kann. Jeder kennt eigentlich schon die Antwort des anderen, was wohl bedeutet, dass beide nicht mehr aufeinander zugehen wollen oder können.

Die Ursache für derartigen Streit liegt möglicherweise in einer sehr rigiden Haltung des einen Partners (eines „Rechthabers") und, eventuell ergänzend, in der protestierenden, vielleicht auch rechthaberischen Haltung des anderen. Natürlich kann auch eine starke Kränkung zu einer Blockade der Kommunikation geführt haben.

Trotz allem: Lassen Sie sich nicht durch die aufgeführten Probleme irritieren. Umschiffen Sie die Stolpersteine. Erhalten Sie sich Ihre Zuversicht, dass es verschiedenste Möglichkeiten auch im Ruhestand gibt, Probleme in der Partnerschaft zu lösen. Voraussetzung dafür ist, ins Gespräch zu kommen, offen miteinander zu sein und die Bereitschaft zu zeigen, auch die eigenen Verhaltensweisen kritisch zu überprüfen. Ebenso gehört dazu, Lösungen für schwierige Situationen zu suchen. Dazu wollen wir Ihnen im folgenden Kapitel Anregungen geben.

>> Kommunikation als Schlüssel

Die Zahl der Scheidungen nach der Silberhochzeit steigt in Deutschland rapide an. Lange waren Scheidungen im Alter exotische Einzelfälle. Ließen sich 2001 noch 12.494 Paare nach mindestens 25 Ehejahren scheiden, waren es 2006 schon 19.316. Das sind 10 % aller Scheidungen insgesamt (Fromme 2008, 9).

Ein besonders kritischer Zeitabschnitt ist der Eintritt in den Ruhestand: Wenn das Paar plötzlich ständig zusammen ist und der Mann möglicherweise ohne Aufgabe dasteht. Auch kann die Vorstellung Angst machen, jetzt ständig mit einem wenig geliebten Partner den Tag zu verbringen und ihn vielleicht noch im Alter pflegen zu müssen. Während 1983 noch 12 % der Paare den Ruhestand als Gewinn für ihre Beziehung werteten, waren es 1987 nur noch 3 % (Opaschowski/Reinhardt 2007, 71). Die häufigste Begründung, warum ältere Paare sich trennen, lautet: „Wir hatten uns nichts mehr zu sagen. Was auch daran lag, dass wir vorher nicht richtig miteinander geredet haben."

Warum wird Kommunikation für ältere Paare zum Thema? Kurz gesagt: Weil sich mit dem Eintritt in den Ruhestand gravierende Veränderungen ergeben für die Voraussetzungen von Kommunikation: Während der Arbeitsphase war die partnerschaftliche Kommunikation zeitlich begrenzt. Im Vordergrund standen das Organisieren des Lebens und die Entspannung von der Arbeit. Am Wochenende gab es sicher Chancen für längere Gespräche, wenn sie nicht durch gesellschaftliche oder familiäre Verpflichtungen oder besondere Unternehmungen entfielen.

Jetzt im Ruhestand verbringt ein Paar möglicherweise drei Viertel des Tages gemeinsam. Theoretisch gäbe es genügend Zeit zum miteinander Reden. Aber sind wir das noch gewohnt? Fallen uns Themen ein? Gibt es überhaupt noch spannende Erlebnisse? Können wir uns sagen, was uns innerlich beschäftigt, wie es uns im Ruhestand geht?

Reden ist Gold, Schweigen ist Silber! Sie merken, wir drehen das Sprichwort um. Damit unterstreichen wir die Notwendigkeit von guter Kommunikation. Wir beginnen mit der Beschreibung von zwei Situationen:

Elisabeth schüttet ihr Herz bei einer Freundin aus: Sie hat Angst vor der neuen, ungewohnten Nähe zu ihrem Ehemann Eduard im gerade begonnenen gemeinsamen Ruhestand: „Ich weiß nicht, wie ich das aushalten soll, wenn Eduard jetzt ständig zu Hause ist!"

Anscheinend haben Elisabeth und Eduard bisher eine problemlose Ehe geführt. Er war intensiv auf seine Arbeit konzentriert, während sie mit ihrem Halbtagsjob auch die Zeit fand, die Wohnung und den Schrebergarten zu pflegen. Nach Feierabend wollte Eduard sich beim gemeinsamen Fernsehen entspannen, sie telefonierte, nähte oder bügelte, manchmal setzte sie sich zu ihm. Am Wochenende haben sich beide mit gemeinsamen Freunden getroffen oder sich im Schrebergarten erholt.

Elisabeth wendet sich mit ihren Sorgen erstmal an die Freundin. Sie ist unsicher. Sie schwankt hin und her zwischen Zögern und Entscheiden, ob und wie sie Eduard gegenübertreten kann. Achtung: Die negativen Gedanken und Vorstellungen: „Das schaffe ich nie mit ihm. Das kann nicht gut gehen." könnten zu Leitgedanken werden. Elisabeth ist nicht bewusst, wie ihre Bedenken damit wachsen können: Diese dunklen Gedanken werden von bestimmten Hirnstrukturen gesteuert. Je häufiger Elisabeth die belastenden Gedanken denkt, desto mehr werden jene Hirnregionen gestärkt, die diese negativen gedanklichen Vorgänge leiten. Damit besteht die Gefahr, dass sich diese Vorstellungen verdichten. Lässt man sich dagegen häufig auf erfreuliche Gedanken ein, dann stärkt man die dafür maßgeblichen Hirnregionen. Aus diesem Grund sollte Elisabeth ihre Ängste nicht nur bei einer Dritten abladen, sondern sich überwinden, sie Eduard gegenüber zu zeigen.

Sicherlich ist das leichter gesagt als getan. Viele Bedenken sind in Elisabeth ja noch unklar. Was genau ist ihre Sorge? Was wünscht sie sich selbst? Fragen, die Anlass zu einem gemeinsamen Gespräch geben könnten, so diffus sie auch noch sein mögen. So bekäme auch Eduard eine Chance, mögliche Bedenken und Wünsche zu äußern, denn die Partner erleben ihre Situation aus höchst unterschiedlichen Perspektiven.

Ein zweites Beispiel: Eduard ist bereit, im Ruhestand Aufgaben im Haushalt zu übernehmen. Doch wenn er den Abwasch macht, bleibt mancher Rest am Teller kleben, wenn er kocht, sieht die Küche anschließend aus wie ein Schlachtfeld, wenn Eduard putzt, wird der Staub auf den Möbeln nur verschoben, und die verwelkten Blumen hängen weiterhin traurig in der Vase. Elisabeth hat da andere Vorstellungen von Sauberkeit und Ordnung im Haushalt, und sie hat bisher ihre Vorstellungen auch verwirklichen können. Sie beobachtet seine Aktivitäten kritisch aus den Augenwinkeln.

Wie kann Elisabeth mit ihrer Unzufriedenheit umgehen? Soll sie Eduard belehren, darf sie ihn kritisieren? Wird er sich gegängelt oder bevormundet fühlen? Sie ist unsicher, ob es nicht unlösbaren Streit gibt und dann mit der Folge, dass sich Eduard zurückzieht und weitere Hausarbeiten verweigert. Soll sie alles akzeptieren, weil sie ja weiß, dass manche Männer bestimmte Dinge einfach nicht sehen, die die geübte Hausfrau aber entdeckt?

Auch diese Situation verlangt Klärung. Gegenseitiges Verständnis und Diplomatie sind gefordert. Es gibt Ideen für Lösungen:

- *Kann abgewechselt werden bei den oben genannten Pflichten?*
- *Oder ist die bessere Lösung, dass Eduard den Einkauf übernimmt und so der Konflikt mit dem Abwasch umschifft werden kann?*
- *Oder will die Hausfrau Elisabeth in Wirklichkeit von ihrem Bereich nichts abgeben?*
- *Was soll Eduard dann stattdessen tun? Möglicherweise die Gartenarbeit übernehmen? Oder die Wäsche?*

Geduld ist jetzt gefragt – und die Fähigkeit, Kritik einfühlsam zu äußern, ohne dabei zu verletzen.
Eine derartige Konfliktklärung bedeutet jedoch mehr als nur miteinander Geschichten und Erlebnisse auszutauschen.

- Es ist die Fähigkeit, sich in den anderen einzufühlen.
- Es ist die Fähigkeit, die Ansichten des anderen zu respektieren und gegenüber den eigenen Vorstellungen abzuwägen.
- Es ist die Suche nach Verständigung und geeigneten Lösungen.
- Es ist schließlich die Suche nach Gemeinsamkeit durch ein Ergebnis, das von beiden getragen werden kann.

So ein lösungsorientiertes Klärungsgespräch kann allerdings nur gelingen, wenn es geduldig und tolerant in Offenheit und Ehrlichkeit geführt wird. Eigensinn und Machtspiele stören die partnerschaftliche Balance im Klärungsprozess.

Miteinander Reden üben: „Miteinander reden, natürlich können wir das!“ werden die meisten sagen. Aber machen wir es tatsächlich? Wir wissen aus unserer Beratungspraxis, dass das alltägliche miteinander Reden sich häufig auf Organisieren des Haushalts und der Familie begrenzt. Persönliche Erlebnisse oder emotionale Situationen werden weniger regelmäßig ausgetauscht, meist erst, wenn es zu Streit gekommen ist, weil die Nerven blank liegen.

Für diejenigen, die sich in der Kommunikation mit dem Partner schwer tun, gibt es Methoden, die relativ leicht zu erlernen sind. Damit könnten Ängste wie die von Elisabeth vorzeitig abgebaut werden.

Wir wollen Ihnen verschiedene Übungsmethoden für die Entwicklung einer guten Gesprächsführung vorstellen.

> Das **15-Minuten-Gespräch** dient dazu, gegenseitig ins Gespräch zu kommen oder im Gespräch zu bleiben. Diesen Gesprächstyp empfehlen wir Paaren, die über die Verständigung von organisatorischen Fragen hinaus erstmal wenig Persönliches miteinander bereden.
> Das **Zwiegespräch** soll das wirklich persönliche Gespräch stärker fördern. Es ist für uns als Berater ein ergänzender Vorschlag, nachdem das 15-Minuten-Gespräch erfolgreich geübt worden ist.
> Die Methode des **Streitgesprächs** ist für Konfliktklärungen gedacht. Eine gute Voraussetzung für eine erfolgversprechende Anwendung wäre, wenn Sie schon regelmäßige Gespräche auf Basis des 15-Minuten-Gesprächs geführt haben.

Das 15-Minuten-Gespräch: Wir empfehlen Paaren, sich mindestens 15 Minuten am Tag gezielt zusammenzusetzen, um einander zu erzählen,

> was am Tag gelaufen ist,
> wie die eigene Stimmung ist,
> was jeder noch individuell vorhat,
> was gemeinsam gemacht werden könnte.

Setzen Sie sich nicht direkt gegenüber, sondern besser über Eck, gern auch an einen runden Tisch. Manchmal kann es hilfreich sein, sein Gegenüber nicht direkt ansehen zu müssen. Sie hätten so Gelegenheit, Ihren Blick zum Beispiel in den Garten wandern zu lassen.

Ein Partner beginnt und führt einen Monolog von 5 bis 7 Minuten, möglichst ohne durch Fragen des anderen gestört zu werden und erwidern zu müssen. Der andere hört nur zu. Danach sind vertiefende Fragen erlaubt und sollten beantwortet werden. Anschließend trägt der andere Partner seinen Monolog vor.

Zunächst können Sie sich von den einzelnen oben genannten Fragen führen lassen. Nach einer gewissen Übung kann aber auch auf die Durcharbeitung nach diesen Fragen verzichtet werden. Vielleicht schließt sich sogar ein kurzer gegenseitiger Gedankenaustausch an. Der sollte die 15 Minuten jedoch nicht groß überschreiten. Reservieren Sie sich für das Gespräch eine bestimmte Tageszeit.

Wird das 15-Minuten-Gespräch regelmäßig geführt, kann es durch die Gesprächsmethode des wöchentlichen sogenannten Zwiegesprächs abgelöst oder ergänzt werden.

Das Zwiegespräch: „In den letzten drei Monaten mit Zwiegesprächen haben wir mehr voneinander erfahren als in zehn Ehejahren", ist das Resümee eines Paares zum Ergebnis seiner Zwiegespräche. Die von dem Psychotherapeuten Moeller (1988) entwickelten und angeleiteten Zwiegespräche dienen Paaren dazu, eine angemessene Gesprächskultur zurückzugewinnen und gleichzeitig mehr über sich zu erfahren. Für die Zwiegespräche gelten bestimmte Regeln:

- „Keine Fragen. Keine Ratschläge. Jeder spricht nur über sich selbst." Mit diesen von manchen Selbsthilfegruppen praktizierten Grundsätzen soll vermieden werden, dass der andere bewertet oder kritisiert wird; seine Gefühle sollen weder erforscht noch „bemuttert" werden. Allein vertiefende Fragen zur Sache sind erlaubt.
- Ein wöchentlicher Rhythmus für die Gesprächsführung ist anzustreben. Die Dauer sollte zunächst auf 30 Minuten

begrenzt werden. Sie kann nach ein bis zwei Monaten Übung auf je 45 Minuten bis zu einer Stunde erweitert werden.
> Wie beenden Sie so ein Gespräch? Möglichst mit einer positiven Würdigung!

Das Festhalten an dieser Struktur ergibt eine Grundordnung. Beide Partner können sich innerlich auf die Zusammenkunft vorbereiten, jeder kann seine Themen auswählen. Auf die Themen des anderen kann mit vertiefenden Sachfragen reagiert werden.

Wenn diese Zwiegespräche regelmäßig erfolgreich durchgeführt werden, stellen sie eine gute gegenseitige Informationsquelle dar. Mit zunehmender Übung können sie häufiger stattfinden, kürzer oder länger, je nach Bedarf. Es bietet sich dann auch an, aktuelle, kritische Ereignisse in der Beziehung anzusprechen, allerdings unter strenger Beachtung der Regeln des Streitgespräches.

Das Streitgespräch: Zusätzlich zu den beiden genannten Gesprächsformen möchten wir Ihnen noch eine Methode zur Konfliktklärung nahelegen. Dabei steht die Klärung, nicht aber die Lösung im Vordergrund.

Es gibt Situationen, in denen Paare gegenseitig blockiert sind. Konflikte sind zu keiner guten Lösung gekommen, der Streit ist so verfahren, dass man meint, ihn nur noch durch Kontaktabbruch vermeiden zu können – als Schutzmaßnahme, um nicht immer wieder in den Teufelskreis von Angriff – Verteidigung – Eskalation zu geraten.

Aus diesem Grund ist es wichtig, dass jeder Partner erst einmal vom anderen erfährt, weswegen der eine oder sogar beide so betroffen sind. Jetzt kommt es darauf an, dass das gegenseitige Verständnis für den Streitfall, also sein Auslöser, der darauf folgende Ablauf und die jeweilige Sichtweise im Vordergrund steht. Eine Lösung ist zunächst nachrangig, sie kann sich möglicherweise sofort oder aber später ergeben, wenn jeder der Beteiligten eine Nacht über das Geschehen und die Debatte geschlafen hat. Jeder hat dann einen größeren Abstand zu der Auseinandersetzung gewonnen. Für diese Streitgespräche empfehlen wir, folgende Regeln einzuhalten:

- Einer beginnt, seine Sichtweise des Streits zu erzählen. Zunächst berichtet er, was er sachlich wahrgenommen hat und beschreibt dann möglichst auch seine gefühlsmäßige Betroffenheit. Er darf nicht unterbrochen werden.
- Der andere hört nur zu. Er versucht dabei, auch innerlich nicht zu bewerten oder zu kommentieren und auf keinen Fall dagegen zu argumentieren. Das ist natürlich sehr schwierig, weil wir geübt sind, sofort Kommentare bereit zu haben bzw. nonverbale Bewertungen zu geben, wie Grinsen, Augenbrauen hochziehen, Gesicht verdüstern.
- Alles sollte in Ich-Sätzen gesagt werden. Du-Sätze sollten nur bei Tatsachendarstellungen benutzt werden. Mit Ich-Sätzen soll erreicht werden, dass der Partner sich nicht angegriffen fühlt. Du-Sätze, vielleicht zusätzlich noch mit dem ausgestreckten Zeigefinger und „Du hättest … oder musst …!", führen schnell zu Schuldzuweisungen, die dann den Partner blockieren in seiner Offenheit gegenüber dem anderen und ihn außerdem in eine Verteidigungshaltung drängen. Umgekehrt kann mit Ich-Sätzen leichter vom eigenen Gefühl, von der eigenen Sichtweise und von individuellen Wünschen gesprochen werden, ohne den anderen zu verletzen. Die beiderseitigen Berichte sollten folgenden Fragen nachgehen:

- Was habe ich wahrgenommen?
- Wie ist das für mich abgelaufen?
- Was wollte ich damit erreichen?
- Wie habe ich mich dabei gefühlt?

Dann zum Abschluss von jedem:

- Was habe ich für mich aus dem Bericht des anderen erfahren oder gelernt?
- Kann ich eine versöhnliche Bemerkung oder Geste zum Schluss machen?
- Reicht das gegenseitige Verständnis? Oder soll eine Lösung für das Problem gesucht werden? Wenn ja, wann soll darüber gesprochen werden?

Wichtig ist dabei, auf die verletzten Gefühle zu achten. Die Gefühle des einen sind wichtiger als die Logik des anderen. Logik-Menschen nehmen häufig nicht wahr, wie sie die Emotionen von gefühlsbetonten Menschen missachten und sie damit herabwürdigen.

Nichts ist geklärt … Falls Sie aber immer noch in Wut und Streit verharren, versuchen Sie einmal, der Argumentation von Jürgen Hargens zu folgen:

„Je wütender oder niedergeschlagener Sie sind, desto stärker würde ich spekulieren ist Ihr Wunsch, dass es ganz anders hätte kommen sollen. Ist es aber nicht. Das, finde ich, könnte eine wunderbare Erklärung sein – denn es geht meiner Meinung nach dann um nichts anderes als um Enttäuschung (also um Ent-Täuschung). Die Herausforderung, denke ich, besteht darin, einfach ‚etwas anders' zu machen statt ‚mehr desselben'." (Hargens 2005, 76ff)

Die Formel „Mehr desselben" bedeutet, dass Probleme in der Partnerschaft immer wieder nach ein und demselben Muster gelöst wurden und zwar ohne echten Erfolg. Es kann auch sein, dass man als Vorahnung das gleiche problematische Verhalten wieder erwartet und es dann auch eintritt, eine sogenannte selbsterfüllende Prophezeiung. Das wiederholte Anwenden von nicht erfolgreichen Lösungen oder ebenso negative Vorahnungen sind eine Bremse, um wirksame Lösungen zu finden. In Beratungssituationen versuchen wir in der Regel mindestens drei Lösungsansätze zu finden, die es wert sind, ausprobiert zu werden.

Streit-Spiele: Manchmal empfehlen wir auch, leichtere Streitfälle mehr mit Humor zu lösen. Humor kann wie Schmieröl sein. Dazu vier Beispiele:

> Schuld an einem Dilemma ist von Ihnen beiden keiner, sondern ein Dritter, zum Beispiel der „Stress", „der schlechte Butler" oder „der blöde Sekretär". Sie beide schimpfen auf ihn und überlegen, was der Dritte besser machen könnte.

- Oder: Sie kleben einen Zettel an die Tür mit der Aufschrift: Heute habe ich die Schuld. Folge ist sicherlich, dass man den Streit nicht mehr so ernst nehmen muss.
- Oder wechseln Sie Ihren Streitplatz. Anstatt im Wohnzimmer zu streiten, gehen Sie in das Badezimmer, vielleicht auch in den Heizungsraum. Durch den Ortswechsel erfolgt eine Unterbrechung, Sie sind abgelenkt und finden dadurch Abstand zum Streitpunkt.
- Oder nehmen Sie den einfachsten Entscheidungscomputer: Werfen Sie eine Münze, und die Entscheidung über den Streit ist klar.

>> Grenzen ziehen: Getrennt wohnen, getrennt aktiv sein

Die große Nähe eines Paares kann im Ruhestand dazu führen, dass beide zu dicht aufeinander glucken, sich gegenseitig stören oder sogar nerven. Herr „Weitermacher“ wird zum Beispiel ungern seine Projektarbeit stoppen, um zusammen mit seiner Partnerin, Frau „Genießerin“, sich auf der Terrasse zu sonnen.

Deswegen ist abzuwägen, ob eine äußere Grenzziehung gegenüber dem Partner der Beziehung insgesamt besser bekommen könnte. Wir haben dazu einige Ideen gesammelt. Beginnen wir mit einer extremen Alternative: Es ist heute nicht außergewöhnlich, dass Partner in getrennten Wohnungen leben. Meist sind das früher allein lebende Singles, die sich jetzt ein Zusammensein mit einem Partner für die schönen Tageszeiten wünschen, aber getrennt wohnen, um getrennt ihren Alltag zu leben. Das Zusammensein kann enger oder weniger eng sein. Wichtig ist nur, dass jeder sein persönliches Zuhause hat. Das Zusammentreffen der Partner wird stets neu vereinbart. Meist werden dann gemeinsame Unternehmungen gestartet, es kann aber auch sein, dass beide nur Nähe spüren wollen, gemeinsam vor dem Fernseher sitzen oder dass jeder für sich Zeitungen oder Bücher lesen will.

Der Vorteil einer solchen Lösung liegt darin, dass die Partner sich gegenseitig unerwünschte Verhaltensweisen nicht antun müssen, z. B. trifft ein Morgenmuffel eben nicht gern frühmorgens auf einen Frühaufsteher. Es können einfach leichter Grenzen gesetzt werden. Das fängt schon damit an, dass über die Gestaltung der Wohnung und deren Dekoration unterschiedliche Vorstellungen bestehen bleiben können. Oder frau muss sich nicht die vielleicht unordentliche Küche eines eingefleischten Junggesellen ansehen. Damit können ungeliebte Eigenschaften des Partners ausgeblendet werden. Gleichzeitig wird aber der Partner in den Punkten geschätzt und ohne Vorbehalt gewürdigt, in denen Gemeinsamkeit besteht.

Ernst fühlte sich zwar wohl in seiner Umgebung, ihm fehlte aber eine Partnerin. Nachdem er Evelin in einer anderen Stadt kennen- und schätzen gelernt hatte, entstand der Wunsch nach größerer Nähe, aber seine eigene Wohnung, seine eigenen vier Wände wollte er erstmal nicht aufgeben. Eine rege Reisetätigkeit begann. Dann ergab es sich, dass Ernst im Mehrfamilienhaus von Evelin eine eigene Wohnung ein Stockwerk höher mieten konnte. Jetzt pflegen beide eine glückliche Gemeinsamkeit in größerer Nähe.

Haben beide Partner eine gemeinsame Wohnung, ließe sich überlegen, ob die Wohnung in gemeinsame und getrennte Bereiche aufgeteilt werden kann. In vielen Fällen geschieht dies mit dem Schlafzimmer, weil einer der Partner vielleicht unruhig schläft oder schnarcht. Wir Autoren selbst haben uns nach Auszug der Kinder getrennte Arbeitszimmer eingerichtet. Uns tut gut zu spüren, dass jeder sein eigenes Reich hat, zumal in diesen Zimmern auch die alten Familienfotos hängen und besondere von dem Einzelnen persönlich geliebte Bilder aufgehängt sind. Für uns ist es angenehm, dass wir beide unsere individuelle Ordnung pflegen können und den anderen damit nicht nerven.

Es müsste nicht immer ein eigenes Zimmer sein: auch ein kleiner Teil des Wohnbereiches kann genügen, vielleicht ein eigener Schreibtisch oder ein paar besondere Fächer im Schrank, um sich dort zu verwurzeln.

Partnerschaften werden heute sehr unterschiedlich ausgestaltet. Üblichere Lösungen beim Zusammenleben in einer Wohnung sind Verabredungen über getrennte Vorhaben oder individuelle Aufgaben. Das können Treffen mit Freunden oder Freundinnen sein, aber auch Aufgaben, die der eine getrennt vom anderen übernommen hat. Zum Beispiel arbeitet Erika einmal in der Woche in einer kirchlichen Beratungsstelle, während Alfred sich mit seinem Aquarienfreund trifft. Problematisch kann es werden, wenn die Gemeinsamkeit im Zusammenleben sich in der Hauptsache nur auf den Alltag bezieht. Das wäre dann ein Zustand, der dem während der Arbeitsphase ähnelt.

Grenzen sollten möglichst nicht ohne vorherige Abstimmung mit dem Partner gesetzt werden. Vielleicht kann sogar durch Besprechen des Wunsches die Ursache für die Grenzziehung vermieden werden. Oder es wird überlegt, inwieweit diese Grenze auf Dauer überhaupt nötig ist. Beispiel: Wenn die Partner verabreden, dass der Morgenmuffel vom Frühaufsteher nicht vor 10 Uhr gestört wird, müsste zumindest eine Hürde für ein näheres Zusammenleben genommen sein.

>> Was tun, um die Partnerschaft zu stärken?

Manche Leser werden enttäuscht sein, dass in ihrer Partnerschaft – auch nach Durchführung der oben gemachten Übungen zur Kommunikation – das miteinander Reden nicht gelungen ist. Vermutlich gibt es dann nicht nur Gesprächsschwierigkeiten, sondern andere Störungen in der Beziehung. Geben Sie nicht auf. Auch wenn erst einmal nur ein Partner offen und bereit für eine Wiederbelebung ist, lässt sich eine Partnerschaft runderneuern. Eine Beziehung wird im Wesentlichen durch zwei Elemente gehalten:

- Erstes Element ist die Vertrautheit, die insbesondere von der Liebe zueinander und der partnerschaftlichen Verbundenheit durch den gemeinsamen Lebensweg getragen wird.

- Zweites Element ist die Sicherheit, die sich die Partner gegenseitig geben. Das bezieht sich nicht nur auf die finanzielle Seite, sondern auf den Zusammenhalt der Beziehung in seiner längeren Entwicklung mit all den Höhen und Tiefen, die gemeinsam durchlebt wurden. Das Sorgetragen für einander, die Übernahme der Verantwortung für den anderen und nicht zuletzt auch die Gewöhnung an den anderen gehören dazu.

  Vielleicht werden einige sofort sagen: „Nur noch das zweite Element hält uns zusammen." Ganz versteckt im Inneren Ihrer Gefühle spüren Sie vielleicht, dass mindestens auch eine gewisse partnerschaftliche Verbundenheit in der Beziehung vorhanden ist. Wahrscheinlich ist aber noch mehr vorhanden, sonst wären Sie als Paar nicht mehr zusammen.

Freunde von uns hatten sich vor zehn Jahren getrennt und leben plötzlich seit einem Jahr wieder zusammen. Beide Partner sind inzwischen Ruheständler. Was ist passiert? Ihre erwachsenen Kinder haben sie wieder zusammengeführt. Die gemeinsame Liebe zu den Kindern strahlte auf ihre Partnerschaft zurück. Beide bindet das Element der Sicherheit, aber auch die Verbundenheit mit den Kindern. Positive Erinnerungen an frühere Zeiten helfen ebenso, wieder ein intensiveres Vertrauensverhältnis aufzubauen. Dieses Paar kann zunehmend mehr Zuneigung und Fürsorge füreinander empfinden, insbesondere nachdem der Mann schwer erkrankt ist. Die positive Erinnerung an frühere Familienzeiten war unterstützend, um wieder ein intensiveres Vertrauensverhältnis aufzubauen.

Wenn Sie Ihre Partnerschaft stärken oder auffrischen wollen, könnte Folgendes nützlich sein:

Empfehlung für eine Analyse der Paarbeziehung: Gehen Sie gemeinsam die oben beschriebenen Empfehlungen für ein glückliches Zusammenleben in der Partnerschaft durch. Jeder von Ihnen klärt, bei welchen Punkten er Defizite oder umgekehrt Zufriedenheit in der Partnerschaft spürt.

Drücken Sie das nicht in Worten, sondern nur in Zensuren aus. Vermerken Sie die beiderseitigen Stellungnahmen neben den einzelnen Empfehlungen. Das gibt Ihnen eine Übersicht über die Stärken und Schwächen Ihrer Beziehung und damit über Ansatzpunkte zur Veränderung. Zum Abschluss kann jeder einen konkreten Wunsch zur Verbesserung bezogen auf diese Empfehlungen äußern. Das wäre ein Anfang. Ein Gespräch über die Realisierung der Wünsche und über neue Einzelwünsche könnte wöchentlich wiederholt werden und schließlich in Zwiegespräche münden.

Empfehlung für gemeinsame Erlebnisse: Unabhängig von der oben genannten Analyse empfehlen wir, nicht nur miteinander zu reden, sondern auch gemeinsam zu handeln, etwas gemeinsam zu unternehmen. Bedenken Sie, dass Beziehungen bei Frauen meist durch intensive gemeinsame Gespräche stabilisiert werden können. Bei Männern steht mehr im Vordergrund, mit der Partnerin durch abwechslungsreiche Erlebnisse ein Gefühl der Vertrautheit zu gewinnen. So kann ein interessanter Wochenendausflug oder eine spannende Urlaubsreise Partner versöhnen und wieder näherbringen.

Wir erfahren in Beratungsgesprächen, wie Enttäuschungen, Machtansprüche oder scheinbar unvereinbare Ansichten und Einstellungen eine Beziehung belasten. Wir haben aber auch erlebt, wie tröstlich, entlastend und zukunftsgerichtet Beratungen sein können, in denen dann Lösungen für künftige Verhaltensweisen erarbeitet werden. Derartige lösungsorientierte Beratungen können mit zehn Sitzungen in einem halben Jahr zum Erfolg führen. Für solche Gespräche ist niemand zu alt. Unser ältester Klient war 81 Jahre, er verfolgte das Ziel, die Beziehung zu seiner Frau weiter zu verbessern.

Wir haben Ihnen nun einiges Handwerkzeug zur Stärkung Ihrer Beziehung vorgestellt. Nun sind Sie dran, es zu nutzen.

>> Sexualität: Lustgefühle kennen keine Altersgrenzen

Unsere Gesellschaft unterstützt die Vorstellung, Sexualität im Alter sei unangemessen. Teenagern billigt man Verliebtheit und Lust zu, alten Menschen nicht. Sie sollen zwar hinnehmen, dass der Sohn die dritte Frau heiratet und die Tochter eine Lebensgefährtin hat, aber sie selber sollen ihr Umfeld gefälligst nicht mit Erotik behelligen. Die Sexualität alter Menschen ist heute ein doppeltes Tabu: Viele Ältere sagen selber, das gehöre sich eigentlich nicht mehr, das ist etwas für junge Menschen. Manche rechnen fast damit, dass sich ihre Lust mit zunehmendem Alter verflüchtigt. Sie fühlen sich beschämt oder sogar schuldig, wenn sie sexuelle Bedürfnisse spüren. Zum anderen haben junge Leute ungeheure Vorbehalte gegenüber der Alterssexualität. Sie wollen nicht wahrhaben, dass Opa und Oma noch Liebe machen. Die sollen auf einer Parkbank sitzen und Händchen halten oder an Kaffeefahrten teilnehmen.

Doch das Bild von älteren Menschen als geschlechtsneutrale Wesen ist ein Mythos. Das Bedürfnis nach Sexualität stirbt im Alter keineswegs ab. Dieser Mythos wird in jüngster Zeit schon mal durchbrochen, zum Beispiel durch den Film „Wolke 9“, in dem sich eine Rentnerin noch einmal verliebt. Der Film zeigt: Liebe und Lust im Alter gibt es doch. Oder: Kürzlich wurden Fotos veröffentlicht über sexuelles Beisammensein von älteren Menschen (Stern online vom 19. 10. 2009).

Frauen und Männer können auch im Alter immer noch ein beglückendes Liebesleben führen.

Doch *die* Sexualität der Älteren gibt es nicht: Sie ist u. a. biografisch bedingt. Das sexuelle Verhalten früherer Zeiten war insgesamt sehr unterschiedlich gegenüber heutigen Gewohnheiten und Konventionen. Die heute 90-Jährigen hatten Glück, wenn sie ihrer ersten Liebe beim Tanzen begegneten. Die 80-Jährigen lernten die Liebe in den prüden Fünfzigern noch mit Heimlichtuerei und Mussehen kennen. Dagegen haben viele über 60 den sexuellen Aufbruch der siebziger Jahre miterlebt. Traditionelle Rollen wurden infrage gestellt und gebrochen. Kein Wunder, dass es bei so wechselnden Prägungen kein „typisches“ Liebesleben der Älteren gibt. Wer

Sexualität als eheliche Pflicht ansah und wenig befriedigende Sexualität erleben konnte, hat sicher auch im Alter eine eher negative Einstellung zur Sexualität.

Nach Analysen des Wiener Altersforschers Rosenmayr sollen in Deutschland noch 60 bis 90 % der Männer zwischen 60 und 70 Jahren sexuell aktiv sein, bei den Frauen zwischen 45 bis 55 %. Im folgenden Lebensjahrzehnt sind noch bis zu 79 % der Männer aktiv, bei den Frauen weniger als 10 % (Jung 2008, 3f). Die Hamburger Sexualtherapeutin von Sydow (2009) ist vorsichtiger: Die meisten Frauen verzichteten schon zwischen 60 und 65 auf Sex, viele Männer ab 68. Vielleicht meiden sie neue Beziehungen nach dem Tod eines langjährigen Partners oder einer späten Scheidung und wollen allein bleiben. Oder sie haben sich in einer ermüdeten Ehe die Leidenschaft abgewöhnt.

>> Erotische Aktivitäten pflegen und erneuern

Eine Voraussetzung, um das vitale Interesse aneinander zu erneuern, ist die Stärkung der Autonomie beider Partner. Auf diese Erfahrung greift der Sexualtherapeut Ulrich Clement (2008) in seinen Schriften und Beratungen immer wieder zurück. Eigenständigkeit neu zu gewinnen, Verschiedenheit zu leben lässt Neugier auf den anderen wach werden, es kann wieder Reibung entstehen, und aus Reibung sprühen Funken, die die erotische Lähmung überwinden können. Eine erfrischende Spannung macht Gemeinsamkeit möglich, um zu körperlicher und emotionaler Intimität zurückzufinden.

Sexuelle Aktivität ist sicher nicht nur allein auf Potenzmittel zurückzuführen, sondern auch darauf, dass die sexuellen Kontakte der individuellen Verfassung angepasst werden. Sexualität beschränkt sich ja nicht nur auf Hormone, Fortpflanzung und Geschlechtsverkehr. Sie ist Beziehung verbunden mit der Fähigkeit, sich aufeinander einzustellen, mit der Fähigkeit zu Intimität und Wärme. Im Älterwerden geht es mehr darum, sich nah zu sein. Besonders für Frauen erhält das Erleben und Geben von Zärtlichkeiten eine besondere Bedeutung (Riemann/Kleespies 2007, 46f). Der Stellenwert des Sexualaktes nimmt ab. Anders als vielleicht mit 20, 30, oder 50 Jahren steht nicht mehr im Vordergrund, einen aufregenden Orgasmus zu erleben. Liebevoller Körperkontakt gewinnt mehr und mehr an Bedeutung. Größere Nähe, der Austausch von Zärtlichkeiten, Berührungen und Gesten der Zuneigung werden wichtiger. Die Intensität des Erlebens bleibt.

Gemeinsam erlebte Zärtlichkeiten und Erotik stärken die Partnerschaft. Auch wenn häufig die Erektion beim Mann nicht mehr gewährleistet ist, sollten neue Formen des Genusses entdeckt und in Wünschen beschrieben werden. Es lassen sich Wege finden, um das Zusammensein für beide Partner befriedigend zu machen. Die Vielfalt der liebevollen und lustbetonten Berührung lässt sich vergrößern. Dazu ist sicher ein vertiefendes Wissen über sich selbst, über die eigenen Bedürfnisse und über die des Partners notwendig. Dann können alte und neue Wünsche ausgetauscht und eingefahrene Muster verlassen werden. Durch den Gewinn von neuer Nähe kann ein wechselseitiges Begehren wiederbelebt werden. So wird die Beziehung wachsen und sich entwickeln. Das gibt beiden Partnern neuen emotionalen Halt.

Auch das Gefühl gegenseitiger Wertschätzung ist eine wichtige Voraussetzung, um Nähe zu gewinnen. Die Sensibilität für die liebenswerten Seiten des anderen lässt sich erhöhen. Probieren Sie dazu die folgende Übung aus. Sie brauchen wieder Stift und Papier:

Übung zur Wahrnehmung der liebenswerten Seiten

Bitte schreiben Sie beide auf ein Blatt Papier den Satzanfang: Ich schätze an Dir … hier den Namen des Partners). Darunter schreiben Sie bitte die Zahlen von 1 bis 20. Tragen Sie jetzt bei jeder Zahl einen Satz mit einer Charaktereigenschaft ein, mit einem Wesenszug, der Ihren Partner positiv auszeichnet – auch Dinge, die Ihr Partner tut und die Sie schätzen.

Lesen Sie dann zu einem verabredeten Zusammensein Ihrem Partner fünf Sätze aus dieser Auflistung vor. Schön wäre es, wenn Sie sich dazu gegenüber setzen, sich auch mal in die Augen sehen und sprechen: „Ich schätze an dir …“.

Nehmen Sie selbst sich die Liste häufig vor, vielleicht ergänzen Sie sie. Einmal pro Woche stellen Sie bitte Ihrem Partner weitere Teile aus dieser Liste vor, so verfahren Sie bitte vier Wochen lang miteinander.

Eine weitere Übung – Sie finden sie unten – empfehlen wir unseren Klienten gern, sie kann die Kenntnis über die Bedürfnisse des anderen vertiefen und gleichzeitig eine Erweiterung des Handlungsspielraumes in der Zweisamkeit ermöglichen. Was mag der andere besonders? Was tut ihm gut? Sie können Ihre Sinne sensibilisieren und sich gegenseitig auf nicht fordernde Weise sinnlichen Genuss bereiten. Vielleicht bauen Sie mögliche Hemmungen ab, wenn es darum geht, sinnliches Vergnügen zu bereiten und auch selbst zu genießen.

Sexuelle Zärtlichkeit ohne Geschlechtsverkehr wird zur Belebung des erotischen Erlebens beitragen. Deshalb empfehlen wir Paaren, bei der folgenden Übung erstmal auf sexuelle Berührungen und Geschlechtsverkehr zu verzichten. So eine Übereinkunft vermeidet Erwartungsdruck und schafft eine entspannte und vertrauensvolle Atmosphäre. Es kommt in der Übung allein darauf an, sich auf den Prozess selbst und nicht auf ein bestimmtes Ziel zu konzentrieren. Mit anderen Worten: Orgasmus ist tabu.

Übung zur Sensibilisierung der Sinne

Bereiten Sie sich beide zum Schlafengehen vor. Ziehen Sie sich aus. Zuerst legen Sie sich als Frau bäuchlings auf Ihr Bett. Ihr Partner setzt oder kniet sich neben Sie und streichelt sanft und langsam Ihren Rücken, den Nacken, die Ohren, den Schulterbereich und bewegt sich langsam auf den Po, die Beine und die Füße zu. Er sollte sich auf seine Empfindungen konzentrieren und sich keine Gedanken machen darüber, wie seine Partnerin die Berührungen wohl empfinden wird. Als Frau sollten Sie sich ganz auf Ihre Empfindungen konzentrieren, wenn er Sie streichelt. Achten Sie darauf, welche Körperpartien besonders sensibel und empfindsam sind. Machen Sie sich keine Gedanken darüber, ob Ihrem Partner die Übung Spaß macht oder ob er müde wird. Geben Sie Zeichen, was sich gut anfühlt, er kann es nicht wissen. Sind seine Berührungen zu leicht oder zu fest, bewegt er seine Hände langsam genug?

Nach ein paar Minuten drehen Sie sich auf den Rücken, nun kann Ihr Partner die Vorderseite streicheln – ohne die Brustwarzen, die Vagina oder die Klitoris zu berühren. Er sollte mit dem sanften Streicheln des Gesichtes beginnen, dann den Hals – und weiter bis zu den Füßen. Beenden Sie die Übung, bevor der Partner wirklich müde wird.

Nach einer kurzen Pause legt sich der Mann auf den Bauch, die Frau ist die Gebende.

Wiederholen Sie diese Übung alle zwei bis drei Wochen. Die Paare, die wir beraten haben, konnten diese Übung als entspannend empfinden. Sie fühlten sich körperlich nah. Eine Klientin genoss die gebende Rolle, als Empfangende hatte sie anfangs Schwierigkeiten, sich auf die Situation zu konzentrieren und nachzuspüren. Wenn Ihnen die Übung zu lang vorkommt, können Sie sich auch entscheiden, abwechselnd nur Teile des Körpers, vielleicht den oberen Bereich, zu streicheln. Hier noch eine Variation zur Übung „Sensibilisierung der Sinne".

Übung: Was wäre besser?

Der Gebende fragt beim Streicheln des anderen immer wieder: „Was wäre besser?" Er berührt seine Partnerin unterschiedlich, mit leichtem Druck der Hände, mit den Fingerspitzen, mit den Knöcheln ... Die Partnerin kann antworten: „Besser wäre ..., am besten ist ...", oder Sie fragen: „Besser hier oder besser dort?" und berühren verschiedene Körperstellen.

Sprechen über sexuelles Erleben: Wenn Sie insgesamt mit dem gemeinsamen Sexualleben zufrieden sind, ist es sicher nicht so dringend, über Sexualität miteinander zu sprechen. Doch auch sexuelle Vorlieben und Gefühle können sich verändern: War es anfangs ein Hochgenuss, Küsse am Ohr zu erhalten, kann es irgendwann langweilig oder sogar unangenehm werden. Wenn Paare sich intensiveren erotischen Kontakt wünschen, sollten sie nicht krampfhaft versuchen, die frühere Intensität aufrechtzuerhalten. Spätestens dann sollten sie ihre Scheu ablegen, über diesen menschlichen Lebensbereich offen zu sprechen.

Um die Anfangssituation für Gespräche über die eigenen sexuellen Bedürfnisse zu erleichtern, ist es wichtig, damit zu beginnen, dass beide Partner ein gemeinsames Interesse an lustbetonter, erotischer Interaktion miteinander haben. Kommunikation über sexuelle Dinge erfordert auch nicht immer das gesprochene Wort, aber wenn wir einem Partner verdeutlichen wollen, was uns Lust macht, müssen wir doch auf Worte zurückgreifen. Das ist häufig ungewohnt, manchmal taucht ein Gefühl von Peinlichkeit auf, vielleicht die Furcht vor Zurückweisung. Manche sind sich über ihre Gefühle nicht völlig im Klaren. Andere zögern zu sagen, was sie wirklich meinen, um den anderen nicht zu verletzen. Einmal finden wir einfach nicht die richtigen Worte, Gefühle oder Wünsche auszudrücken, ausgesandte Botschaften sind ungenau. Ein anderes Mal erinnern sich Menschen an ihre Kindheit, in der die sachlich korrekten Bezeichnungen für die eigene Geschlechtsanatomie nicht gelernt wurden. All diese Hemmungen können mutig überwunden werden, wenn die Grundlage in der Partnerschaft stimmt, wenn vertrauensvolle Nähe besteht oder wieder entstanden ist. Sonst bleiben womöglich Leistungsangst oder erotische Langeweile bestehen, und die Partner finden sich ab mit frustrierenden Sexualmustern.

Wir haben von einem Paar erfahren, dass in der Partnerschaft beide 30 Jahre lang gedacht haben, Sex müsse so und so ablaufen – eine entmutigende Routine. Dann merkte jeder: „Ich will eigentlich etwas anderes, ich möchte mein Begehren freier und entspannter ausleben." Da hilft nur, herauszufinden, was individuell Freude macht und gut tut.

Eine Möglichkeit, zu einer gemeinsamen Verständigung zu kommen, ist es, in Bildern statt in Begriffen zu sprechen. Geben Sie Penis und Vagina Namen, vielleicht Moritz und Lena, dann kann der Partner sagen, worüber sich Moritz freuen würde, die Partnerin kann ausdrücken, welche Berührungen für Lena besonders angenehm sind. Auch eingefahrene Gewohnheiten lassen sich verändern: So können die sexuellen

Aktivitäten zum Beispiel auf den Beginn des Tages verlegt werden, wenn Energie und Hormonstand am höchsten sind.

Frühere zärtliche Umgangsformen lassen sich auffrischen. Auch kleine Aufmerksamkeiten, Geschenke einfach mal zwischendurch, fördern Nähe:

- Sie können Ihren Partner überraschend anrufen und ihm sagen, wie sehr Sie ihn lieben.
- Sie können ein Gedicht für ihn schreiben.
- Sie können ihm einen Zettel in die Manteltasche stecken mit einer liebevollen Botschaft.
- Wie wäre es, sich gegenseitig ein Buch über Liebeslyrik vorzulesen?
- Vielleicht probieren Sie Massageübungen aus, die Sie z. B. in dem Buch: „Die Kunst der zärtlichen Massage" von Gordon Inkeles und Murray Todris finden.
- Miteinander in der warmen Badewanne baden kann ein Genuss sein.
- Sicher werden Sie auf wohltuende Beleuchtung achten. Manchen gefällt leise Musik im Hintergrund. Sie kann erotisierend wirken.
- Eine fröhliche, bunte, neue Bettwäsche muntert auf.

Ihrer Kreativität sind keine Grenzen gesetzt.

Reale Möglichkeiten akzeptieren: Bleiben Sie realistisch in Ihren Erwartungen: Wenn Sie von jeder Begegnung höchste Wonnen einfordern, ist ein Scheitern bereits vorprogrammiert. Es ist auch kein Zusammenbruch, wenn Sie bei sexuellen Berührungen nicht immer ein Herz und eine Seele sind. Bedenken Sie: Jeder ist für die eigene Erotik verantwortlich.

Selbstverständlich muss sehr vorsichtig mit kritischen Bemerkungen umgegangen werden. Gerade in Bezug auf die körperlichen Altersmerkmale. Doppelkinn oder Bauch erhöhen nicht unbedingt den Reiz körperlicher Attraktivität, können aber einfühlsam oder mit Humor gewürdigt werden. Schamgrenzen müssen geachtet werden, vielleicht will einer im Bad jetzt alleine sein. Besonders Frauen schämen sich manchmal und scheuen sich, ihren alt gewordenen Körper zu zeigen. Ein gepflegtes Äußeres wird für beide Partner immer wichtiger. Es trägt zu positivem Körpergefühl bei und ist gleichzeitig ein Beitrag zur Pflege der Beziehung.

Es gibt ältere Männer oder Frauen, die nur wenig Lust auf Sex haben, besondere Umstände oder Erwartungen behindern ihre sexuelle Interaktion. Dafür gibt es verschiedene Gründe:

- weil der Körper sich verändert und die Partner sich schämen, sich nackt zu zeigen,
- weil die Partner Angst haben, nicht in Stimmung zu kommen,
- weil einen oder beide Beschwerden plagen.

In einem Interview mit Ulrike Brandenburg, der ersten Vorsitzenden der Gesellschaft für Sexualforschung, wird deutlich, dass unabhängig vom Klimakterium zum Beispiel Herz-Kreislauf-Erkrankungen sowie Probleme mit der Schilddrüse oder Rheuma das sexuelle Erleben bei Frauen beeinträchtigen können (Brandenburg 2008, 131f). Starke Auswirkungen auf die Sexualität haben auch Krebsbehandlungen, insbesondere die Chemotherapie. Darüber wird zu wenig informiert und gesprochen. Und was kann Männern den Spaß an der Sexualität verderben? Manche leiden unter Erektionsstörungen und ziehen sich aus Scham zurück. Ursachen für diese Störungen können beispielsweise Diabetes oder Herz-Kreislauf-Krankheiten sein.

Oft müssen Medikamente eingenommen werden. Auch sie können zusätzlich die Lust auf Sex bei Männern und Frauen mindern. Die Sexualwissenschaftlerin Brandenburg weist darauf hin, dass Psychopharmaka, vor allem Antidepressiva, aber auch Mittel gegen Bluthochdruck, Betablocker und Lipidsenker, Antirheumatika sowie Kortisonpräparate mit ihren Nebenwirkungen Ursache von Desinteresse an sexuellem Miteinander sein können. Sind Arzneimittel schuld an der Lustlosigkeit, ist immer der Arzt gefragt. Vielleicht ist es ja möglich, alternativ ein anderes Präparat auszuprobieren, die Dosis zu verringern oder die Zeit der Einnahme zu verändern. Auf keinen Fall jedoch sollten Medikamente in Eigenregie abgesetzt werden.

Trotzdem können Sie Zärtlichkeiten miteinander austauschen, sich wohltuend berühren und darüber sprechen, was dem einen und dem anderen gut tut.

Abschließend möchten wir noch hinzufügen: Was für manche Menschen eher unbefriedigend ist, gilt nicht für alle: Es können auch Liebesbeziehungen bestehen ohne sexuelles Miteinander. Dafür kann es viele unterschiedliche Gründe geben. Möglicherweise haben auch früher gelebte Affären dazu geführt, dass sich Paare erst nach längerer Zeit wieder finden und liebevoll begegnen können, aber der sexuelle Kontakt nicht mehr gepflegt werden soll. Wir kennen mehrere lange zusammenlebende Paare, die ihr Zusammengehörigkeitsgefühl auf miteinander geteilte Interessen, auf Zuneigung, Vertrauen und gegenseitige Fürsorge stützen und eine sexuelle Beziehung miteinander nicht mehr eingehen. Bei erotischem Verlangen wird sich jeder selbst befriedigen.

Ein anderes älteres Paar lebt möglicherweise aufgrund wirtschaftlicher Absicherung und Tradition zusammen, es treten keine größeren Konflikte auf, und die Partner gehen jeweils ihren separaten Interessen nach. Bei ihnen gibt es keine sexuellen Ambitionen mehr und trotzdem besteht ein tiefes Verbundenheitsgefühl.

> Am Familienleben teilhaben

> *„Wer nicht genügend vertraut, wird kein Vertrauen finden.“*
> (Laotse)

Die meisten von uns sind in einer Familie groß geworden. Diese Erfahrungen prägen das individuelle Bild vom Sinn, vom Funktionieren und von den Beziehungen einer Familie.

Was uns mit allen Familienangehörigen verbindet, ist das Bild von der Ursprungsfamilie. Sie ist gemeinsamer Bezugspunkt und eint alle Nachkommen. Die Ursprungsfamilie bleibt gleich, bleibt stabil, sie ist wie eine Insel, gemeinsam ist die Abstammung und vielleicht noch der Name. Heute kommt hinzu, dass bei Familien aus verschiedenen Ehen auch die

Abstammungen sehr unterschiedlich sein können. Die Entwicklung geht dahin, dass die Gemeinsamkeiten in der Familie abnehmen.

Jede Familie hat unterschiedlich ausgeprägte Regeln, Gewohnheiten und Einstellungen, auch zum Thema Älterwerden. Was sind nun unsere individuellen Erfahrungen? Welche Rolle spielten die Großeltern, lebten sie im Haus mit, lebten sie in einem Heim, welche Vereinbarungen gab es mit ihnen, wie wurde mit ihrer Pflegebedürftigkeit umgegangen?

Wenn wir heute auf unsere Ursprungsfamilie blicken, bleiben sicherlich Wünsche bezogen auf die gegenseitigen Beziehungen der einzelnen Familienmitglieder untereinander offen. Manche Familienmitglieder pflegen enge Beziehungen, andere grenzen sich eher voneinander ab. Das ist so, man kann sich seine Familienmitglieder ja nicht aussuchen.

>> Was ist mit der Dreigenerationenfamilie von heute?

In vielen Köpfen existiert noch das Bild einer Dreigenerationenfamilie, die sich gegenseitig unterstützt. Drei Generationen unter einem Dach – eine echte Schicksalsgemeinschaft. Es hat sie gegeben, zum Beispiel bei Flüchtlingsfamilien nach dem letzten Weltkrieg, sie waren zu räumlicher Enge gezwungen. Ansonsten war es in manchen begüterten Familien üblich, die alten Eltern aufzunehmen und zu versorgen, wenn eine großzügige Raumaufteilung vorgenommen werden konnte. Auch auf Bauernhöfen gab und gibt es noch Dreigenerationenfamilien.

Der Zusammenhalt in diesen Familien wird oft hochstilisiert oder bewundert – sofern es so einen Zusammenhalt überhaupt gegeben hat oder gibt. Heute sind nur noch drei Prozent aller Haushalte Dreigenerationenfamilien. Die bürgerliche Klein- oder Kernfamilie während der 50er und 60er Jahre wird allmählich auch zur Ausnahme.

Ein gravierender Strukturwandel hat inzwischen stattgefunden. Verschiedene gleichberechtigte Lebensformen bilden sich aus: Neben der alten Kernfamilie gibt es Alleinerziehende, unverheiratete Paare mit Kindern oder Stieffamilien. Für die aus mehreren alten und neuen Familienmitgliedern zusammengesetzten Familiennetzwerke hat sich der Begriff „Patchworkfamilie“ durchgesetzt.

Obwohl die Generationen in unserer Zeit eher getrennt wohnen und das heutige Wertesystem die Freiheit und Unabhängigkeit der Generationen betont, gibt es noch tiefe Familienbindungen, Solidarität untereinander und vielfältige Unterstützung. Nur die Kontakthäufigkeit hat sich verringert (Hoff 2006, 279). In der Regel schafft die räumliche Distanz mehr gelebte Nähe, weil alle sehr selbstständig leben können. Nur selten schwächt sich die Verbindung zwischen Eltern und Kindern ab. Nach der neuesten Familienforschung bleiben die wichtigsten Kontaktpersonen Familienangehörige (Hoff 2006, 235).

>> Wie kann der Kontakt zu den Kindern gehalten werden?

Kinder von Ruheständlern haben in der Regel ihren eigenen Lebensweg gefunden. Manche leben allein, andere mit Freunden, viele mit Partnern oder auch mit eigenen Kindern. Nesthocker, die von Vätern und Müttern nicht freigegeben wurden für ihr eigenes Leben oder die sich nicht loslösen können, sind häufiger geworden – vielleicht sind einzelne verunsichert, weil der Aufbau einer eigenen Existenz immer schwieriger zu sein scheint.

Wir können von unseren Kindern lernen. Manchmal geben sie Anstöße, um unser eingefahrenes Leben etwas moderneren Lebensweisen anzupassen. Sie sind ja dem Neuen eher gewachsen als wir, verfügen über Elastizität und Beweglichkeit. Zum Beispiel lernen viele Eltern häufig von ihren Kindern, mit dem Internet umzugehen.

Akzeptieren müssen wir: Die jungen Menschen haben eigene Sorgen und Probleme, eigene Wünsche an das Leben. Sie wollen uns weder überall miteinbeziehen noch unseren Rat suchen, den wir manchmal äußerst gerne geben würden.

Ungefragt Ratschläge zu erteilen, ist nicht zu empfehlen. Unser Vorschlag mag phantastisch sein, aber Sohn oder Tochter rutschen dabei leicht in die alte, abhängige Kinderrolle – und wir in die erzieherische Elternrolle – und die Kinder bekommen das Gefühl, dass ihnen die Fähigkeit abgesprochen wird, selbstständig zu sein. Kein erwachsenes Kind will ein Gefühl von Inkompetenz spüren. Daraus können Ressentiments entstehen. Bereitwillig zuzuhören, ist die Alternative. Ebenso gilt es, Anerkennung auszudrücken und Mitgefühl zu zeigen. Umgekehrt beeinflussen Kinder gerne wichtigere Entscheidungen der Eltern, insbesondere je älter die Eltern werden.

Es stärkt das gegenseitige Familiengefühl, wenn Eltern den Erfolg der Kinder würdigen. Diese Anerkennung ist wichtiger als jede kleinliche Kritik.

Ein guter Kontakt zu erwachsenen Kindern, die in Beziehungen leben oder schon eine Familie haben, wird sich festigen, wenn deren Partner von uns Älteren anerkannt werden. Auch wenn Eltern möglicherweise eine andere Partnerwahl befürwortet hätten: Sohn oder Tochter haben sich so entschieden und hatten ihre inneren Gründe dafür. Musik und Takt geben jetzt die Kinder an, Eltern können nur die Musik begleiten.

>> Gegenseitiges Geben und Nehmen

Sicherlich gibt es moralische Argumente dafür, dass die Älteren ihren Kindern und Kindeskindern helfen. Dann sollte das gegenseitige Nehmen und Geben in einem akzeptierten Verhältnis stehen. Das bedeutet nicht, dass Kinder mit der gleichen Münze zurückzahlen müssen. Es kann vielmehr darum gehen, die alte Verbundenheit zu pflegen oder zu stärken, es geht um ritualisierte Treffen, zum Beispiel beim Feiern von Geburtstagen und Festen. Die Akzeptanz von solchen Gemeinsamkeiten wird in der Regel verstärkt, wenn Enkelkinder die Familie bereichern. 22 % der Älteren antworteten auf die Frage: „Was ist für Sie ein gelungener Tag?“ mit „Das ist ein Tag, an dem ich die Kinder und Enkelkinder gesehen habe.“

Großeltern zu sein ist für die meisten Ruheständler eine Freude. Ihnen macht es Spaß, Enkelkinder zu hüten. Ihr Umgang mit den Enkelkindern ist oft gelassener, als sie es selbst als junge Eltern sein konnten. Sogar Großväter holen manchmal Unternehmungen nach, die sie mit ihren Kindern vor Jahren versäumten, vielleicht weil der Beruf sie nicht zuließ. Großeltern können ihr Engagement sowohl selber bestimmen als auch von den Bedürfnissen und Notwendigkeiten des Alltags der jungen Familie beeinflussen lassen. Dabei gilt ein ungeschriebenes Gesetz: Großeltern sollen sich nicht in die Erziehung der Enkelkinder einmischen.

Wenn die Kleinfamilie bedroht ist durch finanzielle Krisen, durch Krankheit oder Trennung, gestaltet sich der großelterliche Einsatz intensiver. Das Bedürfnis, die Kinder zu unterstützen, nimmt zu, die Solidarität mit ihnen wächst. Das kann häufig finanzielle Unterstützung bedeuten. Die vergleichsweise gute finanzielle Absicherung der meisten Älteren heute durch Rente oder Pension macht es oft möglich, den Kindern finanziell unter die Arme zu greifen. Ein zeitlich begrenzter Vorgang aus besonderem Anlass schließt neue Abhängigkeiten aus. Das kann sich auf das Einrichten einer Wohnung beziehen oder auf die Zeit der Arbeitslosigkeit, auf die Aufbesserung des Taschengeldes der Enkelkinder oder auf eine Reise von Großeltern mit Enkelkindern – zur Entlastung der Eltern und als gleichzeitiger Gewinn für die Großeltern.

Ein besonderer Anlass zur finanziellen Unterstützung bietet sich, wenn bestimmte Vermögenswerte an Kinder vermacht werden können. Außer der Gewissheit, seine Erbschaften geregelt zu haben, ist das Verschenken von Geld oder Möbelstücken an Kinder schon deswegen eine schöne Idee, weil wir selbst die Freude darüber miterleben dürfen.

Natürlich sollte man dabei als Geber nicht seine Existenz gefährden. Beispielsweise kann das Verschenken des Eigenheimes an ein Kind den Nachteil haben, dass bei der Verschlechterung der Wirtschaftsverhältnisse des Kindes die Gefahr besteht, dass das eigene Haus gepfändet wird.

Wir wissen: Es gibt auch Ältere, die finanziell nicht gut abgesichert sind. Damit wächst die Schere zwischen Arm und

Reich auch bei den jüngeren Familien. „Der binnenfamiliäre Finanzausgleich wird – wie das Erben – die soziale Ungleichheit innerhalb der jetzt jüngeren Generation in Zukunft noch weiter verstärken“ (Schenk 2007, 92).

Großeltern sind bei Trennungen oder Scheidungen der Kinder besonders gefragt. Leider ist seit den 70er Jahren die Zahl der Ehescheidungen sprunghaft angestiegen. Damals wurde jede sechste Ehe geschieden. Im Jahr 2000 waren es schon mehr als 38 % aller Ehen (Hoff 2006, 235).

Die Scheidung von Kindern hat auch Auswirkungen auf die Beziehung zwischen Großeltern und Enkelkindern. In diesen schwierigen Lebenssituationen ist eher eine Zunahme von Kontakten zwischen Großeltern und Enkeln zu verzeichnen. Beim Weggang der Väter gewinnen manchmal die Großmütter väterlicherseits eine neue Bedeutung, da sie im Interesse der Enkelkinder zusammen mit den Schwiegertöchtern die Aufgaben der Erziehung mit verantworten wollen. Manche Großeltern üben Solidarität, um ihre Schwiegertöchter zu entlasten, damit die Folgen der Trennung für die Enkelkinder gemildert werden. Es kann aber auch passieren, dass Großeltern aus Familien, die nicht über das Sorgerecht für die Kinder verfügen, der Zugang zu den Enkeln erschwert wird. Da können Großeltern nur immer wieder und unermüdlich versuchen, aktiv die Beziehung zu den Enkelkindern zu halten durch Telefonanrufe oder Einladungen, durch gemeinsame Einkäufe zum Geburtstag des Enkelkindes und vielleicht durch gemeinsame Reisen (Lehr 2003, 261f).

>> Unterstützung bei späterer Gebrechlichkeit

Ich, Günter habe mit einer über 90 Jahre alten Großmutter in einem Haushalt gelebt, in dem sie mit 99 Jahren dann gestorben ist. Es ist heute sicherlich die große Ausnahme, dass eine Familie so lange eine alte Großmutter unterstützt. Solche Großmütter leben heute meistens in einem Seniorenheim, selten noch in einer eigenen Wohnung.

Zu einem frühen Zeitpunkt sollten ältere Eltern mit ihren erwachsenen Kindern ins Gespräch darüber kommen, wie sie sich ihr Leben im hohen Alter vorstellen. Das Thema Zukunftsperspektiven im höheren Älter berührt Kinder und die Eltern selbst emotional sehr, es müsste aus dem Tabubereich herausgeholt werden. Im Gespräch können Eltern und Kinder sich gemeinsam damit auseinandersetzen, dass die Eltern älter und damit gebrechlicher werden und letztlich irgendwann sterben müssen. Jedes Kind weiß natürlich, dass die Eltern älter werden. Aber es rechnet trotzdem nicht wirklich damit. Die erwachsenen Kinder haben jetzt die Chance, ihre alten Eltern neu wahrzunehmen mit ihren Vorhaben und Wünschen, aber auch mit ihren Beschwerden. Die Kinder können sich ehrlich prüfen und frei überlegen, inwieweit sie sich engagieren wollen und wie viel Zeit verfügbar wäre, um eine Betreuung der alternden Eltern zu gewährleisten oder auch „nur“ zu organisieren. Wir hingegen, die alten Eltern, könnten die Vorstellungen unserer Kinder kennenlernen und sie in unsere Überlegungen über eigene Perspektiven einbeziehen. Entsprechend können wir unser Wohnkonzept für das hohe Alter ausrichten.

Im Rückblick stellen wir heute fest, wie wir uns als erwachsene Kinder zu sehr abgeschottet haben gegenüber den Sorgen oder Ängsten unserer Eltern. Woran mag das gelegen haben? Einmal waren wir sicherlich zu wenig informiert über das Thema Älterwerden. Wir verweigerten uns innerlich vielleicht auch, uns Kenntnisse anzueignen. Zweitens passte die Vorstellung von gebrechlicheren Eltern nicht zu unserem Wunschbild, nämlich dass Eltern stark sind und problemlos alt werden – wir hätten uns verabschieden müssen von diesem Bild, und Abschiede bereiten Schmerzen. Drittens schienen solche Vorstellungen unsere Lebensplanung zu bedrohen.

Was nützt es, wenn Mutter Herma, 90 Jahre alt, unausgesprochen davon ausgeht, dass sie in ihrem Einfamilienhaus alt werden will, aber ihr alleinstehender sechzigjähriger Sohn, der in demselben Haus wohnt, nicht die Verantwortung für die Pflege durch einen Pflegedienst tragen mag. Er kann nicht damit umgehen, dass seine früher so starke Mutter hilfsbedürftig ist, und findet in seiner großen beruflichen Inanspruchnahme einen Grund, diese Verantwortung abzugeben. Wer mag darüber richten?

Manche alten Eltern setzen ihre Kinder moralisch unter Druck, die Betreuung für sie zu übernehmen. „Ihr wollt mir doch wohl nicht zumuten, dass ich ins Seniorenheim gehen muss, bloß weil ihr keine Zeit für mich habt?"

Wir kennen eine Familie, die sich so unter Druck setzen ließ, dass die vier erwachsenen Kinder ihre Mutter täglich abwechselnd betreuen. Das bedeutet nicht nur, für den Haushalt neue Lebensmittel zu besorgen, da muss noch ein warmes Essen zubereitet werden, der Hund will ausgeführt werden und vieles mehr. Es gibt einen Plan, wie die außerhalb des Stadtteils wohnenden Kinder sich regelmäßig abwechseln. Natürlich fühlt die alte Mutter sich subjektiv noch sehr selbstständig, obwohl die Realität ganz anders aussieht. Das Gespräch über eine sinnvolle Betreuung, über Entlastung der Kinder hat noch nicht stattgefunden und scheint wohl bis zu einem Unfall oder Zusammenbruch nicht möglich zu sein.

Dieser Druck auf die Familie wird umso geringer sein, je selbstständiger der alte Mensch sein Leben führt, je mehr außerfamiliäre Sozialkontakte er pflegt. Sie gewährleisten, dass sich sein Anspruchsverhalten gegenüber den Kindern verringern kann. Die Pflege von professionellen Diensten machen zu lassen, entlastet die Angehörigen. Damit bleibt mehr Energie für eine emotionale Betreuung durch die Kinder. Letztendlich wird das für alle Betroffenen angemessener sein.

Kinderlose Ältere werden im Alter ein geringeres soziales Unterstützungspotenzial im familiären Umfeld finden, wenn sie nicht durch besonderen Kontakt die Beziehung zu Neffen oder Nichten gepflegt haben. Sie werden die fehlende Unterstützung im Freundeskreis vor allem aber durch die Bezahlung entsprechender Dienstleistungen kompensieren müssen.

Freunde von uns haben eine alte, kinderlose Tante begleitet und, soweit es ihre Zeit und die Umstände des weit getrennten Wohnens ermöglichten, ihr geholfen und den Alltag erleichtert. Gegenüber der Familie waren sie die einzigen Verwandten, die regelmäßig auch bei schlechtesten Wetterbedingungen anreisten, um die Hochbetagte zu unterstützen. Die Tante schlug schließlich vor, dass sie ihr Haus den Freunden überlassen wollte. Stillschweigend ergab sich die Übereinkunft, dass die Freunde ihre alte Tante auch weiterhin regelmäßig besuchten und sie vor Ort unterstützten. Das Kochen wurde mithilfe von Nachbarn und sozialen Diensten organisiert, auch das Einkaufen und die Körperpflege. Dank dieser Verantwortlichkeiten konnte die Tante bis zu ihrem 95. Lebensjahr ihre Lebensqualität erhalten, was ihr den Wunsch erfüllte, im eigenen Haus bleiben zu können.

Leider kann eine Familie heute immer seltener in den eigenen vier Wänden das Pflegeproblem im hohen Alter lösen. Das Gefühl von Einsamkeit, von Abgeschobensein in ein Seniorenheim kann durch häufige und regelmäßige Besuche gemindert werden. Tröstlich ist, dass die Familienmitglieder ihre verfügbare Zeit allein für die seelische Betreuung der alten Eltern aufwenden können.

>> Kontakte unter den Geschwistern

Was hält Geschwister zusammen? Ihre emotionale Beziehung hängt ab von verschiedenen Faktoren: Zum Beispiel davon, wie die Eltern früher die Beziehungen ihrer Kinder untereinander geregelt und gepflegt haben, und davon, wie sich die Geschwister als halb-autonome Gruppe innerhalb der Familie gegenseitig beeinflussen konnten – unabhängig von den Eltern. Welchen Umgang hatten sie miteinander? Hatten sie die gleiche Schule besucht, mit denselben Freunden gespielt oder sich ein Zimmer geteilt?

Ganz offensichtlich gibt es einen gemeinsamen „Resonanzboden“. Gemeinsame Erlebnisse und Abenteuer schweißen zusammen. Fehlt diese Gemeinsamkeit in der Kindheit, beeinflussen sich die Geschwister emotional nur in geringem Maße. Allerdings können psychischer Druck und Stress, verursacht durch einschneidende Ereignisse wie Tod eines Familienmitgliedes oder Scheidung der Eltern, Geschwister im Leid näher zusammenführen.

Geringer Altersunterschied und Gleichgeschlechtlichkeit fördern den Zugang zu gemeinsamen Lebenserfahrungen, während Unterschiede im Alter und Geschlecht ihn verringern. In der Zwei-Kind-Familie ist das Potenzial für eine engere Geschwisterbindung in besonderem Maße vorhanden, sei sie nun positiv oder durch massiven Konkurrenzdruck auch negativ. Wenn es mehrere Geschwister gibt, ist die emotionale Bindung relativ geringer und bezieht sich eher auf nur eine Person, auf den „Lieblingsbruder“ oder die „Lieblingsschwester“.

Entscheidend im Alter ist auch, wie sich soziale Veränderungen, Heirat, Trennung oder finanzielle Schwierigkeiten auf die Verbindung zwischen den Geschwistern ausgewirkt haben.

Eine engere Beziehung zwischen ihnen ruhte häufig, wenn neue Familien gegründet wurden oder eigene Kinder dazu kamen. Sind jedoch die eigenen Kinder erwachsen und aus dem Haus, kann die Geschwisterbindung wieder aktiviert werden, vor allem dann, wenn die alt gewordenen Eltern versorgt werden müssen.

Aber gerade bei der Versorgung ihrer alten Eltern haben wir bei Freunden miterlebt, wie alte Geschwisterrivalitäten plötzlich wieder auftauchten, nämlich als ein Bruder, der sich sonst ganz selten um die Familie kümmerte, von seiner Mutter bevorzugt behandelt wurde. So konnten uralte Konkurrenz und gegenseitige Abwertung wieder neuen Nährboden finden. Insgesamt nimmt aber die Rivalität zwischen Geschwistern glücklicherweise in zunehmendem Alter ab, und solidarische geschwisterliche Bindungen erhalten ein größeres Gewicht gegenüber alten Kämpfen.

Abgesehen von den Wünschen und Erwartungen der Eltern kann man heute mit der Geschwisterrolle so umgehen, wie es für das eigene Leben passt. Im Älterwerden wird die Sehnsucht nach geschwisterlichem Kontakt in der Regel stärker. Während die Familiengröße schrumpft, verlängert sich die Lebensspanne des Einzelnen. Geschwister werden heute eine viel längere Lebenszeit miteinander verbringen als je zuvor. Das Leben mit den Eltern kann vierzig bis fünfzig Jahre dauern, das mit den Geschwistern siebzig oder achtzig Jahre. Nach dem Tod der Eltern und Ehepartner werden Geschwister ein starkes Netzwerk bilden, insbesondere die zu zweit aufgewachsenen. Gerade wenn es einem Geschwister wegen Krankheit oder Trennung schlecht geht, werden fürsorgliche Geschwisterbeziehungen aktiviert. Das Wissen um Bruder oder Schwester als berechenbare Person aus der Kindheit weckt vertraute Gefühle, die alte Präsenz ist da.

Zum Beispiel wurde die Bindung an meine einzige Schwester wieder intensiviert, als ich, Inga, eine Ehekrise durchstehen musste. Vorher trennten uns lange Zeit politische Differenzen darüber, dass und wie man sich aktiv für eine bessere Welt einsetzen kann. Unsere alte Verbindung, die ja während der Kindheit die gleiche gesellschaftliche Realität gewesen war, gewann im Leid wieder tiefere Bedeutung. Heute stelle ich mir vor, irgendwann einmal ganz in der Nähe meiner Schwester zu wohnen. Sie zu gewinnen, in meine Stadt zu ziehen und sie einzuführen in meinen großen Freundes- und Bekanntenkreis, damit wir mehr füreinander da sein können.

>> Zerwürfnisse in der Familie

Es gibt Familien, in denen aufgrund von internem Streit Kontakte zwischen Einzelnen oder Gruppierungen abgebrochen worden sind und für zehn Jahre oder mehr Funkstille herrscht. Die Konflikte wurden offensichtlich nicht gelöst. Der Streit war so verfahren, dass man meinte, ihn nur durch Kontaktabbruch beenden zu können, und zwar als Schutzmaßnahme, um nicht wieder in den Teufelskreis von Angriff – Verteidigung – Eskalation zu geraten.

Parteinahme in Scheidungsfällen kann eine Ursache sein, genauso ein Streit über Erbschaften, über vorzeitige Schenkungen, über gemeinsamen Immobilienbesitz, also meist Streit über Ansprüche, Vorrechte oder Macht eines „Thronfolgers". Unsere Erfahrungen sind dabei nicht repräsentativ, aber sie werfen ein Licht auf das, was meistens im Verschwiegenen gehandelt wird:

- *Nach zehnjähriger Funkstille meldet sich die alte Schwester einer Freundin überraschend mit einem freundlichen Weihnachtsgruß, als hätte es nie einen zehn Jahre dauernden Kontaktabbruch durch Erbschaftsstreit gegeben. Gespräche über den Konflikt wurden nicht fortgeführt und durch das Nichtgesagte eher ausgesessen. Letztendlich diente der Gruß als Schlussstrich unter alte Differenzen, um die Beziehung wieder aufnehmen zu können.*
- *Ein sechsjähriger Streit zwischen drei Geschwistern um gemeinsamen Waldbesitz wird beigelegt, indem die Geschwisterfamilien mit einem Ritual – ein Stein wurde in den Blumengarten des gemeinsamen Wochenendhauses gesetzt – ihren Zwist beendeten.*
- *Eine Schwester vermittelte im Streit zwischen zwei Brüdern um die Vererbung des Hausbesitzes des kinderlosen ältesten Bruders, ohne dass sie persönlich davon profitierte. Ganz vorsichtig wurde der Kontakt zwischen den alten Geschwistern durch die Teilnahme an Familienfesten wieder aufgenommen – aber die Sitzplätze bei Tisch lagen anfangs noch weit voneinander getrennt.*

Was war passiert, dass die Zerwürfnisse in den Familien sich auflösten?

Ein Neuanfang wurde ermöglicht durch den Einfluss Dritter, – sei es die Schwester, die in Einzelgesprächen mit den betroffenen Brüdern deren Ärger aufeinander verringern konnte, seien es die Erwachsenen in den Familien selber, die eine neue Realität akzeptiert haben. Gerade bei Älteren scheint es so zu sein, dass ihre größere Gelassenheit in Bezug auf familiäre Auseinandersetzungen einen Abstand zu altem Ärger ermöglicht. Vielleicht hilft ihre Angst auch nach, als alter Mensch sonst ganz allein dazustehen.

>> Fazit

Häufig wird in Familien der Kontakt zueinander dadurch gestört, dass der eine dem anderen mit seinen Bewertungen und Ansprüchen zu nah gekommen ist, oder dass zu große Erwartungen an den anderen gestellt worden sind. Das beweist andererseits auch große Nähe zueinander, selbst wenn das der Einzelne nicht wahrhaben will. Das Älterwerden kann dann plötzlich Auslöser werden für das Wiedererwachen von Zusammengehörigkeitsgefühlen. Es kommen Erinnerungen an die gemeinsamen Wurzeln hoch, wobei noch einmal die innere Erfahrung und Bindung an die Ursprungsfamilie Oberhand gewinnt.

Gleichzeitig wird gerade im Älterwerden klar, dass die Familienbindung auch eine Solidarität ermöglicht, um sich bei akuten Problemen gegenseitig zu helfen. Es wäre beruhigend, wenn diese Solidarität ebenso bei der Unterstützung im Altsein zum Tragen kommen würde. Es ist zu hoffen, dass die frühere Hilfe der Großeltern gegenüber den Kindern auch umgekehrt die Solidarität der Kinder anspricht, die alt werdenden Eltern nicht allein zu lassen.

> Allein leben und den Kontakt mit anderen suchen

> *„Kummer kann von allein vergehen, doch um Freude voll zu erleben, brauchen wir einen Menschen, mit dem wir sie teilen können."*
> (Mark Twain)

Für viele Alleinlebende bedeutet es eine große Freiheit, alles anpacken zu können, wovon sie schon immer geträumt haben. Keiner redet ihnen in ihre Ideen hinein. Sie treffen alle Entscheidungen selbst und in eigener Verantwortung. Sie erfahren, wie sie es schaffen, sich selbst zu beschäftigen, sich Aufgaben zu stellen, die ihr Leben erfüllen. Vielleicht sind sie auch stolz über ihre finanzielle Unabhängigkeit. Jedenfalls können sie aufgrund ihres ungebundenen Lebens großes Selbstbewusstsein aufbauen. Andere Alleinlebende, die durch Trennung oder Tod des Partners sich erst zurechtfinden müssen, werden eher Probleme mit dem selbstbestimmten Leben im Ruhestand bekommen, das Gefühl von Einsamkeit überschattet ihren Handlungsspielraum.

>> Kontakte mit Freunden und Bekannten

Doch wie sieht es mit Kontakten zu anderen Menschen aus? Trotz der Erfahrung um die positiven Merkmale von Eigenständigkeit ist eine der dringlichsten Aufgaben für Alleinstehende, ein Netzwerk von Beziehungen zu knüpfen, um regelmäßigen Kontakt zu anderen, zu Freunden, Bekannten, Nachbarn oder Teilnehmern an Treffpunkten zu pflegen oder neu aufzubauen. Der Kontakt zu Nachbarn ergibt sich in ländlichen Gegenden fast von alleine, in der Stadt sind nachbarschaftliche Beziehungen meistens verflacht.

Für Alleinstehende kann es sehr anstrengend sein, immer wieder den Versuch zu starten, Kontakte zu knüpfen, immer wieder die Initiative ergreifen zu müssen. Eher selten kommen leider Fremde auf sie zu. Doch für sie ist das Miteinander-ins-Gespräch-Kommen und dann Im-Gespräch-Bleiben besonders wichtig. Dabei entstehende enge Beziehungen zu Freunden können, bezogen auf den Gedankenaustausch, ebenso nah sein wie Partnerschaften. Allerdings können dabei leichter Probleme auftauchen, die die Nähe der Beziehung gefährden. Partnerschaften sind gekennzeichnet durch Vertrauen, Sicherheit und ein gemeinsames Lebenskonzept. Alleinlebende müssen sich ihr eigenes Konzept aufbauen.

Ein Gefühl von Sicherheit wird bei Beziehungen von Singles untereinander nicht so stark ausgebildet sein wie es in Partnerschaften der Fall ist. Die Beziehung zu Freunden kann durch Krisen stärker belastet sein. Deshalb sollten Singles die Grenzen ihrer Beziehungen immer wieder prüfen und besonders aufmerksam im Auge behalten, damit sie in kritischen Situationen, in der sich der oder die andere verletzt fühlen mag, schnell reagieren und Unstimmigkeiten klären können. Nähe zu gewinnen ist immer ein Prozess und kein plötzliches Erlebnis.

>> Kontakte zur Familie pflegen

Die Kontakte zu Familienangehörigen besitzen für Alleinstehende einen besonderen Stellenwert. Die Familie gibt ihnen Rückhalt in schwierigen Zeiten. Sie stellt eine unkündbare emotionale Verbindung dar, die Erinnerungen an die Kindheit flechten sich zu einem lebenslangen, festen Band.

>> Kontakte zu Kindern und Enkelkindern

Am besten sind Singles eingebunden, wenn sie guten Kontakt zu Kindern und Enkelkindern haben. Sie sind sogar manchmal als Familienmitglied aufgefordert zu unterstützen. Den Enkelkindern kann vielleicht am leichtesten Hilfestellung gegeben werden, aber auch den eigenen Kindern, besonders wenn diese finanziell oder körperlich in eine prekäre Lage gekommen sind. Wir denken dabei an unsere Freundin Gisela, deren alleinstehende Tochter mit ihren vier Kindern auf Basis der Grundsicherung leben muss und nur knapp über die Runden kommt. Besondere Ausbildungskurse für die Enkelkinder, die privat bezahlt werden müssen, kann Giselas Tochter sich finanziell nicht leisten. Ein Grund für die Mutter, sie zu unterstützen, um die hohe Musikalität der Enkeltochter Tine zu fördern und die sportlichen Fähigkeiten ihres Bruders Tom zu vertiefen.

In einer Familie gibt es genug Aufgaben, die von alleinstehenden Ruheständlern übernommen werden könnten. Es ist wichtig, mit den erwachsenen Kindern abzuklären, was Mutter und Vater leisten können und wollen. Auch müssen Sohn oder Tochter signalisieren, dass sie die Mithilfe für gut halten. Die alleinstehende Mutter ist jedenfalls nicht mehr gefragt als Erzieherin ihres erwachsenen Kindes, sicher aber als Ratgeberin, soweit denn Rat gewünscht ist. Das voneinander getrennte Wohnen bietet eine gute Voraussetzung, Reibungsflächen zu verringern und einander dementsprechend positiver und entspannter begegnen zu können. Grundsatz für die Mithilfe bei Kindern könnte sein: Hilfe oder Unterstützung erstmal anbieten, ist sie erwünscht, wird sie ausgeführt, am besten ohne daran Vorbedingungen zu knüpfen.

>> Kontakte zu Geschwistern

Gegenseitige Verantwortlichkeiten lassen sich ebenso gegenüber Geschwistern und deren Familien entwickeln. Hilfe und Beratung können dabei zur Selbstverständlichkeit werden. Das wird besonders bedeutsam, wenn existenzielle Probleme bei einem der Geschwister entstehen. Dann ist der Kontakt zu Geschwistern wieder gefragt. Die alte Vertrautheit aus der Kindheit lässt schnell wieder gegenseitiges Vertrauen und Hilfsbereitschaft aufkommen.

Um eine neue Nähe zu praktizieren, ist es bei erwachsenen Geschwistern dringlich, die alten Rollen aus der Geschwisterzeit abzulegen. Zum Beispiel ist keiner mehr die kleine, benachteiligte Schwester, die sich immer bestimmt fühlte von der Älteren. Beide sind jetzt erwachsen. Genauso ist der Jüngste von vier Brüdern, der in seiner Kindheit unbekümmert und ohne große Verantwortung fröhlich vor sich hin lebte, jetzt ein gestandener, lebenserfahrener Mann.

>> Als Witwe oder Witwer allein sein

Das Plus in der Partnerschaft, sich emotional stärken zu können, spürt derjenige besonders hart, der durch den Tod des Partners plötzlich allein leben muss. Das Zuhause strahlt immer noch die Persönlichkeit des Verstorbenen aus. Das hinterlässt schmerzhafte Spuren. Alte Freundschaften zu Alleinstehenden sind vielleicht verblasst. So konzentrieren sich freundschaftliche Beziehungen erstmal auf andere Paare. Fragen werden sich stellen: Wie und von wem bekomme ich emotionale Unterstützung? Wie werde ich wieder mehr Kontakt zu anderen Menschen erhalten? Will ich in meiner Wohnung bleiben?

Notwendig ist, die Realität des Alleinseins allmählich akzeptieren zu lernen. Der Tod des Partners wird irgendwann Vergangenheit – und das Leben geht weiter. Gegenwart und Zukunft müssen gestaltet werden. Es wäre gut, Freunde für nahe Gespräche zu finden, die bei Entscheidungen beraten können und die helfen, über die ersten Tiefen hinwegzukommen. Die Sehnsucht nach Orientierung ist groß.

Im Alter verwitwet zu sein, ist im Wesentlichen ein Frauenschicksal. Hier spielt nicht nur die durchschnittlich höhere Lebenserwartung der Frauen eine Rolle, sondern auch ihr oft niedrigeres Alter bei der Heirat. Außerdem haben sie eine geringere Wiederverheiratungsquote nach einer Scheidung oder dem Tod des Mannes. „Mehr als die Hälfte der geschiedenen Männer heiratet noch einmal, aber nur ein Viertel der geschiedenen Frauen, 10 Prozent der Witwer heiraten wieder, aber nur 2 Prozent der Witwen" (Schenk 2007, 92).

>> Alleinlebende ohne Kontakt zur Familie

Anders geht es Alleinlebenden, die nie oder vor langer Zeit in einer Partnerschaft gelebt haben, die keine Kinder haben und keine oder nur weit entfernt lebende Verwandte. Manchmal sind die Kontakte zur Familie abgebrochen. Gerade dann muss genau geprüft werden, welche sozialen Netze existieren oder aufgebaut werden können.

Gerade jene, die ihr Schicksal so nicht selbst gewählt haben, jene, die gegen ihren inneren Wunsch geschieden worden sind, leiden besonders unter dem Alleinsein, unter Gefühlen von Einsamkeit und Verlassensein. Solche Menschen gewinnen leicht den Eindruck, nicht mehr anerkannt und gebraucht zu werden. Sie ziehen sich zurück, was ihnen vermeintlich einen Schutz vor den bösen Mitmenschen bietet, letztendlich aber ihre Gefühle von Einsamkeit und Traurigkeit verstärkt und zum Einfallstor für depressive Stimmungen werden kann.

Auch Selbstmitleid erschwert die Lebensfreude. Wir kennen Alleinlebende, die sich in besonderes Leid versteifen. Es fällt ihnen schwer, von sich und den eigenen Interpretationen der Dinge abzurücken: „Ich war immer die Benachteiligte. Ich spielte immer nur die zweite Geige." Selbstmitleid dieser Enttäuschten verhindert Distanz zu sich selbst. Aber ohne Distanz wird sich das Selbstmitleid nicht auflösen lassen und zu einer neuen Weltsicht führen. Eine rational gesteuerte Sicht könnte niederdrückende Gefühle wegschieben und den Lebensmut wieder steigern.

Für diese Alleinlebenden ist es von besonderem Nutzen, in vielleicht zwei oder drei Menschen wertvolle Freunde zu haben. Möglicherweise könnten auch alte Beziehungen zur Familie wiederaufgebaut werden. Vielleicht kann alter Ärger für abgeschlossen erklärt werden. Eine gute Voraussetzung für neu zu belebende Familienbeziehungen ist dann, nicht mehr auf die alte Nähe zu pochen, um keine Enttäuschungen vorzuprogrammieren.

Wie werden Wochenenden verbracht? An diesen Tagen wird Singles, die weder Kinder noch einen entfernt wohnenden Partner haben, besonders bewusst, wie allein sie leben. Freunde, die Familie haben oder in einer Partnerschaft leben, sind an Wochenenden kaum ansprechbar. Dann ist es verstärkt wichtig, gerade an diesen Tagen gut für sich zu sorgen, eigene Aktivitäten zu planen, in Kontakt zu treten zu anderen Alleinstehenden, die in ähnlicher Lebenssituation sind oder sich Gemeinschaften zum Beispiel zum Wandern oder für Radtouren anzuschließen.

Festtage sind möglicherweise die einsamsten Tage im Jahr, wenn man ganz allein lebt. Gerade Weihnachten ist ein Fest, bei dem Erinnerungen an die Kindheit geweckt werden, oft an eine heile Familienwelt. Sehnsüchte nach Geborgenheit werden wach. Diese Art von Geborgenheit gibt es jetzt nicht mehr. Um nicht in ein Loch zu fallen, müssen vorbeugend Verabredungen geplant werden:

Unsere alleinlebende Freundin Sylvia zum Beispiel schmückt ihre Wohnung nach ihrem Geschmack weihnachtlich, hört „ihre" Weihnachtsmusik und verteilt besondere Weihnachtsdüfte im Wohnzimmer. Sie macht für sich Bescherung, liest Weihnachtskarten, packt kleine Geschenke aus und beschenkt sich manchmal selbst. Heiligabend besucht sie kurz eine alte alleinstehende Nachbarin, dann geht sie zusammen mit einer auch alleinstehenden Freundin in die Kirche und fährt anschließend zu dieser nach Hause. Am ersten Weihnachtstag kocht sie für eine weitere Freundin und verbringt den Nachmittag mit ihr.

>> Kontakte suchen – fremde Menschen kennenlernen

Eine besondere Herausforderung für Alleinstehende ist es, interessante und vielleicht auch enge Kontakte zu Gleichgesinnten zu finden. Direkte Kontaktmöglichkeiten gibt es in verschiedenen Zusammenhängen: In der Nachbarschaft, beim Einkauf, in der Kirchengemeinde, bei politischen Veranstaltungen, in Fortbildungskursen, in Sportvereinen und nicht zuletzt in Cafés. Direkte Kontakte sind individuell am besten an solchen Orten zu finden,

- an denen ich selbst an einem Gedankenaustausch interessiert bin,
- wo ich ein persönliches Interesse habe,
- wo mein Alter vertreten ist,
- wo ich mich wohl fühle.

Ganz konkrete Anregungen können Sie auch aus der Aufzählung von Aktivitäten im Kapitel über die Nutzung der neu gewonnenen Zeit bekommen. Außerdem gibt es über Zeitungen oder Internet zahlreiche Kontaktmöglichkeiten.

Ein besonderer Vorteil liegt heute darin, dass sich Ältere als Einzelpersonen viel leichter und freier in der Öffentlichkeit bewegen können als früher, wo es nur wenige Orte gab, an denen sich besonders ältere alleinstehende Frauen treffen konnten. Sicher gehen die meisten Menschen lieber in Begleitung zu sozialen oder kulturellen Veranstaltungen. Die Kontaktchancen sind aber größer, wenn Sie sich allein in derartige Veranstaltungen trauen. Das Alleingehen ist für viele zunächst unangenehm, es kostet Überwindung. Doch selten wird es katastrophal enden. Wenn sich die Erwartungsangst nach einigen Erfahrungen und einer Gewöhnungszeit mehr und mehr legt, vermindert sich auch die eigene, manchmal verzerrte Wahrnehmung. Plötzlich gewinnen Sie Kraft und Mut zu Alleingängen. Um sich Mut zu machen und die eigenen Ängste zu bewältigen, schlagen wir Ihnen hier eine Übung vor.

Übung zur Ermutigung

1. *Phantasieren Sie: Was kann mir schlimmstenfalls passieren, wenn die gefürchtete Situation eintritt, z.B. allein in einer Theaterpause im Foyer stehen, zum ersten Mal zu einer Wandergruppe gehen, das erste Treffen in einem Fortbildungskurs erleben.*
2. *Was genau wäre daran so schlimm?*
3. *Wie wahrscheinlich ist es, dass diese Katastrophe eintritt?*
4. *Habe ich schon einmal eine ähnlich schwierige Situation gemeistert? Wenn ja, wie?*
5. *Schreiben Sie fünf Gedanken auf, die Sie bestärken, trotz allem das Risiko des Alleinganges auf sich zu nehmen!*

Zur Anregung geben wir die Ideen einer Freundin wieder:

- *Es ist in Ordnung, wenn ich Angst habe.*
- *Angst haben heißt nicht, dass ich nicht sprechen kann.*
- *Ich werde einen guten Anfang finden, z.B. sage ich …*
- *Ich sehe ansprechend aus und bin gut gekleidet.*
- *Eine ablehnende Haltung von anderen haut mich nicht um.*
- *Ich habe Gelegenheit zu üben.*

Im Laufe einer Kontaktaufnahme wird sich die Intensität herausstellen, die der andere zulässt und die Sie selbst wünschen.

Der Anspruch, einen Freund oder eine Freundin für alles zu finden, ist überhöht. Dafür sind Kontakte heute zu vielfältig; die Spannbreiten bewegen sich von

- intensiv bis oberflächlich,
- freundschaftlich bis neutral,
- interessiert an vielen Themen oder nur an speziellen Themen,
- gefühlvoll bis rational nur auf die Sache bezogen.

Es gibt Freunde, mit denen wir persönliche und intime Dinge bereden können, es gibt auch Bekannte, bei denen nur ein spezielles Interesse am Kontakt besteht; das kann die Debatte über politische Themen sein, es kann aber auch eine Jogging-Gemeinschaft sein. Diese Unterscheidungen sind für das jeweilige Engagement zu berücksichtigen.

>> Empfehlungen für die Kontaktaufnahme

Um einen guten ersten Kontakt zu anderen Menschen herzustellen, empfehlen wir (Borchert 1980, 80):

1. **Nehmen Sie mutig als Erster den Kontakt auf!** Wenn die anderen warten und sich vielleicht nicht trauen, sprechen Sie Ihr Gegenüber an. Vielleicht reden Sie erst allgemein miteinander, später fragen Sie den anderen möglicherweise etwas Vertiefendes. Auf einer Veranstaltung finden Sie leicht ein Thema, z. B. wie dieses oder jenes auf Sie gewirkt hat. Vermeiden Sie dabei, allgemein herumzumeckern oder nur Ihre eigenen Geschichten zu erzählen. Der andere wird eher interessiert bleiben, wenn Sie sich wirklich miteinander austauschen.

2. **Rechnen Sie dabei ruhig mit Misserfolgen!** Vielleicht ist Ihr Gegenüber nicht zum Reden aufgelegt. Vielleicht ist er in persönlichen Gedanken verhaftet. Vielleicht ist er schüchtern. Vielleicht reden Sie ihm zu viel. Der erste Zufallskontakt muss nicht gleich zu einer intensiven Begegnung werden!

3. **Beziehen Sie Ihr Gegenüber mit in das Gespräch ein!** Der andere will sicherlich nicht sofort Ihre ganze Lebensgeschichte oder Ihre Probleme im Älterwerden hören. Sondern er will sich eher mit Ihnen über ein ihm bekanntes Thema austauschen. Also sprechen Sie erst mal nicht mehr als drei Sätze und stellen Fragen, ohne aufdringlich zu werden.

4. **Denken Sie an einen guten Gesprächsabschluss!** Wenn Sie Ihren Gesprächspartner angenehm fanden, teilen Sie ihm am Schluss mit, dass Sie sich über das Gespräch gefreut haben. Möglicherweise fügen Sie hinzu, dass Sie sich freuen würden, wenn Sie sich bald wiedersehen könnten. Je nachdem wie der andere darauf reagiert, versuchen Sie, sich sofort konkret zu verabreden oder eine spätere Gelegenheit für ein Treffen zu nutzen.

>> Hinderliche Erwartungen

Wie eine Falle erleben wir bei manchen Alleinstehenden ihre illusorische Erwartenshaltung, das sogenannte Prinzessinnensyndrom: Sie erwarten von anderen eine bevorzugte Behandlung, wie sie sie vielleicht aus ihrer Familie von früher her kennen oder wie sie es sich im Berufsleben oder in ihrem Bekanntenkreis antrainiert haben. Diese Überbewertung der eigenen Person wirkt unangenehm auf andere, die plötzlich ein Gefühl der Unterlegenheit spüren oder sich vielleicht mit Aggression gegen Überheblichkeit und Anspruch wehren. Jedenfalls ist das Prinzessinnensyndrom eine schwierige Voraussetzung, um Kontakte aufzunehmen oder auf Dauer zu pflegen.

Es gibt andere Erwartungshaltungen: Einige Singles nehmen ihre eigenen Maßstäbe überaus wichtig und fangen an, andere wegen ihrer unterschiedlichen Lebensführung oder wegen gegensätzlicher Ansichten zu kritisieren oder zu belächeln. Das verunsichert besonders stark. Oma Lotte begrüßt ihren Enkel am Telefon mit: „Nett, dass du dich endlich mal meldest! Ich dachte schon, du lebst nicht mehr!" Auch gibt es Alleinstehende, die sich gerne darüber beklagen, dass Freunde oder Bekannte sich nicht von allein bei ihnen melden. So ein Erwartungsdruck macht dem anderen ein schlechtes Gewissen und behindert seine Spontaneität.

Erwartungshaltungen können sich aus verschiedenen Motiven ergeben:

- Fehlende Auseinandersetzungsmöglichkeiten mit anderen Menschen führen leicht zu unrealistischen Vorstellungen.
- Das Anpassungsvermögen wird nicht trainiert, folglich werden eigene Grundsätze oder Verhaltensregeln, die sich individuell bewährt haben, als allgemein verbindlich für alle dargestellt.
- Sinkt das Selbstbewusstsein, sind wir leicht geneigt, dem anderen mit schärferer Kritik oder unrealistischen Forderungen gegenüberzutreten.

Was ist zu tun? Hilfreich wäre:

- Versuchen Sie, über ein Tagebuch eigene Ärgerpunkte zu entdecken, also Themen oder Muster, die immer wieder auftauchen. Muss der Ärger bleiben? Was können Sie der Situation Positives abgewinnen? Allerdings sollten Sie auch bereit sein, den Ärger nicht nur aus eigener Warte zu betrachten, sondern auch aus der Perspektive des anderen.
- Sie können sich von einem nahestehenden Freund eine Rückmeldung geben lassen. Bitten Sie nicht nur schlicht um Kritik, sondern um eine Abwägung von positiven und negativen Seiten. Die negativen Seiten können ein Ansporn sein, diese Verhaltensweisen zurechtzurücken oder durch andere zu ersetzen.

>> Auf der Suche nach neuen Partnern oder Partnerinnen

Viele Singles, die wir kennen, ob Mann, ob Frau, spüren eine tiefe Sehnsucht nach einer festen Partnerin, einem festen Partner. Dahinter steckt, ganz allgemein gesagt, der Wunsch nach intensiver Vertrautheit und Sicherheit. Ein gemeinsames Lebenskonzept soll Schutz bieten, ein Halt wird gesucht, denn die Angst vorm Alleinsein kann sich im Alter verstärken. Auf welchen Grundlagen kann eine neue Partnerschaft entstehen? Was wäre ihr Gewinn? Wir zeigen dazu drei Varianten.

1. Variante: Vertrautheit und Sicherheit gewinnen, verbunden mit Offenheit für eine Änderung der eigenen Lebensweise

Eine beiderseitige Offenheit gegenüber den Lebensweisen des jeweils anderen ermöglicht es, neue Regeln des Zusammenlebens zu finden und die Andersartigkeit des Gegenübers als Chance für einen Neuanfang zu nutzen. Ist zum Beispiel der Wunschpartner Raucher und die Partnerin Nichtraucherin, schließt das keine Partnerschaft aus: Es sind Verabredungen zu treffen, wie der Raucher zu seinem Recht kommt und die Nichtraucherin sich nicht belästigt fühlt.

Offenheit bei der gegenseitigen Anpassung der Lebensweisen verlangt auch, Dinge zu akzeptieren, die ich selbst als unfein, geschmacklos oder sogar als unerzogen betrachten würde. So müssen die Spritzer auf dem Spiegel im Bad nicht als persönliche Provokation gewertet werden, die schmutzigen Fußabdrücke nicht als Angriff. Auch nach dem zehnten Hinweis nicht. Spätestens beim hundertsten Mal sollte ein Partner akzeptieren lernen: So ist die Person eben. Mit diesen Schwächen muss ich umgehen lernen, zum Beispiel so, dass ich meinen Blick gezielt auf die positiven Seiten meines Gegenübers richte, die es auch im Alltagsleben immer gibt.

Bei der Partnersuche kann der Gesichtspunkt der Sicherheit nicht allein ausschlaggebend sein. Jutta fand mit ihrem Gerald einen zuverlässigen und alles organisierenden Mann, der ihr viele Probleme abnahm. Was sie vermisste, war die emotionale Seite, die Vertrautheit und Zuneigung gebracht hätte. Die Beziehung scheiterte schließlich daran, dass die aus Vernunftgründen gesuchte Sicherheit nicht ausreichte, um sich emotional geborgen zu fühlen.

2. Variante: Vertrautheit und Sicherheit gewinnen ohne Veränderung der eigenen Lebensweise

Es ist vom Ansatz her eine irreale Vorstellung, dass ein neuer Partner in die alte Lebensweise des anderen schlüpfen kann. Vielleicht gibt es aber die Möglichkeit, bestimmte Teile der alten Lebensweise fortzuführen, während bei den restlichen Teilen versucht wird, sich gegenseitig anzupassen. Das war zum Beispiel bei einem sehr engagierten Arzt der Fall, der Wert darauf legte, stets für seine Patienten zu Diensten zu sein, auch am Wochenende. Er und seine Partnerin haben entschieden, diese Einschränkungen zu verringern und sich an drei Abenden Freiraum für Gemeinsamkeit zu schaffen.

Wenn die bisherige, lange erprobte Lebensweise als optimal angesehen wird, fällt es manchen besonders schwer, auch anderes auszuprobieren. Kontrolle über Bewährtes zu bewahren erscheint wichtiger, als Kompromisse zu schließen. Gerade Perfektionisten geraten leicht aus dem Takt, wenn etwas nicht nach ihrer Vorstellung läuft. So wird die Entwicklung einer Partnerschaft erschwert, wenn beispielsweise der Mann zu einer perfekt eingerichteten Frau zieht, ohne dass irgendetwas in der Wohnung verändert wird und damit die Lebensweise der Frau fortgeführt werden soll. Wir vermuten, dass derartige Beziehungen über die Euphorie des ersten Jahres nicht hinwegkommen.

Wenn Partner zusammenziehen, sollten sie möglichst eine neue Wohnung finden, zumindest aber die alte anders einrichten – als Neuanfang für ihr Zusammenleben.

3. Variante: Vertrautheit und Sicherheit gewinnen verbunden mit dem Wunsch nach einem besseren Leben

Hier steht vielleicht der Wunsch nach einem goldenen Prinzen Pate. Eigentlich sollte dieser Wunsch, der eher Frauen zugeschrieben wird, im höheren Alter keine Rolle mehr spielen. Doch kann es unbewusst immer noch Fantasien geben, wie viel schöner das Leben mit so einem Prinzen ablaufen könnte. Solche Prinzen, falls frau sich mit ihnen einlässt, müssen sehr lange geprüft werden. Vielleicht verflüchtigt sich innerlich zuerst das Gold und dann der ganze Prinz. Bei der Suche nach einem solchen Partner lassen sich diverse Fallen ausmachen:

Unsere Freundin Marion träumte von einem Mann: Er sollte gut aussehen, wunderbar tanzen können und ein feines Benehmen haben. Und er musste heiß von ihr begehrt werden. Marion hat Männer kennengelernt, die diesem Bild entsprachen, die gemeinsam erlebte Sexualität wurde von ihr idealisiert und verstellte den Blick für andere Realitäten, nämlich dafür, dass ihr Märchenprinz sie mit anderen Frauen betrog.
Eine weitere Falle ist, zu konkrete Vorstellungen von einem Wunschpartner zu haben: Werner findet blonde Frauen besonders liebenswert und schön. Dunkelhaarige hielt er in seinem Leben schon immer für weniger anziehend. So fällt schon mal die Hälfte der Frauen für seine Partnersuche aus.
Verena wendet sich von gut aussehenden Männern ab. Sie unterstellt ihnen Eitelkeiten, auch wenn sie in Unterhaltungen erstmal ansprechend wirken.

Weiter besteht die Gefahr, dass Alleinlebende den neuen Verehrer mit Glücks- und Liebesgefühlen „überschwemmen“, was beim lang ersehnten Wunschpartner dann leicht zu einer Blockade führen kann. Das Prinzip „alles, immer und sofort“ gilt für die Jugend, im fortgeschrittenen Alter sollte man langsamer aufeinander zugehen. Letzten Endes kann diese „Überschwemmung von Liebesgefühlen“ beim Partner eine krisenhafte Verwirrung auslösen. – Tania hatte ihren ehemaligen Kollegen Franz getroffen und war nach einem gemeinsamen Abendessen sofort in ihn verliebt. Sie wollte ihn direkt zu einem ganzen Wochenende einladen und mit ihm in zwei Monaten in den Urlaub fahren. Das überforderte Franz, er sagte ab.

Partnerschaften entwickeln sich insbesondere im Älterwerden langsam. Jeder muss sich an das Anderssein des Partners gewöhnen. Es braucht Zeit, die beiderseitigen Regeln und Rituale kennenzulernen. Es ist gut zu erfahren, inwieweit offen und vertraut miteinander gesprochen und umgegangen werden kann. Das erfordert Geduld, auch wenn die entflammte Liebe sofort alles will. Zu warten ist eine der subtilsten Herausforderungen des Lebens.

>> Verwitwet sein und einen neuen Partner suchen?

Selbst nach einer langen Trauerphase verbieten sich manche alleingelassenen Partner, sich den Gedanken an eine neue Partnerschaft zu erlauben. Hätte Ihr Lebenspartner gewollt, dass Sie für den Rest Ihres Lebens allein bleiben? Sicher nicht. Der Tod eines Partners sollte den anderen nicht dazu verpflichten, innere Grenzen hochzuziehen, die dem Leben unter veränderten Bedingungen nicht angemessen wären.

Sie sollten nicht befürchten, dass Sie den Menschen, den Sie geliebt haben, einfach vergessen. Und Sie betrügen ihn auch nicht.

Nutzen Sie die Chance auf Zweisamkeit, wenn Sie sich zu einem neuen Menschen hingezogen fühlen. Vielleicht finden Sie Ihren neuen Partner in einem ganz anderen Lebensumfeld, das für Sie und damit für die sich entwickelnde Beziehung neu und aufregend ist. Zu unserem Freundeskreis gehören drei Witwen, die sich nach dem Tod eines Partners und einer langen Trauerzeit plötzlich und unerwartet neu verliebt haben. In zwei Fällen wurde eine tiefe Verbundenheit noch gestärkt durch die gemeinsam getragene Sorge um den alten Elternteil der Witwen.

> Freundschaften und Bekanntschaften pflegen

> *„Wohin du auch gehst, geh mit deinem ganzen Herzen."*
> (Konfuzius)

Freundschaften haben eine große Bedeutung für Ältere – für Alleinstehende sicher noch mehr als für Paare. Sie aufzubauen und zu pflegen ist ein wesentlicher Teil unserer Vorsorge für das Alter. Freunde stabilisieren das Selbstbild und das Selbstwertgefühl, sie gelten als zentrale emotionale Stütze.

Manche Freunde kennen sich lange und schätzen sich, sie stammen in der Regel aus ähnlichem sozialen Umfeld und haben ein ähnliches Alter wie man selbst. Auch vergleichbare Lebenserfahrungen und eine ähnliche Weltsicht sind wichtige Stabilisatoren.

Rituale bereichern jede Freundschaft, zum Beispiel kann verabredet werden, in jedem Oktober fünf Tage gemeinsam zu wandern. Oder: Jeder erste Mittwoch im Monat ist Kinotag, oder: Samstags wird gemeinsam gefrühstückt.

Neue Freundschaften zu schließen, wenn man älter wird, ist nicht ganz einfach. Häufig sind wir festgelegt in unseren Kontakten, aber auch in unseren Ansichten. Auch verringern sich die Wahlmöglichkeiten für potenzielle Freunde durch geringere Kontaktmöglichkeiten. Kritische Lebensereignisse, Trennungen, Scheidungen, Todesfälle können zum Entstehen neuer Freundschaften führen. Als Inga eine schwere Krise durchstehen musste, suchte sie häufig den Kontakt zu Menschen mit vergleichbaren Erfahrungen. Daraus sind tiefe Freundschaften entstanden, die andauern.

Die Pflege von Freundschaften schaffte eine unserer alten Tanten vorbildlich, die in hohem Alter von 91 Jahren als alleinlebende Kriegerwitwe Freunde und Freundinnen besitzt aus alten Zeiten, in denen ihr im Krieg gefallener Mann zu einer studentischen Verbindung gehörte. Diese Freundschaften zu den Chorbrüdern und ihren Frauen erhielt sie sich durch regelmäßige Besuche, Geburtstagseinladungen, Feste. Unermüdlich schrieb sie Briefe oder Karten, wenn sich jemand länger nicht gemeldet hatte, ersparte sich Vorwürfe und begann eine erneute Kontaktaufnahme mit Gesprächen und dem Austausch von Neuigkeiten aus ihrem eigenen Leben. Nie vergaß sie, sich nach der Befindlichkeit des anderen zu erkundigen, sie nahm Anteil an Freuden und Sorgen. Verständnisvoll und zugewandt geht sie mit Absagen von potenziellen Besuchern um. Sie zeigt enorme persönliche Disziplin und lässt sich nicht gehen. Ihre verringerte Mobilität gleicht sie heute aus durch Telefonate. Da ihre Freundinnen und Freunde ein ähnlich hohes Alter haben wie sie selbst, bedrohen allein schwere Krankheiten oder der Tod ihr persönliches Netzwerk.

Frau M., 89 Jahre alt, alleinstehend und kinderlos, lebt seit 20 Jahren in einer gepflegten Zweizimmerwohnung. Zu Nachbarn haben sich durch gegenseitige Hilfsbereitschaft fast freundschaftliche Beziehungen entwickelt. Eine 70-jährige Hausbewohnerin übernimmt dreimal wöchentlich den Einkauf für Frau M., die sich zurzeit durch eine Oberschenkeloperation nur mühsam bewegen kann. Mit einer anderen älteren Dame aus dem Haus werden Zeitschriften und Zeitungen ausgetauscht. Frau M. beschenkt die Kinder aus der über ihr wohnenden Familie an ihren Geburtstagen und erhält selbst fröhliche Kinderzeichnungen oder Bastelkalender.

Zu den nahen Ladenbesitzern bestehen langjährige gute Kontakte. Die Besitzer des Feinkostladens schätzen Frau M. als zuverlässige Kundin, die Pächter des kleinen Restaurants nebenan bringen auf Wunsch ein warmes Mittagessen vorbei, die Beratung in dem Modelädchen ist qualifiziert und persönlich.

>> Frauenfreundschaften

Frauenfreundschaften unterscheiden sich meistens erheblich von Männerfreundschaften. Frauen sprechen mehr über ihre Gefühle und ihre Sehnsüchte, oft pflegen sie neben festen Freundschaften auch lockere Freundschaften für bestimmte Anlässe.

Ingas alleinlebende Mutter war sehr kommunikativ. Sie besaß verschiedene Freundinnen:

- *Einer vertraute sie ihre persönlichen Nöte an, tauschte sich über ihre späte Liebe aus und welche Konsequenzen ein Zusammenleben mit dem neuen Partner für sie und ihre zwei pubertären Kinder haben würde.*
- *Mit einer anderen verband sie die gemeinsame Vergangenheit im ehemaligen Ostpreußen. Ereignisse aus Kindheit und Jugend in Königsberg und an den masurischen Seen wurden wach gehalten.*
- *Eine Bekannte aus dem Elternrat von Ingas Schule lernte ihre Mutter während ihrer engagierten Elternmitarbeit kennen. Aus dem Einsatz für die Schule entstand Hochachtung füreinander, und es entwickelte sich langsam eine langjährige Freundschaft. Die Besonderheit war: Bei allen Themen musste sich Ingas Mutter kritische Fragen gefallen lassen – das war sicher nicht immer einfach und trotzdem hilfreich und anregend.*
- *Mit einer anderen Freundin wiederum teilte sie ein gemeinsames Abonnement im Schauspielhaus, manchmal trafen sich beide auch zu Kinobesuchen oder zum Stadtbummel.*

>> Männerfreundschaften

Ältere Männer haben im Allgemeinen weniger Freunde als ältere Frauen. Leider haben Männer in ihrer Kindheit und

Jugend weniger als Mädchen gelernt, über ganz persönliche Dinge, insbesondere über ihre Gefühle, zu sprechen. Außerdem haben sie sich oft während ihrer beruflichen Tätigkeit weniger Zeit genommen, frühere freundschaftliche Beziehungen aus ihrer Schul- oder Studentenzeit zu pflegen. Männerfreundschaften dienen eher dazu, etwas miteinander zu unternehmen, gemeinsam Sport zu treiben, Fußballspiele zu besuchen oder sich bei Reparaturen zu unterstützen. Manchmal leben Männerfreundschaften in höherem Alter wieder auf, wenn zum Beispiel durch ein Klassentreffen alte Kontakte aufgefrischt werden und plötzlich alte Freundschaften wieder neuen Wert erhalten. Manche Klassenkameraden haben eine ähnliche Entwicklung durchgemacht wie man selbst, andere machen neugierig, weil sie so fremd erscheinen.

>> Bekanntschaften

Sicherlich hat jeder von uns Bekanntschaften. Im dörflichen Bereich kennt jeder jeden, man bleibt durch das Treffen auf der Dorfstraße oder im zentralen Laden in Kontakt, erfährt die letzten Neuigkeiten und kann sich als Teil einer Gemeinschaft fühlen. Dieses Gemeinschaftsgefühl lässt sich auch im städtischen Bereich entwickeln, in Mietshäusern und in Villengegenden. Der Kontakt kann sich auf kleinere Handreichungen beziehen, im Notfall kann einer mal einspringen. Der Vorteil des kurzen Weges erleichtert gegenseitige Unterstützung. Doch manchmal zerbröckelt der Kontakt durch den von uns gelebten Individualismus. Dem haben wir in unserer Straße durch gemeinsame Straßenfeste abgeholfen. Es ergibt sich dann doch ein gerade für uns Ältere zu schätzendes Gemeinschaftsgefühl zur gegenseitigen Unterstützung oder auch für einen gemeinsamen „Kampf“, wie wir ihn zur Durchsetzung eines kommunalen Anliegens – bei uns in einem Hamburger Stadtteil gegen Lärmprobleme – geführt haben.

> Wie können wir die neu gewonnene Zeit nutzen? Das Aktivitätenquadrat

Die Zukunft wartet nicht, legen Sie los!

An dieser Stelle tritt wieder die Sinnfrage in den Vordergrund: Was ist der Sinn unseres Lebens? Worum geht es uns? Wie wollen wir unser Leben gestalten? Es gibt die verschiedensten Motive, aus denen heraus wir aktiv werden können.

Manche möchten im Rahmen ihres Glaubens oder ihrer Weltanschauung moralische Werte umsetzen, einen kleinen Beitrag leisten, um die Welt ein Stückchen besser zu machen. Vielleicht wollen einige aus Dankbarkeit das zurückgeben, was sie selbst bekommen haben. Andere wollen aktiv werden, um ihre Einsamkeit zu überwinden, sie beschleicht ein Gefühl von Nutzlosigkeit, sie möchten gebraucht werden und ihre vorhandenen Kenntnisse und Erfahrungen weitergeben. Wieder anderen geht es um ein Werkerlebnis, sie basteln oder bauen etwas auf, sie schaffen künstlerische Werke oder machen Musik. Auf jeden Fall wollen sie kreativ sein. Auch gibt es Menschen, die sich einfach ausruhen wollen, deren Ziel es ist, in Ruhe gelassen zu werden, den Anstrengungen des Arbeitslebens ein Ende zu setzen und erstmal zumindest nichts Neues schaffen zu wollen.

Andererseits sind viele Ältere unsicher, wie sie außerberufliche Lebensziele und Lebensaufgaben finden werden, um die neu gewonnene Zeit zu nutzen. Welche vernachlässigten Fähigkeiten sollen noch zur Entfaltung kommen? Welche Möglichkeiten gibt es überhaupt? Welche Organisation braucht konkret Hilfe? Wie bewirbt man sich? Ist die neue Aufgabe nicht zu schwierig? Wer unterstützt mich bei meiner Suche?

Wir wollen es Ihnen nicht komplizierter machen als notwendig. Eine Mischung aus Kompetenzanalyse und Interessentest oder ein persönliches Coaching von einem Personalberater erübrigt sich. Wir stellen Ihnen stattdessen im Folgenden eine Fülle von Ideen für Aktivitäten vor, die Ihnen Anregungen für Ihre Suche und Auswahl geben werden.

Manche Ältere haben schon konkrete Vorstellungen für ihre Vorhaben im Ruhestand, andere suchen noch Betätigungsfelder. Ordnen Sie Ihre eigenen Ideen unserem Schaubild zu, wir nennen es Aktivitätenquadrat. Später können Sie noch neue Ideen ergänzen.

Es ist sinnvoll, die vielen Möglichkeiten an Aktivitäten von vornherein in ein System einzuordnen, um bei einer Entscheidung für besondere Schwerpunkte das erforderliche Engagement oder auch persönliche Grenzen klarer einschätzen zu können. Das Aktivitätenquadrat kann dabei helfen. Darin teilen wir die Aktivitäten in vier Schwerpunkte ein:

> Kontakte pflegen
> Mehr wissen wollen
> Genießen und konsumieren
> Tätig sein

Wir haben einige Beispiele für die Schwerpunkte neben das Quadrat geschrieben. Dahinter verbirgt sich aber eine Fülle von weiteren Ideen, die das Gefühl vermitteln, einen „Reisekatalog“ mit diversen Möglichkeiten vor sich ausgebreitet zu haben. Dieser Reisekatalog bietet nicht nur einiges in der Ferne, sondern eröffnet unzählige Möglichkeiten direkt zu Hause.

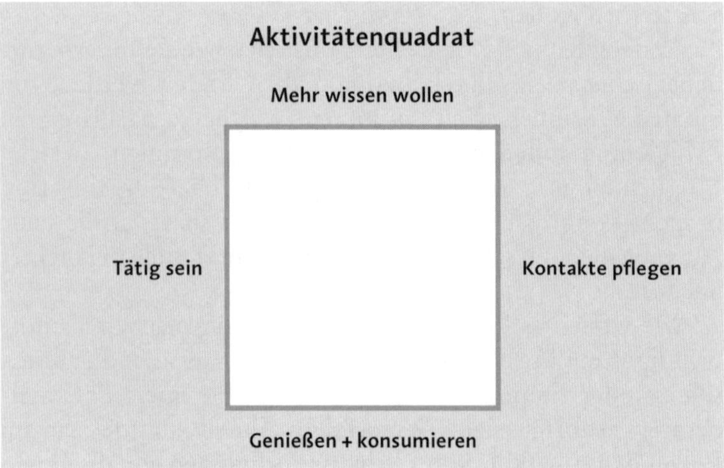

Abb. 4: Das Aktivitätenquadrat

Das Angebot von Aktivitäten soll Sie beflügeln, über bisher noch nicht in Erwägung gezogene Betätigungen nachzudenken. Auch eröffnet das Aktivitätenquadrat die Chance, neue Schwerpunkte bei den Aktivitäten zu entwickeln. Aber warum reizt es uns überhaupt, immer wieder Neues zu probieren? Weil wir neugierig sind und wissbegierig, weil wir Begeisterungsfähigkeit haben und noch staunen können, weil wir das Zusammengehörigkeitsgefühl in einer Gemeinschaft schätzen, weil wir am gesellschaftlichen Leben teilnehmen wollen oder weil wir einfach wachsen wollen – unser Leben lang.

Bezogen auf das Aktivitätenquadrat bedeutet das: Beachten Sie bei Ihren Planungen alle vier Schwerpunkte. Jeder Schwerpunkt erfüllt eine besondere Funktion:

- „Kontakte pflegen“ hilft, unter Menschen zu bleiben und damit Alleinsein und Einsamkeit zu vermeiden.
- „Mehr wissen wollen“ befriedigt die Neugier und trainiert die Erhaltung der geistigen Flexibilität.
- „Genießen und konsumieren“ erzeugt Lebenslust.
- „Tätig sein“ fördert die Eigeninitiative und gibt uns Bestätigung und Erfolgserlebnisse. Gleichzeitig ist es auch ein Weg zu Kontakten.

Versuchen Sie eine Balance zwischen diesen Schwerpunkten zu finden. Jeder Schwerpunkt hat Sinn, einseitig auf einem Schwerpunkt zu verharren, birgt die Gefahr, Nutzung und Fertigkeiten der anderen Bereiche zu verlernen oder auf Anregungen daraus zu verzichten.

Wenn man sich die Typen älterer Menschen noch einmal durch den Kopf gehen lässt, kann man vermuten, dass diese Menschen erstmal recht einseitig ihre Schwerpunkte setzen werden: Der Weitermacher ist hoch engagiert im „Tätigsein“, aber er wird die drei anderen Schwerpunkte vernachlässigen. Insbesondere fehlen vielleicht dann die Kontakte zu anderen Menschen. Der Bedenkenträger wird sich wenig um „Mehr-wissen-Wollen“ oder um neue Kontakte kümmern. Besonders wichtig wird für den Genießer der Konsum sein; dagegen wird er das Nachdenken über komplexere Zusammenhänge vernachlässigen.

Männer und Frauen werden meist unterschiedliche Schwerpunkte setzen. Für Frauen sind oft Kontakte bedeutsamer, sie suchen die gefühlsmäßige Nähe. Für viele Männer ist das „Tätigsein" wichtiger, sie halten sich eher mit nahen Kontakten zurück, unverbindliche gesellschaftliche Beziehungen scheinen dagegen unverfänglich zu sein.

>> Kontakte pflegen

Bewusst wird dieser Schwerpunkt als Erster genannt, da die soziale Vernetzung die wohl wichtigste Voraussetzung für unser persönliches Wohlergehen ist. Durch das Pflegen und Erneuern von Kontakten werden wir geistig und emotional gefordert und wir werden nicht abgleiten in dumpfe Vereinsamung.

Wie man Kontakte aufbauen kann, haben wir bereits beschrieben. Wir gehen davon aus, dass Sie die üblichen Kontaktmöglichkeiten in der Familie, im Freundeskreis, bei Nachbarn, Vereinskollegen oder ehemaligen Kollegen nutzen. Jetzt möchten wir Sie noch auf besondere Kontaktmöglichkeiten aufmerksam machen, die gerade im Älterwerden auf Ihr Interesse stoßen könnten.

Seniorentreffpunkte: Sie können sich schon ab 55 Jahren als Senior fühlen und gehören damit zu einer Gruppe von Bürgern, für die es gesonderte Einrichtungen gibt. Das sind Treffpunkte, die von Kirchen, Kommunen oder Sozialverbänden organisiert werden.

In einem Hamburger Stadtteil kommen z. B. jeden Dienstagnachmittag alleinlebende Ältere zusammen – erzählend und kein bisschen leise. Das Treffen wurde vom Verein „Lange Aktiv bleiben" (LAB) 2007 ins Leben gerufen. Die Senioren freuen sich über die Zugehörigkeit zur Gruppe. Unternehmungen werden initiiert, wie Spaziergänge um die Hamburger Alster, Ausstellungen besucht oder Schiffsausflüge organisiert. Eine Kursteilnehmerin erzählte, dass es sie große Überwindung gekostet habe, allein zu einem Treffen mit ihr unbekannten Menschen zu gehen, dass sich ihr Mut aber gelohnt habe.

Kontaktverlust durch Umzug: Eine neue Umgebung kann noch so schön sein, es fehlen aber nach einem Umzug erstmal Kontakte vor Ort. Sicherlich kann man in der unmittelbaren Nachbarschaft Gesprächspartner finden, aber decken diese das persönliche Interesse des Neuankömmlings ab? Also ist es notwendig, Vereine auszukundschaften, deren Programm Sie anspricht. Oder Sie nehmen an Veranstaltungen oder Kursen teil, bei denen man vielleicht Gleichgesinnte trifft.

Kontakte durch moderne Medien: E-Mailen und Chatten sind für junge Menschen eine übliche Kommunikationsmöglichkeit. Warum machen wir uns nicht die Mühe, mit dem Internet als Kommunikationsplattform umzugehen? Die Möglichkeit zur Kontaktaufnahme hat sich durch das Internet vereinfacht. Die Partnersuche über den Computer lässt sich für Reisen, besondere Hobbys oder auch für den Aufbau eines gemeinsamen Lebens nutzen.

Kontakte durch Bildungsveranstaltungen und Wanderreisen: Viele von diesen Unternehmungen werden gerne von Singles besucht, gerade um Kontakte zu knüpfen. So nimmt Erika seit über zehn Jahren an einem Specksteinkurs ihrer Volkshochschule teil, dessen Teilnehmer inzwischen, neben den künstlerischen Ambitionen, zu einem Freundeskreis geworden sind. Kontaktmöglichkeiten ergeben sich aber nicht nur in Volkshochschulkursen, sondern ebenso bei Kultur- und Wanderreisen. Gemeinsame Interessen verbinden die Reisenden. Meist gut ausgebildete Reiseleiter sorgen für das Kennenlernen der Alleinreisenden und ermöglichen es, dass eine Gruppe näher zusammenrücken kann. Im Zweifel sollte man sich vor Reiseantritt nach dem Durchschnittsalter der Teilnehmer erkundigen.

Kontakte durch ehrenamtliche Tätigkeit: Wenn derartige Aktivitäten mit anderen gemeinsam durchgeführt werden, finden Sie sicherlich Kontakte zu Gleichgesinnten. Aus Kollegialität können Freundschaften entstehen. Darüber mehr in den folgenden Kapiteln.

Kontakte durch neue Arbeitskollegen: Mit dem Berufsende gehen viele Kontakte verloren. Der Umzug von wichtigen Verwandten oder Freunden kann Einsamkeitsgefühle hervorrufen. Was lässt sich tun?

Gemeinschaft unter Kollegen finden – Archivierungsarbeiten in der Denkmalpflege

Frau M. ist alleinstehend, ihre Kinder nebst Enkelkindern wohnen weit entfernt von Dresden. Sie selbst hat nach einer Ausbildung zur Meisterin längere Zeit in Bau- und Architekturbüros gearbeitet. Damit sie mehr unter Menschen kommt, hat sie gerne Aufgaben im Amt für Denkmalspflege angenommen. Zweimal in der Woche hilft sie einen Vormittag lang. Sie sieht frühere bautechnische Unterlagen von denkmalgeschützten Bauten durch, um zu prüfen, was davon archiviert werden kann. Sie ist glücklich, diese Arbeit übernommen zu haben. Zusammen mit den Kollegen wägt sie die Bedeutung der Dokumente ab. Für Frau W. ist es ein großer Gewinn, diese Arbeit zu machen. Sie schätzt die Gemeinschaft mit Kollegen, sie hat das Gefühl, gebraucht zu werden, und freut sich, anerkannt zu sein. Sie schreibt: „Auch wenn das egoistisch sein mag – kurz – es macht mir Freude."

>> Mehr wissen wollen

Ein Segelfreund schreibt *zurzeit* ein Buch *über die Geschichte der Dänischen Südsee. Die Inseln dort sind ihm als leidenschaftlicher Segler gut bekannt. Ein Naturforscher hat schon in den zwanziger Jahren eine Beschreibung verfasst, nun soll es um einen Vergleich zu früher gehen. Eine Aufgabe, die Ausdauer und Energie verlangt und für unseren Freund persönlich ein aufregendes Abenteuer ist.*

Weniger aufwendig ist es, ein *Buch zu lesen.* Was für manche banal klingen mag oder selbstverständlich ist, kann bei anderen verschüttet sein: In der bisherigen Lebensweise blieb manchmal wenig Platz für das Lesen. Wer über Jahre keine Gelegenheit suchte, kann jetzt neuen Zugang finden. Buchbesprechungen als Anregungen gibt es in Tages- und Wochenzeitungen. Viele Angebote von alten und neuen Sachbüchern lassen sich im Internet leicht erforschen. Kommunale Büchereien können bei der Wahl unterstützen. Selbst im ländlichen Raum bietet der Büchereibus die Chance, sich ein Buch auswählen zu können.

Vielen macht es Freude, intensiver *Zeitungen* und *Wochenmagazine* zu lesen. Wem das zu teuer ist, der kann auch im Internet oder in den Leseräumen von öffentlichen Büchereien die Texte studieren. Sonderhefte der Zeitschriftenverlage zu Spezialthemen, z. B. zu bestimmten Epochen der Geschichte oder zu länderkundlichen Fragen, sind eine weitere Möglichkeit, interessante Sachbereiche noch einmal zu vertiefen, ohne ein dickes Buch darüber lesen zu müssen.

Wer sich mit einem Thema genauer beschäftigen möchte, kann Angebote von *Vorträgen* oder *Vorlesungen* nutzen. In manchen Hörsälen der Universitäten nehmen die „Grauhaarigen" ab und an schon mehr Platz ein als die jungen Studenten; dicht an dicht sitzen dann die Zuhörer von der ersten bis zur dritten Generation vor dem Dozenten. Anstelle von regelmäßigen Vorlesungen werden auch Vortragsreihen im allgemeinen Vorlesungswesen angeboten; damit wird je Termin nur kompakt über ein Thema informiert.

Angeregt aus Frankreich entwarfen in den achtziger Jahren die ersten Universitäten, u. a. Marburg und Frankfurt am Main, ein spezielles Studium für Senioren. 52 Hochschulen bundesweit bieten inzwischen ein eigenes *Seniorenstudium* an – besonders für die Bereiche Medizin, Philosophie und Biografieforschung.

Was sind die Motive für den Universitätsbesuch von „Seniorenstudenten", wie die Älteren von den jüngeren Studenten genannt werden? (Goddar 2005, 24). Das Bundesbildungsministerium weist in einer Studie nach, dass das Training geistiger Fähigkeiten und das Bedürfnis nach Erweiterung des Allgemeinwissens eine große Rolle spielen. Als weiterer Motor werden genannt „Kompensation" und „Nachholbedarf". Nach einem absolvierten Arbeitsleben wollen Ältere ohne jeden Verwertungszwang etwas lernen, wofür ihnen früher die Zeit, das Geld, vielleicht auch das Abitur oder die Zustimmung der Eltern gefehlt hat. Neun von zehn Seniorenstudenten besuchen Vorlesungen in Geschichte, Germanistik, Kunstgeschichte und Philosophie. An jeder Universität gibt es Verzeichnisse über besondere Angebote. Auch gibt es die Möglichkeit, sich in einer der Fernuniversitäten einzuschreiben, was für abseits auf dem Lande lebende Interessenten eine gute Möglichkeit ist, neue Kenntnisse zu erwerben. Allerdings wird damit auf besondere Kontakte zu den Lehrenden und Mitstudenten verzichtet. Meist sind Semesterbeiträge zu zahlen, Beitragszahlungen entfallen bei nur gelegentlichen Besuchen der Universität.

Auch der Besuch von *Kursen* bei Volkshochschulen oder anderen Bildungsträgern intensiviert die Lernfähigkeit von uns Älteren.

Es gibt *Bildungsurlaubskurse,* an denen Sie teilnehmen können. Wir persönlich schätzen es, wenn diese Kurse außerhalb des Wohnorts stattfinden, um Abstand zum Alltag zu gewinnen und sich besser einlassen zu können. Spätestens abends beim Bier entstehen in solchen Kursen sehr persönliche Gespräche oder anregende Diskussionen. Bei unseren Kursen zum Älterwerden hatten wir oft den Eindruck, als ginge abends der Kurs weiter, weil jeder seine persönlichen Erlebnisse oder Vorstellungen noch einbringen wollte. Nur selten brechen Kontakte der Teilnehmer untereinander nach Kursende ab.

Inzwischen gibt es in verschiedenen Regionen Deutschlands *Senioren-Akademien.* Die Programme können unterschiedliche Themen anbieten, die vom gemeinsamen Musikspielen bis hin zur Erörterung politischer Grundsatzfragen reichen.

Auch das Fernsehen kann für uns ein Glücksfall sein, so kann man neue Kenntnisse über das Leben oder Weltzusammenhänge erfahren. Wir schätzen besonders gut gemachte *Fernseh-Dokumentationen* auf arte oder Phönix. Ein Tipp: Jeden Sonntagmorgen gibt es eine spannende Vortragsreihe zu gesellschaftlich relevanten Themen (3. Programm SWR-BW).

Eintauchen in kunst- und kulturhistorische Themen bringt Freude, die Andersartigkeit fremder Kulturen auf *Bildungsreisen* kann den Horizont positiv erweitern. Auch *Besichtigungsfahrten* können Spaß machen. Es muss sich nicht nur um Kunstausstellungen drehen, beispielsweise gibt es seit Kurzem zwei Auswanderermuseen in Bremerhaven und Hamburg. Dort können Sie erforschen, wann Familienmitglieder möglicherweise nach Nord- oder Südamerika ausgewandert sind.

Nicht nur Techniker finden es faszinierend, Denkmäler der Industriekultur im Ruhrgebiet kennenzulernen. Alte Besichtigungsbergwerke finden Sie z. B. rund um den Harz und in der Lausitz. Und wie Kohle tatsächlich unter Tage abgebaut wurde und noch wird, sehen Sie am besten unter der Erde im Bergbaumuseum von Bochum oder im Deutschen Museum in München.

Man muss nicht unbedingt alle Sehenswürdigkeiten auf der Welt sehen, Deutschland selbst bietet vieles. Auf unseren Fahrten innerhalb Deutschlands liegt immer der Deutschland-Baedeker griffbereit im Auto, um gezielt eine Pause an einem Ort zu machen, den es noch zu entdecken gilt.

Nicht zuletzt sei die Frage erlaubt: Kennen Sie eigentlich Ihre Stadt und die Gegend, in der Sie wohnen, wirklich gut? Auch in Ihrer Umgebung gibt es garantiert vieles zu erforschen: Befragen Sie alte Menschen, wie es früher in Ihrer Umgebung aussah. Wie wirkte sich der Weltkrieg aus? Wie wurden Flüchtlinge integriert? Wie entwickelte sich die Stadtplanung nach dem Weltkrieg? Wie veränderte sich das Landschaftsbild durch Baumaßnahmen oder allein durch die Landwirtschaft? Wie veränderten sich Dörfer oder Stadtteile? Vielleicht können Sie sogar selbst als Zeitzeuge Aufschluss geben zu historischen Themen.

In Hamburg begleiten Ältere bei Hafenrundfahrten die Besucher und berichten von früheren Zeiten, in manchen Stadtteilen werden Führungen angeboten z. B. zu Stätten von Verfolgung und Widerstand während des Faschismus, zu denen Ältere ihre Erfahrungen beitragen können. Im Übrigen handelt es sich hierbei auch um ehrenamtliche Tätigkeiten der Älteren. Wir Autoren sind häufig in einem geschichtlich interessanten Gebiet nahe der Grenze zu Dänemark, gekennzeichnet durch langwierige Auseinandersetzungen um die Grenze zwischen Dänemark und Deutschland. Dort residierte die letzte Kriegsregierung nach Hitlers Tod – spannende Anknüpfungspunkte für Untersuchungen oder auch Befragungen alter Menschen.

Erforschen oder entwickeln Sie Dinge selbst. Ein beliebtes Forschungsgebiet ist die eigene Familiengeschichte. Da heute auch Fotos in Texte eingescannt werden können, lassen sich Ereignisse aus den Familien mittels Bildern durchaus spannend auch für Kinder und Enkelkinder gestalten. Gerade die Generation der Flüchtlingskinder, die die Heimat ihrer älteren Familienangehörigen nie erlebt hat, beginnt plötzlich zu forschen, um ihre Eltern und deren Herkunft zu begreifen und um zu erkennen, wo ihre eigenen Wurzeln liegen.

Erforschen lässt sich auch die Natur. Es gibt *geführte Spaziergänge in die Natur*, Experten können befragt werden. Erkennen Sie die wichtigsten Vogelstimmen? Welche Bedingungen brauchen Blumen in einem Ziergarten? Wie bepflanzt man einen Garten, der möglichst lange Zeit vom Frühling bis Herbst blühen soll? Erkundungen von Gärten oder Kurse zu Obstbaumschnitten erfreuen sich immer größerer Beliebtheit.

>> Genießen und Konsumieren

Früher saßen Nachbarn oder Familien häufig zusammen und haben einfach erzählt. Besonders die Atmosphäre zur Zeit der einbrechenden Dunkelheit hat uns dabei als Kinder beeindruckt. Wir erinnern uns, wie die Erwachsenen die jüngsten Tagesereignisse ausgetauscht und debattiert haben und welche spannenden Geschichten erzählt oder nur gesponnen wurden. Kommunikation durch Erzählen spielte eine große Rolle.

Heute hat das *Fernsehen* einen Teil solcher Kommunikation ersetzt. Welchen Stellenwert nimmt es für den Einzelnen ein? Wir haben eine extreme Lösung gefunden: Der Fernseher ist in unser Arbeitszimmer verbannt, dort wird seltener ferngesehen. Und wenn, dann sind es ausgesuchte Filme, die unser Wissen erweitern oder einfach Spaß machen.

Intensive Eindrücke erhalten Sie sicherlich, wenn Sie eine *Theatervorstellung* oder ein *Konzert* besuchen oder auch ins *Kino* gehen. Das kostet leider manchmal sehr viel Geld, ist dafür aber etwas Besonderes.

Spiele spielen ist nicht mehr so in Mode. Für uns ist es jedoch eine beliebte und gesellige Angelegenheit, es wird geschimpft und gelacht, gewonnen und verloren, und zum Glück ist alles nur Spiel. Es strengt ein wenig den Kopf an und es fördert die Gemeinschaft mit der Familie oder mit Freunden.

Viele Ruheständler haben Zeit und Lust auf *Einkaufsbummel.* Das muss nicht unbedingt zu Einkäufen führen, sondern ist auch eher ein Spaß, neue Angebote zu entdecken und insbesondere Menschen um sich herum zu haben. Gerade wenn jemand sich allein fühlt, dient ein Szenenwechsel durch einen Einkaufsbummel dazu, sich abzulenken und die Stimmung zu heben. Bei vielen sind heutzutage die Fußgängerzonen in den Innenstädten mit ihren Läden beliebt, manche mögen größere Einkaufszentren. Andere genießen einen Kaffee neben dem Supermarkt, wo der Bäcker ein Stehcafé eingerichtet hat oder Stühle anbietet für eine „Klönecke", in der sich auch einkaufsunlustige Männer gern niederlassen.

Genießen können Sie auch Ihren *Garten* oder einen *Balkon* – auch wenn er nur eine kleine Fläche hat – wo Sie die schönsten Blumen und Gewürze züchten können.

Urlaub machen gehört inzwischen bei den meisten Älteren zu einer liebgewordenen Gewohnheit, um dem Alltag mal für kurze oder längere Zeit zu entfliehen. Dabei ist es egal, ob häufig der gleiche Ort für die Auszeit gewählt wird oder ob die Abenteuerlust jemanden in immer neue Regionen entführt. Es ist wirklich ein großartiges Privileg, wenn man als Ruheständler zu jeder Jahreszeit losfahren kann und z. B. die Bindung an Zeiten der Schulferien entfallen ist. Auch für das kleine Portemonnaie gibt es immer noch preiswerte Urlaubsmöglichkeiten. Wir denken dabei an Fahrradtouren mit Übernachtungen in Jugendherbergen, an Ferien auf dem Campingplatz oder Urlaub in abgelegenen Gegenden mit günstigen Übernachtungspreisen. Der Trend bei Urlaubsreisen geht offensichtlich immer mehr hin zur Selbstorganisation, dafür bietet das Internet eine Hilfestellung.

In Eigenregie oder in Kursen für Gruppen können Sie Ihre *Kochkünste* erweitern und an besonderen Tagen zu Festessen einladen. Auch ein gemeinsames Kochen im Freundeskreis bietet sich an zum Ausprobieren von originellen Rezepten. Auffällig ist die große Zahl von Kochkursen für Männer, die wohl immer beliebter werden.

Ähnlich angenehm ist es, wenn man sich auf ein besonderes Abendessen in einem schönen Restaurant freuen kann. Ein befreundetes älteres Ehepaar genießt an jedem Sonntag das Mittagessen in einem Lokal, so würdigt es die Sonntage auch wirklich als Feiertage.

>> Tätigsein als individuelle Aktivität

Wir haben den Bereich „Tätigsein" zur besseren Übersichtlichkeit untergliedert in individuelle und gesellschaftliche Aktivitäten. Die Aktivitäten des ersten Bereiches sind vielen schon bekannt, während von dem letzteren Bereich viele Ältere bereits einiges aus der Presse erfahren, aber meist noch keinen konkreten Kontakt zu Menschen, die gesellschaftlich aktiv sind, bekommen haben.

Zuerst die individuell ausgerichteten Tätigkeiten: Zu Beginn des Ruhestands denken manche zuerst an das *Verschönern von Wohnung, Haus und Garten* oder an deren Veränderung. Vieles ist während der Berufstätigkeit liegengeblieben und wurde in die Zeit des Ruhestands verschoben. Die Um- oder Neugestaltung erfordert Kreativität und körperlichen Einsatz.

Musizieren und *Tanzen* können begeistern und sind lebendige Aktivitäten in Gemeinschaft von Gleichgesinnten.

Marianne wurde an ihrem 65. Geburtstag gefragt, ob sie mit ihrem musikalischen Talent den Kirchenchor *leiten würde. Mit dieser Tätigkeit hat sie als pensionierte Ärztin eine neue Aufgabe gefunden, die sie engagiert und begeistert ausfüllt. – Andere wissen, dass sie gerne singen und finden sicherlich schnell ihren Chor. In einem Dorf treffen sich monatlich Männer und Frauen in privaten Wohnzimmern zum gemeinsamen Singen. Zwei erfahrene Sänger wechseln sich ab, um Stimmübungen vorzubereiten und Lieder auszusuchen. Bei Festen wird manchmal ein Ständchen gegeben.*

In unserer Straße treffen sich vierzehntätig Anwohner, um gemeinsam Flöte *zu spielen.*

Freunde von uns fahren regelmäßig in verschiedene Orte zwischen Hamburg und Flensburg, um in Gruppen Tango zu tanzen.

Es gibt verschiedene Möglichkeiten, als *Hobby-Handwerker* tätig zu werden. Vielleicht hat jemand Lust, sich einen Brunnen zu bauen. Oder er konstruiert ein Vogelhaus. Andere beginnen mit *kunsthandwerklichen Tätigkeiten* wie Keramik- oder Kunstschmiedearbeiten, vielleicht knüpfen sie dabei an frühere Erfahrungen an. Aufregend und kreativ ist auch der Versuch, seine *künstlerischen Fähigkeiten* in Kursen aufzufrischen.

Eine Freundin hat sich daran erinnert, dass sie während ihrer Schulzeit in den Ferien gern gemalt und gezeichnet hat – auf Plätzen, an Häfen oder vor Baudenkmälern. Jetzt besucht sie einen Volkshochschulkursus, um mit anderen ihr Können zu verfeinern.

Sybille trifft Gleichgesinnte in einer Schreibwerkstatt. *Dort werden Gedichte verfasst, kurze Berichte über Ereignisse aus dem Alltagsleben notiert oder Erinnerungen aufgeschrieben. Alle Texte werden unter der Anleitung einer erfahrenen Autorin besprochen, redigiert und weiterentwickelt. Gerade ist ein kleines Buch herausgekommen, in dem alle Teilnehmer der Gruppe einen ihrer Texte veröffentlichen.*

Regelmäßig *Sport treiben* sollte zu Ihrem Standardprogramm gehören. In Sportvereinen gibt es häufig Kurse für Senioren, insbesondere im Bereich Gymnastik, Yoga, Pilates, Feldenkrais. Sportzentren sind teuer, bieten dafür aber meistens ein noch größeres Angebot.

Wenn Sie *joggen oder walken,* haben Sie vielleicht auch ein Interesse an aktiven Freizeitunternehmungen wie *Wandern,* an selbstorganisierten Reisen mit dem Rucksack oder *Fahrradtouren.* In Großstädten wie Hamburg oder München kann man fast an jedem Tag an einer geführten Wanderung teilnehmen, organisiert z. B. von Wandervereinen oder dem Alpenverein. Trainiert werden muss dafür nicht.

Und nicht zuletzt kann man auch *Nachbarschaftshilfe* leisten, und zwar nicht nur bei handwerklichen, sondern auch bei sozialen Problemen. So können Einkaufsdienste übernommen, Hilfe bei Krankheitsfällen angeboten werden, oder es kann alten Nachbarn Unterstützung beim Spazierengehen gegeben werden.

Auch ist es möglich, die *Betreuung* von behinderten Menschen auf Basis des Betreuungsgesetzes zu übernehmen, wenn diese ihre finanziellen oder rechtlichen Angelegenheiten nicht mehr selbstständig erledigen können. Meistens handelt es sich dabei um ältere Menschen. So eine Betreuung bietet für Rentner eine gute Zusatzeinnahme, da das Sozialamt dafür entsprechend bezahlt.

Andere Menschen suchen eine *bezahlte Tätigkeit,* um ihre Rente oder Pension aufzubessern. Manche können aufgrund besonderer Kenntnisse Kurse zum Beispiel in Volkshochschulen oder Familienbildungsstätten anbieten. Ein Bekannter, der Spezialkenntnisse in der Hundehaltung hat, nimmt in Urlaubszeiten oder an Wochenenden fremde Hunde in seinem Haus und Garten auf, hütet und versorgt die Tiere gegen Entgelt. Ganz aktive Ruheständler arbeiten in ihrem Spezialbereich bzw. in ihrer alten Firma weiter.

Die weitaus größeren Möglichkeiten, sich im Ruhestand aktiv zu beschäftigen, bieten ehrenamtliche Tätigkeiten. Über die traditionellen Bereiche, wie Sportvereine oder politische Parteien, hinaus gibt es inzwischen eine Fülle von Betätigungsmöglichkeiten.

> Ehrenamtlich tätig sein: Angebote und Chancen

Vorrangig geht es hier um Tätigkeiten, die ohne Bezahlung für einen gesellschaftlichen Zweck durchgeführt werden. Sie werden meist in gemeinnützigen Vereinen geleistet, aber auch in Institutionen der Kirchen, der Gewerkschaften, der sozialen Hilfsorganisationen und der politischen Gremien.

Der Begriff „ehrenamtlich" will verdeutlichen, dass der Sinn dieser Arbeiten nicht auf Bezahlung abzielt, sondern als Geschenk einer Leistung an die Gemeinschaft anzusehen ist: Wir spenden unsere freie Zeit einem gesellschaftlichen Ziel oder Projekt. Deswegen wird neuerdings auch der Begriff „Zeitspender" verwendet. Es gibt viele, auch noch im Beruf stehende Menschen, die derartige Tätigkeiten nebenberuflich übernehmen. Für aktive Ruheständler ist es eine besondere Chance, sich weiterhin gesellschaftlichen Themen mit ihrer Arbeitskraft und Kreativität zu widmen.

Bei allen ehrenamtlichen Tätigkeiten ist es gerade wegen des Verzichts auf Entgelt wichtig, persönlich darauf zu achten, was der Ehrenamtliche durch seine Arbeit erreicht oder vielleicht gewinnt. Das Bedürfnis, anderen Menschen zu helfen oder Institutionen mit besonderen Aufgaben zu unterstützen, ist die eine Seite. Die andere ist, Anerkennung zu erhalten, Dankbarkeit zu spüren oder das Gefühl zu haben, gebraucht zu werden. Oder vielleicht auch die Gelegenheit zu nutzen, neue Erfahrungen zu machen und etwas ganz Neues zu lernen. Wenn wir wissen, welchen Gewinn wir aus unserer Tätigkeit ziehen, ist die Chance größer, mit Ausdauer und Engagement die ehrenamtliche Aufgabe zu erfüllen.

Es gibt viele Institutionen, die froh über die Mithilfe von begeisterten, ehrenamtlichen Helfern sind. Es können kleine und große Institutionen sein – vom Sri Lanka Verein bis hin zu Greenpeace (um Vereine zu nennen, in denen wir selbst aktiv sind oder waren). Mitarbeiten kann man auf den Gebieten der sozialen Hilfe, des Umweltschutzes, der Bildung und Kultur, der kommunalen oder globalen Problemlösung und nicht zuletzt des Sports. Überall dort werden Helfer und Spezialisten für Verwaltung oder Sachaufgaben gesucht.

Einerseits ist bei einem ehrenamtlichen Engagement zu prüfen, ob die Atmosphäre in einer derartigen Institution stimmt, ob man sich dort aufgenommen fühlt oder ob dort ein Markt von Eitelkeiten stattfindet und Machtgeplänkel ausgetragen werden. Andererseits darf ein Neuling nicht glauben, dass er sofort alles umorganisieren kann. Mehr dazu können Sie weiter unten über „Fragen zur Übernahme von ehrenamtlichen Tätigkeiten“ nachlesen.

In Hamburg zum Beispiel findet jährlich eine Messe der Freiwilligenbörse *des AKTIVOLI-Netzwerkes statt. Dort gibt es Informationen über verschiedenste Angebote zur ehrenamtlichen Mitarbeit. Mehrere hundert Projekte sind registriert. Im Büro selbst werden Interessenten kostenfrei bei der Suche nach einer angemessenen Tätigkeit unterstützt, hier wird mit Unterstützung von Beratern die Aufgabe gesucht, die den Vorstellungen entspricht. Auch eine Vermittlung wird auf Wunsch übernommen. Die* „Seniorenbildung Hamburg e.V.“ *bietet kostenlose Kurse an: „Sich freiwillig engagieren – aber wie?“ Auch hier können sich Menschen informieren, die eine neue Orientierung für ihr Leben wünschen.*

Derartige Initiativen gibt es in vielen Städten und Landkreisen; Informationen sind über die Sozialverwaltungen zu erfragen. Das deutsche Sozialwerk e.V. bietet bundesweit in seinen örtlichen Büros Freiwilligenjobs an. Größere Sozialeinrichtungen nehmen gern freiwillige Helfer für soziale Arbeiten auf. Initiativen zur Fortbildung von Senioren für das Ehrenamt werden im gesamten Bundesgebiet vom Bundesministerium für Familie, Senioren, Frauen und Jugend (BMFSFJ) gefördert, dabei geht es insbesondere um die Ausbildung sogenannter Seniortrainer.

Beispiele für ehrenamtliche Arbeitsmöglichkeiten: Im Folgenden nennen wir exemplarisch Tätigkeiten, die verdeutlichen, wie groß und breit gefächert die Palette für ehrenamtliche Tätigkeit ist.

Beratung von jungen Unternehmern: In Wirtschaft oder Jura erfahrene Spezialisten, die sich Beratungen zutrauen, können Kontakt zu örtlichen Industrie-, Handels- und Handwerkskammern aufnehmen. Beratungen werden z. B. von jungen Unternehmern gesucht.

Senior Expert Service – SES: Für Spezialisten, die bereit sind, einige Monate für Entwicklungsprojekte ins Ausland zu gehen, bietet der Senior Expert Service (SES) interessante Möglichkeiten. Neuerdings sucht SES auch Experten für Projekte in Deutschland. SES ist eine Stiftung der Wirtschaft für internationale Zusammenarbeit. Sie leistet mit ehrenamtlichen Fachleuten Hilfe zur Selbsthilfe, vorwiegend in Entwicklungsländern. SES unterstützt mit seinem Know-how u. a. Wirtschaftsunternehmen, Hochschulen oder Krankenhäuser auf der ganzen Welt. Bundesweit waren in den vergangenen 25 Jahren mehr als 7500 Senior-Experten bei 20.000 Einsätzen in 150 Ländern unterwegs (Ulrich 2009, 6).

Ein Kaufmann hat z. B. in der Ukraine betriebswirtschaftliche Vorlesungen gehalten, einen Versandhandel in Bulgarien dabei unterstützt, schneller, preiswerter und kundenfreundlicher zu werden. Eine Physiotherapeutin war im Jemen im Einsatz für die Ausbildung von Krankengymnastinnen. Eine Freundin von uns hat versucht, die Bibliothek der parlamentarischen Kammer in Kambodscha durch ihre SES-Aktivität zu modernisieren.

Als Gegenleistung für ihre Arbeit bekommen die Senior-Experten freie Kost und Logis sowie 5 bis 15 Euro Taschengeld pro Tag, alle Reisekosten werden von SES bzw. von der Organisation im jeweiligen Land übernommen.

In Krankenhäusern, Altenheimen oder Sozialstationen gibt es in vielfältiger Form die Möglichkeit der *sozialen Unterstützung.* Seniorenheime oder auch Sozialstationen suchen Helfer zum Spazierengehen, zum Vorlesen oder auch nur zum Unterhalten von alten, einsamen Menschen. In Krankenhäusern führen „Grüne Damen“ Gespräche mit Patienten. Es gibt Gemeindedienste, die Besuche von älteren oder kranken Gemeindemitgliedern organisieren. Viele Bewohner von Pflegeheimen haben keine Angehörigen oder Freunde, die sie besuchen. Ehrenamtliche Helfer springen ein, begleiten bei Spaziergängen, Einkäufen oder kurzen Ausflügen, lesen aus der Tageszeitung vor oder sind einfach da zum Zuhören.

Es gibt etwa 800 *(Mittags-)Tafeln* in Deutschland. Täglich werden eine Million Essen ausgegeben. Dabei zu unterstützen ist eine kurzzeitige soziale Tätigkeit für eine sozial benachteiligte Gruppe unserer Gesellschaft.

Frau M. teilt Essen und Trinken für Bedürftige aus.

In Bochum gibt es nahe dem Hauptbahnhof eine „Suppenküche", die weniger Suppen, dafür aber ein gutes Essen der Universitätsmensa anbietet und zwar für Bedürftige wie Obdachlose, Sozialhilfeempfänger, Arbeitslose und ärmere Ruheständler. Der Preis beträgt 50 Cent, dafür kann man noch Kaffee oder andere Getränke bekommen. Frau M. ist in der Donnerstagsgruppe mit 7 anderen Ehrenamtlichen tätig. Sie arbeitet von 10 bis 14 Uhr, dann wird es wieder Zeit, dass sie ihre Arbeit in der Apotheke antritt. Sie liebt diese andersartige Aufgabe in der Suppenküche. Sie hat das Gefühl, gute Dienste für diese Einsamen unserer Gesellschaft zu leisten. Das ist nicht nur das Essenausteilen, das sind auch aufmunternde Gespräche mit den Stammgästen. Ihr ältester Gast war 103 Jahre, der gerne mittags immer 3 Stunden mit anderen Stammgästen verbrachte. Manchmal fehlt aber die Zeit zum miteinander Reden, wenn plötzlich 180 Menschen ein Essen erwarten. „Wir ahnen das schon, es ist Monatsende und es wird ein besonderes Essen angeboten." Frau M. empfindet die Arbeit als eine Vorbereitung auf den Ruhestand, dann will sie noch mehr derartige Aktivitäten mitmachen.

Ruheständler mit verschiedenstem beruflichen Hintergrund und auch einige pensionierte Lehrer haben sich die Aufgabe gestellt, durch *„Schüler Coaching"* und Lesepatenschaften insbesondere Schüler aus bildungsschwachen Schichten beim Lesenlernen, schulischen Problemen oder der Berufsfindung zu unterstützen. Diese Tätigkeiten organisiert zum Beispiel in Hamburg die Arbeiterwohlfahrt. Alle sechs Wochen treffen sich die 60 ehrenamtlichen Mitarbeiter zu einem Erfahrungsaustausch.

Erfahrungen von einem Schülercoach

Herr H. zum Beispiel hat in der Mineralölindustrie gearbeitet. Als er in Rente ging, wollte er irgendetwas außerhalb seines Hauses ehrenamtlich tun. Auf der Ehrenamtsbörse vor zwei Jahren reizte ihn das Projekt der Hamburger AWO: Ein Starthilfeprojekt für Schüler, die gerade den Schulabschluss machen und in das Berufsleben wollen. Schülercoach beim Übergang in den Beruf sein, mit den jungen Menschen besprechen, wo ihre Fähigkeiten und Interessen liegen, wo sie hinwollen, sie zu ermutigen, Bewerbungen zu verfassen, helfen, Lebensläufe zu schreiben – all diese Aufgaben reizten Herrn H. Schon im Prüfungsausschuss der Handelskammer hatte er Erfahrungen im Umgang mit Jugendlichen gesammelt, auch im Elternrat an der Schule seiner Kinder.

Einmal pro Woche unterstützt er jetzt drei bis vier Stunden lang einzelne Schüler einer Hamburger Schule, die freiwillig zu ihm kommen. Er sucht Praktikumsplätze oder organisiert Besichtigungen von weiterführenden Schulen. Für die einzelnen Schüler ist es Unterstützung und zugleich Ansporn, von ihm begleitet zu werden, gemeinsam mit ihm zu überlegen, was sie gut können und was sie noch lernen müssen. Herr H. macht Mut, die Schüler gewinnen Vertrauen zu ihm, sie fühlen sich nicht durch Notendruck eingeschränkt und berichten offen auch über ihre Schwierigkeiten zu Hause. Ein begehrter Gesprächspartner zu sein, gemeinsam mit den Schülern Lösungen für besondere Ausbildungsprobleme zu finden, ist für Herrn H. Anerkennung und Wertschätzung zugleich.

Museumsvereine sind besonders bei Frauen beliebt, um ehrenamtliche Arbeit zu leisten. Beispielsweise werden von Ehrenamtlichen Kulturprojekte in Hamburger Museen vorbereitet. Im Bucerius-Kunsthaus in Hamburg verwalten ehrenamtliche Helferinnen die Kasse.

Eigeninitiative: Ein Dorf baut seinen Treffpunkt selbst

In Bassen, östlich von Bremen, verhinderte ein Dorf den Abriss eines alten Bauernhofes, indem die Gemeinde das Grundstück kaufte. Das Gehöft wurde in Eigeninitiative vieler freiwilliger

Helfer in einen besonderen Treffpunkt für die Bewohner des Dorfes und viele Interessierte aus der Umgebung umgewandelt. Es gibt im ehemaligen Kuhstall mehrere Räume, um sich für Veranstaltungen zu treffen oder gemütlich Kaffee zu trinken. Ein Raum steht allein der Jugend zur Verfügung. In der ehemaligen Scheune können große Feste gefeiert werden. Dort wurde kürzlich ein großes Sängerfest veranstaltet. Auch findet der Weihnachtsgottesdienst dort regelmäßig statt. Im Dach des Kuhstalls ist ein Museum mit alten Möbeln und Gebrauchsgegenständen aus Wohn- und Schlafzimmern und sogar mit Einrichtungen aus einem alten Kaufmannsladen entstanden. Das Museum wird jetzt um eine „Remise" für alte landwirtschaftliche Geräte erweitert, die aber erstmal dort geputzt und repariert werden müssen.

Das alles wird von freiwilligen Helfern des Dorfes gemacht, die sich zu verschiedenen Arbeitsdiensten treffen. Insgesamt betätigen sich etwa 30 Dorfbewohner als Zeitspender. Sie sind für verschiedene Aufgabengebiete eingeteilt. Die Gruppe für das Museum trifft sich wöchentlich. Unser Bekannter Hans Heinrich hilft dort einen Tag in der Woche. Als ehemaliger Maschinenschlosser hat er sich viele andere handwerkliche Fähigkeiten angeeignet, wodurch er fachmännisch bei den anfallenden Arbeiten helfen kann. Er freut sich jetzt schon auf die Restaurierung der alten landwirtschaftlichen Geräte. Gesteuert wird der Dorftreffpunkt von dem Verein Blocks Huus e. V., dessen Vorsitzender der ehemalige Bürgermeister von Brassen ist. Mit seinen über 80 Jahren ist er immer noch der Motor dieser Gemeinschaftsinitiative.

Als der Bekanntheitsgrad und damit das Spendenvolumen von *Greenpeace* in den achtziger Jahren sehr stark anstiegen, wurden in der Verwaltung zusätzliche Arbeitskräfte benötigt. Ehrenamtliche Helfer übernahmen Aufgaben in Spendenverwaltung und Fördererwerbung. Zahlen waren zu kontrollieren, Dankesbriefe mussten geschrieben und Informationen über Greenpeace versandt werden. Die ehrenamtlichen Helfer kamen regelmäßig zu bestimmten Zeiten, sodass auch deren Aufgaben entsprechend vorher vorbereitet werden konnten.

Einige der Helfer wurden später eingestellt. Der älteste Ehrenamtliche war um die 70, er leitete den Verkauf und Versand der Greenpeace-Waren. Heute sind ehrenamtliche Helfer besonders willkommen in den örtlichen Greenpeace-Gruppen, wo sie auf Informationsabenden über die Aktivitäten von Greenpeace berichten können.

Auch der *BUND*, der Bund für Naturschutz Deutschland oder der Naturschutzbund *NABU* suchen ehrenamtliche Helfer für ihre Umweltschutzprojekte, die meist regional organisiert werden. Derartige Naturschutzorganisationen sind häufig für die örtliche Betreuung von einzelnen Naturschutzgebieten zuständig.

Manfred, ein Kursteilnehmer, der sich in seinem Berufsleben selten anerkannt fühlte, arbeitet jetzt als alleinlebender Ruheständler in einem kleinen Fußballverein. *Er gehört dort als verantwortlicher Platz- und Materialwart zu einer Gemeinschaft, die dankbar für seine Mithilfe ist und ihn sehr schätzt.*

Auch *Gewerkschaften*, *Parteien*, *Kirchen* und *Bürgerinitiativen* sind mögliche Betätigungsfelder. Wir schimpfen zwar häufig auf unsere Politiker, aber meistens engagieren wir uns nicht selbst politisch. Gesellschaftspolitisches Engagement erfordert Geduld, besondere Kenntnisse und das Bedürfnis sowie die Fähigkeit zu überzeugen. Es ist auf verschiedenen Ebenen staatlichen Handelns so viel im Umbruch, sodass es konkrete Anlässe genug gibt, um mitzureden.

Das gilt genauso für Gewerkschaftsarbeit und Mithilfe in kirchlichen Organisationen, insbesondere in den Gemeinden. So unterstützt unsere Freundin Erika als gewähltes Kirchenvorstandsmitglied ehrenamtlich die Gemeindearbeit, einmal durch die Aufsicht über den Kindergarten und andererseits durch die Übernahme der Spendenverwaltung.

In der *Gewerkschaft* Erziehung und Wissenschaft treffen sich regelmäßig Pensionäre, um allgemeine politische Themen zu diskutieren, meist sind es aktuelle Themen wie Schulreform, Altersentlastung, aber ebenso auch wirtschaftspolitische

Themen. Natürlich werden auch die Forderungen der Gewerkschaftskollegen in Zeitschriften oder auf Demonstrationen unterstützt.

Als *Frauenbeauftragte* bietet eine Pensionärin bei ihrer Amtsverwaltung regelmäßig Sprechstunden für Frauen an. Sie wird als Vertrauensperson angesehen und greift Missstände auf, die sie auf Amts- und Gemeindeebene zu beheben versucht. Auch organisiert die Beauftragte Veranstaltungen, die besonders Frauenthemen betreffen.

Die Mitarbeit in einer *Bürgerinitiative*, die ein aktuelles Problem im örtlichen Bereich lösen will, kann ebenfalls zur Durchsetzung von politischen Interessen dienen. Wir haben uns in unserem Stadtteil an einer Aktion zur Verkehrsberuhigung beteiligt. Das erfreuliche Ergebnis sah am Ende so aus, dass die Stadt durch Baumaßnahmen die häufig überfüllten Schleichwege durch Maßnahmen zur Verkehrsberuhigung versperrte und die Randstraßen wesentlich verbesserte. Gerade Ruheständler fanden Zeit, vormittags an Aktionen teilzunehmen, wie Flugblätter an Autofahrer zu verteilen.

In den letzten 10 Jahren haben *Bürgerstiftungen* eine immer bedeutendere Rolle für ehrenamtliche Tätigkeiten gewonnen. Bürgerstiftungen sind Gemeinschaftsstiftungen von Bürgern für Bürger. Sie sind unabhängig von politischen und wirtschaftlichen Einflüssen, haben einen breiten Stiftungszweck, den sie in einem geografisch begrenzten Raum verwirklichen. Sie wollen gemeinnützige Projekte initiieren und fördern, wofür sie einerseits sowohl Stiftungskapital und Spenden sammeln, andererseits auch Menschen mit Ideen und Tatkraft zu gewinnen versuchen.

Aufbruch in eine neue Lebenswelt – Gründung und Aufbau der BürgerStiftung Hamburg durch einen Ehrenamtlichen

Die BürgerStiftung Hamburg wurde 1998 initiiert. „Anstifter" war Herr R. Er legte mit 62 Jahren sein Amt als Notar nieder. Mit enormer Energie führten er und seine Frau kreative Bürger der Hansestadt zusammen. Es wurde das erforderliche Mindestkapital für die Gründung einer Stiftung von 100.000 DM von

14 Initiatoren aufgebracht und im Eiltempo wurden die notwendigen Formalitäten geregelt. So konnten schnell die ersten Jugendprojekte auf die Beine gestellt werden. Berühmt war bald die „Hot Schrott Band".

Herrn R. kam seine bisherige Tätigkeit als Notar zugute, weil mit diesem Beruf Seriosität verbunden wird. So gelang es denn auch, das Stiftungskapital in den ersten neun Jahren auf über acht Millionen Euro zu steigern und jährlich mehrere hunderttausend Euro an Spenden einzunehmen. Seine Stellung als Vorstandssprecher hat er inzwischen an eine engagierte Nachfolgerin übergeben. Das dürfte ihm nicht leicht gefallen sein, befreite ihn aber schließlich mit 72 Jahren vom Druck der Verantwortung und der täglichen Arbeit. Mitdiskutieren und anregen kann er weiterhin im Stiftungsrat, dem Aufsichtsgremium der Bürgerstiftung.

Die BürgerStiftung Hamburg konzentriert sich mit ihren Aktivitäten zunächst überwiegend auf die Kinder- und Jugendförderung in sozialen Brennpunkten, und zwar insbesondere mit Projekten in den Bereichen Sport, Musik, Tanz, Lesen und Theater. Ziel der Arbeit ist es, dabei Kinder und Jugendliche in ihrem Selbstvertrauen und in ihrer Kreativität zu stärken. In einem weiteren Projekt „Guter Rat vor Ort" geben Juristen Bürgern Rechtsberatung, die aus finanziellen oder persönlichen Gründen nicht den Weg zum Rechtsanwalt oder zur öffentlichen Beratungsstelle finden.

Bei der BürgerStiftung sind insgesamt etwa 300 „Zeitspender" tätig, überwiegend in den Projekten, aber auch in der Geschäftsstelle. Es sind vorwiegend Ruheständler, die vor allem in dem Projekt „LeseZeit" Kindern vorlesen und in der Verwaltung, im Vorstand sowie in den Fachgruppen arbeiten. Für die Kinderprojekte sind einige junge Projektbetreuer auf Honorarbasis engagiert.

Selbsthilfe in der Familie werten wir wie ehrenamtliche Tätigkeiten. Da werden alte Eltern in der Familie von ihren auch schon älteren Kindern betreut und gepflegt. Diese anspruchsvollen und arbeitsintensiven Tätigkeiten werden leider oft für selbstverständlich gehalten und nicht genügend gewürdigt.

Um den Verzicht auf Einkommen anzuerkennen, zahlt die Pflegeversicherung diesen Helfern auch ein Pflegegeld. Vor Einführung der Pflegeversicherung war ein derartiger Einsatz unentgeltlich üblich.

Dagegen hat die Unterstützung in der *Enkelbetreuung* ein anderes gesellschaftliches Ansehen. Einerseits freuen sich viele Großeltern auf ihre Aufgabe, andererseits haben die jungen Eltern dann die Chance, ihrer Berufstätigkeit weiter nachgehen zu können.

Informationen über die Palette der Angebote finden Sie bei den Internetadressen in diesem Buch oder suchen Sie unter dem Stichwort „Ehrenamt“ für Ihre Region selbst im Internet.

>> Unsere Erfahrungen mit Ehrenämtern in gemeinnützigen Vereinen

Wir Autoren haben in verschiedenen gemeinnützigen Organisationen gearbeitet, und zwar bei Greenpeace e.V., pro labore e.V., einfal e. V. und dem Sri Lanka Verein Hamburg e.V. Günter war bei den beiden erstgenannten meist entgeltlich beschäftigt. Abschließend wollen wir Ihnen einen Eindruck über unsere ehrenamtlichen Aktivitäten in zweien dieser Vereine geben.

Einfal e.V. – Arbeitslose beschäftigen: Dieser Verein beschäftigt etwa 150 Arbeitslose. Er wurde vor 20 Jahren gegründet. Günter gehörte zu den ersten Vorstandsmitgliedern. Da die Geldmittel von der Arbeitsagentur und der Stadt Hamburg zur Verfügung gestellt wurden, ging es im Anfang um die Konzipierung von Projekten und Anmietung von Räumlichkeiten. Der Verein wurde damals von zwei bezahlten Geschäftsführerinnen geleitet. Der ehrenamtliche Vorstand hatte die Aufsichts- und letzte Entscheidungsfunktion. Das bedeutete, dass ein Vormittag alle zwei Wochen für diese Arbeit reserviert war und außerdem die verschiedensten Telefongespräche geführt werden mussten. Günter brachte als Vorstand seine Erfahrungen als Manager sowie als Familientherapeut ein.

Sri Lanka Verein Hamburg e.V. – Hilfe für Tsunami-Opfer und die Landbevölkerung: Der Verein ist direkt nach dem Tsunami von mehreren Sri Lanka-Kennern und indirekt Betroffenen gegründet worden. Ziel war es, mit Spendengeldern bei der Beseitigung der Schäden zu helfen und einen Beitrag zur Linderung des unvorstellbaren persönlichen Leides zu leisten, das große Teile der Bevölkerung zu bewältigen hatten. Eine befreundete srilankanische Entwicklungshelferin informierte uns, in welchen Bereichen die Unterstützung besonders dringlich wäre und steuerte von ihrem Büro in Colombo unsere Hilfsprojekte. So finanzierten wir z. B. eine Ausbildung von Beratern für die Behandlung von durch den Tsunami traumatisierten Kindern oder bezahlten Fortbildungskurse für Frauen, deren Männer durch die Riesenwelle tödlich verunglückt waren. Dafür wurden Kurse für das Flicken von Fischernetzen, für das Fertigen von speziellen Klöppelarbeiten und für das Herstellen von qualifizierten, verkaufsfähigen Backwaren eingerichtet.

Neuerdings konzentriert sich der Sri Lanka Verein e.V. schwerpunktmäßig auf die Vergabe von Mikrokrediten für Menschen, die wegen ihrer Armut von Banken als nicht kreditwürdig angesehen werden. Ziel ist der Aufbau einer kleinen Existenz, um die eigene Familie ernähren zu können. Vorbild sind dabei die Erfahrungen des Friedensnobelpreisträgers Yunus, der mit seinen Mikrokreditprojekten große Erfolge aufweisen kann.

In Hamburg entscheiden wir auf unseren Vereinssitzungen, welche Projekte wir unterstützen wollen, wie wir unsere Buchhaltung führen und eine Mitgliederverwaltung aufbauen. Wir bereiten Werbemaßnahmen für Spenden vor, suchen Fotos für unsere Jahreskalender aus, bauen Kontakte zu interessierten Persönlichkeiten in Deutschland auf und führen verschiedenste kulturelle Veranstaltungen durch. Jeder im Verein arbeitet so viel er kann. Dadurch, dass sich der Vorstand mit Inga als Vorsitzende monatlich mit Mitgliedern und Interessenten beim Stammtisch trifft, ist ein guter Gemeinschaftsgeist entstanden.

>> Fragen zur Übernahme von ehrenamtlichen Tätigkeiten

Nach einer Studie des Bundesministeriums für Familie, Senioren, Frauen und Jugend (BMFSFJ 2007) engagieren sich vier Millionen Menschen zwischen 60 und 70 Jahren ehrenamtlich; das ist ein Drittel der Älteren aus dieser Altersgruppe. Neben den traditionellen Institutionen wie Sportvereinen, kirchlichen Gruppen, Wohlfahrtsverbänden oder Feuerwehren bieten sich immer mehr selbstorganisierte Gruppen und Initiativen für ehrenamtliche Tätigkeiten an. Da eine verbesserte Gesundheit, materielle Absicherung und höheres Bildungsniveau die neuen Ruheständler der nächsten Jahre auszeichnen wird und diese Kennzeichen gleichzeitig Voraussetzungen für ehrenamtliche Tätigkeiten sind, vermuten wir in den nächsten Jahren eine noch stärkere Beteiligung im ehrenamtlichen Bereich.

Durch die informelle, kostenlose Unterstützung entlasten die Älteren den Sozialstaat um Milliardenbeträge, die andernfalls in die Bereitstellung von formalen Hilfsstrukturen investiert werden müssten.

„*Der ökonomische Wert lässt sich nur erahnen, wenn man berücksichtigt, dass für viele dieser Tätigkeiten, würden sie nicht weitgehend unentgeltlich erbracht, sozialstaatliche Mittel aufgewendet werden müssten.*“ (Kühnemund 2006, 318)

Besonders stark ist das ehrenamtliche Engagement in Sportvereinen ausgeprägt. Hier besteht weitgehend ein Eigeninteresse der Helfer an der Durchführung von Sport, trotzdem hat die Freiwilligenarbeit auch eine wichtige gesellschaftliche Funktion: Die Lebensgemeinschaft eines Sportvereins macht einen Teil des Zusammenlebens in der Kommune aus, in der der Verein sich angesiedelt hat. – Das Engagement im sozialen und kirchlichen Bereich ist zahlenmäßig etwas geringer, ersetzt inzwischen aber wegen des Kostendrucks besonders in kirchlichen Institutionen auch schon tariflich bezahlte Arbeitskräfte. Alte Stellen werden nicht wieder neu besetzt – so erleichtern Ehrenamtliche die Durchführung besonderer kirchlicher Sparprogramme. Vorteil ist, dass bestimmte soziale

Aufgaben weitergeführt werden können und nicht gestrichen werden müssen. Nachteilig kann sich diese Situation auf die Konkurrenz der Arbeitnehmerinnen untereinander auswirken. Zu hoffen ist, dass die kirchliche Mitarbeitervertretung Nachteile für in Arbeit Stehende abwehrt.

Neben dem ökonomischen muss auch der gesellschaftliche Wert von ehrenamtlicher Tätigkeit hoch veranschlagt werden. Der Einsatz von Ehrenamtlichen wirkt wie sozialer Kitt für den Zusammenhalt der Generationen. Was wäre die junge Generation ohne diese unentgeltlichen Arbeitskräfte?

Welche ehrenamtlichen Tätigkeiten werden konkret angeboten? Häufig geht es um Verwaltungsarbeiten wie Buchhaltung, Texte formulieren und versenden, Mitgliederbetreuung, Öffentlichkeitsarbeit, Vorbereitung von offenen Abenden. Die Durchführung des Zwecks der Institution wird entweder direkt von den Vorständen bearbeitet oder es gibt Spezialisten dafür. Die Tätigkeiten lassen sich in folgende zwei Bereiche einteilen:

- In allgemeine Aufgaben: Hier werden meist keine besonderen Qualifikationen verlangt.
- In spezialisierte Aufgaben: Hier können sich Leute mit gewissen Vorkenntnissen engagieren oder anlernen lassen. Bei sozialen Arbeiten gibt es Aufgaben, die auch von Laien bewältigt werden können. Allerdings werden sie möglicherweise z. B. im Bereich Gesprächsführung vorher oder begleitend trainiert. Wie es bei den „Grünen Damen“ der Fall ist oder in verschiedenen Kirchengemeinden, deren ehrenamtliche Mitarbeiter Beratungen zur Lösung familiärer oder persönlicher Probleme anbieten.

Generell sollte man wissen, dass jeder in derartige Organisationen erst langsam hineinwachsen muss. Anfangs wird beobachtet, wie zuverlässig die gestellten Aufgaben erfüllt werden, bevor verantwortungsvollere Arbeiten an den Ehrenamtlichen herangetragen werden. Leider fällt manchmal der Dank für die geleistete Arbeit etwas schwach aus, weil die Mitarbeiter nicht unbedingt geschulte Motivierer sind.

Wie bewerben Sie sich? Auf der Suche nach einer ehrenamtlichen Tätigkeit sollten Sie Ihre Fähigkeiten darstellen und gleichzeitig sagen, weshalb Sie sich in der angefragten Einrichtung engagieren und wie viel Zeit Sie dafür verwenden wollen. Möglicherweise werden Sie nicht sofort fündig werden, aber das Vorstellen schult für die nächste Anfrage. Welche Institutionen für die Suche infrage kommen, können Sie aus den vorherigen Anregungen entnehmen, oder Sie erkundigen sich, wo es in Ihrer Gegend eine Ehrenamtsbörse oder Freiwilligenbörse gibt.

Wie können Sie versichert sein? Dabei geht es vor allem um eine Haftpflicht- und um eine Unfallversicherung (gute Tipps finden Sie in Molkentin 2007). Das wird leider noch sehr unterschiedlich gehandhabt. In größeren Einrichtungen gibt es meist Regelungen, aber in kleinen Einrichtungen geht oft jeder von seinem selbst zu tragenden Risiko aus. Leider haben auch die Bundesländer ihre Unterstützung unterschiedlich ausgestaltet.

Welche Kosten muss der ehrenamtliche Mitarbeiter selber tragen? Auch das richtet sich nach der Größe der Einrichtung. Vorstandsmitglieder von kleinen Vereinen müssen alles selber tragen. In gewissem Umfang lassen sich Fahrtkosten als Spende in der Steuererklärung absetzen, aber das sollte mit dem Finanzamt vorher abgestimmt werden. Generell sollte eine Kostenübernahme sehr sorgfältig geprüft werden, weil nicht nur das Finanzamt irgendwann prüft, sondern auch die Öffentlichkeit, sprich Presse, in unklaren Fällen kritisch reagiert.

> Aktivitäten planen und verwirklichen

Wir haben Ihnen mit der Erläuterung einer Vielzahl von Angeboten einen Ausschnitt über Möglichkeiten zur Gestaltung Ihrer Freizeitaktivitäten gezeigt. Was Sie für die Verwirklichung all dieser Ideen brauchen, ist Eigeninitiative, ist Energie und Kraft, in eigener Regie loszugehen und tätig zu werden. Als Folge werden Sie Menschen mit ähnlicher Motivation treffen und ergreifen die Chance, Teil einer neuen Gemeinschaft zu werden. Sie werden sich gewiss freuen können und stolz sein, dass Sie etwas bewegt oder verbessert haben. Es ist angenehm und ermutigend, positive Rückmeldungen über das Arbeitsergebnis zu erhalten – gut zur Stärkung von Selbstbewusstsein und Lebensfreude.

Welche Ziele habe ich? Wie wähle ich die Aktivitäten aus?

Auch wenn Sie erste Konzepte und Ideen für Ihre Aktivitäten schon haben, prüfen Sie noch einmal die Ziele:

- Mache ich etwas für mich allein oder will ich die Aktivität in Gemeinschaft mit meinem Partner oder mit Freunden durchführen?
- Welche Interessen will ich verstärken, in welche neuen Bereiche will ich mich einarbeiten?
- Dient die Aktivität meinen individuellen Interessen oder ist mein Ziel, einem anderen oder einer Gemeinschaft zu helfen?
- Bin ich aktiv aus persönlichem Pflichtgefühl, aus gesellschaftlicher Verpflichtung oder bin ich von einer bestimmten Sache einfach begeistert?
- Will ich organisieren oder will ich beraten?
- Will ich meine Fähigkeiten ausprobieren oder meine Neugier befriedigen?
- Will ich geistig arbeiten oder mich lieber körperlich betätigen?
- Will ich lieber im Grünen sein oder am Schreibtisch sitzen?
- Will ich als Ehrenamtlicher unentgeltlich arbeiten oder benötige ich ein Zusatzeinkommen?

Eindeutig werden Sie diese Fragen nicht beantworten können, Sie werden eine Mischung von Zielvorstellungen haben. Das kann z. B. dazu führen, dass Sie individuelle Aktionen wie das Wandern in den Bergen kombinieren mit einer ehrenamtlichen Aktivität zu Hause. Außerdem gibt es noch einige mehr formelle Fragen zu klären:

- Wie viel Zeit will ich investieren?
- Wie verteile ich meine Zeit auf die einzelnen Aktivitäten?
- Lassen sich die Ideen mit den Zeitvorstellungen von Partner oder Freunden vereinbaren?
- Kann ich damit umgehen, dass ich weniger Kompetenz und deswegen auch weniger zu bestimmen habe und neu hinzulernen muss?

Das alles wird zweckmäßig vor Festlegung der konkreten Aktivitäten abgeklärt, um danach eine Ihnen angemessene Auswahl zu treffen. Dafür bietet sich folgendes Vorgehen an:

1. Brainstorming: Sammeln Sie unsortiert Ihre Ideen, schreiben Sie auf, was Ihnen einfällt.
2. Bewertung: Sortieren Sie Ihre Ideen nach den oben genannten vier Schwerpunkten des Aktivitätenquadrats. Überprüfen Sie die Aktivitäten für sich selbst auf „wichtig“ und „sinnvoll“ entsprechend unserem früher gemachten Vorschlag. Wägen Sie ab, welche Aktivitäten an erster Stelle stehen sollen.
3. Aktivitäten konkret planen: Mit Ihrer Bewertung können Sie für die einmaligen Aktivitäten eine Reihenfolge für die Realisierung aufstellen und sie z.B. in einem Jahresplan festhalten. Für wiederkehrende Aktivitäten genügt es, dass Sie sich diese merken. Oder ist das Führen einer Erinnerungsliste ratsam?

Wenn einige Leser eine intensivere Planung vom Beruf her gewöhnt sind und weiterführen wollen, dann ist die Aufteilung der einmaligen Aktivitäten in einen groben 5-Jahresplan angebracht. Das gilt zum Beispiel für die Planung eines Umzuges in eine andere Gegend oder für den Wunsch, in spätestens drei Jahren einen Partner für besondere Vorhaben oder sogar für ein Leben zu zweit gefunden zu haben, wobei Einzelmaßnahmen wie Gruppenreisen oder Besuche von besonderen Veranstaltungen zur Erreichung des Ziels dann eingeplant werden können.

Übung: Den eigenen Schwerpunkten auf die Spur kommen

Wenn Sie genauer feststellen möchten, auf welche Aktivitäten Sie zurzeit schon einen besonderen Schwerpunkt legen, machen Sie Folgendes: Untersuchen Sie Ihre zeitlichen Anteile an Ihren einzelnen Schwerpunkten des Aktivitätenquadrats über zwei Wochen lang. Halten Sie jeweils abends schriftlich (Strichliste?) fest, welchen einzelnen Beschäftigungen (nicht die Pflichtaktivitäten) Sie nachgegangen sind. Ordnen Sie die Ergebnisse den jeweiligen Schwerpunkten im Aktivitätenquadrat zu. Nach zwei Wochen können Sie Ihr persönliches Schaubild auswerten: Sie werden erkennen, welche Schwerpunkte Sie besonders bedienen. Vielleicht nutzen Sie die Gelegenheit, andere Tätigkeiten demnächst mehr in den Mittelpunkt zu rücken.

Pläne auch wirklich umsetzen: Es gibt ein englisches Sprichwort: „You can talk the talk. But can you walk the walk?" Übersetzt heißt das: „Du kannst gut reden, aber kannst Du es auch wirklich umsetzen?" Wichtig ist natürlich, dass Ideen, Vorsätze und Ziele nicht nur erdacht, sondern auch verwirklicht werden.

Manche Vorhaben, die kurz vor der Umsetzung stehen, machen plötzlich Probleme, bevor man überhaupt angefangen hat. Gerade im Älterwerden verstärken sich leicht die „Bedenkenträger-Argumente", weil Sicherheit und Sorge oder auch Trägheit in den Vordergrund treten. Vielleicht fällt es schwer, sich zu entscheiden. Jede Entscheidung für eine Aktivität ist immer auch eine Entscheidung gegen eine andere. Uns kann anspornen, nicht nur allein Bedenken im Kopf zu haben, sondern auch die Chancen für die positiven Seiten des Vorhabens zu sehen, um sich darauf zu freuen. Dem Bedenkenträger wird es sicherlich schwerer fallen, Pläne umzusetzen, auch der Enttäuschte wird wegen seiner Zweifel anfangs noch gebremst sein. Aber sind die Risiken wirklich sehr hoch?

Eine letzte Empfehlung: Gehen Sie mit Ihren Freizeit-Aktivitäten umsichtig um: Zu wenige bedeuten verpasste Gelegenheiten! Zu viel ist wie Stress im Erwerbsleben. Also achten Sie auf eine Entschleunigung Ihrer Aktivitäten.

Gönnen Sie sich Pausen zwischen Ihren Vorhaben. Es sollte nicht nur Erholungspausen geben, sondern auch Denkpausen, um das Erlebte innerlich nachzuarbeiten. Sicherlich haben Sie auch schon die Erfahrung gemacht, wie nachträglich angefertigte Reiseberichte oder Fotoalben Ihre Reiseerlebnisse noch einmal vertiefen.

> Für Gesundheit und Wohlbefinden sorgen

> *„Wer sein Verhalten in einem scheinbar unwichtigen Bereich verändert, kann damit andere Bereiche berühren und plötzlich viel in Bewegung bringen."* (Jean Baer)

Alle wollen gern lange gesund leben. Die Medizin hat unsere Chancen auf ein langes Leben enorm verbessert. Mit dem Abgeben der Versicherungskarte ist unsere Gesundheit zwar in fachkundige Hände gelegt, aber die vom Arzt verabreichte Pille reicht allein nicht, um unser Leben zu verlängern. Wir selbst müssen erheblich dazu beitragen, damit wir gesund und aktiv bleiben können, und zwar möglichst bevor der Arzt uns etwas verschreibt. Dies ist gerade im Älterwerden wichtig, da die Funktionen der Körperorgane schwächer werden und Verschleißerscheinungen auftreten können. Schwer verkraftbare seelische Konflikte können uns belasten, und auch die geistige Regsamkeit kann abnehmen. Deshalb sollte unsere Vorsorge nicht allein der körperlichen Gesundheit gewidmet sein. Ebenso wichtig ist es, die geistige und seelische Befindlichkeit zu stärken. Letzteres ist weniger bekannt und soll deshalb hier intensiver beschrieben werden. Dagegen ist die Pflege der körperlichen Gesundheit durch viele Informationen über die Medien weitgehend verbreitet. Im Internet finden Sie ebenso zahlreiche Hinweise (siehe dazu die Adressen am Ende des Buches).

>> Initiativ sein für ein gesundes Leben

Die Richtung ist klar: Wer rastet, der rostet. Wir wissen, dass wir unseren Körper durch viel Bewegung trainieren müssen, um die Elastizität des Bewegungsapparates zu erhalten und die Vitalität der Organe und des Kreislaufs zu stabilisieren. Auch wissen wir: Gesunde Ernährung ist der Schlüssel für eine gute Funktion unserer Körperorgane. Uns ist klar, dass Übergewicht und Nahrungsgifte, wie zum Beispiel Alkohol, übermäßiger Fettverzehr oder Nikotin, wie ein Körpergift wirken. Wir wissen sicherlich noch viel mehr, besonders wenn wir die Signale unseres Körpers ernst nehmen. Aber setzen wir dieses Wissen auch in Taten um, folgen wir den Signalen unseres Körpers?

>> Überwindung des inneren Schweinehundes

Im Allgemeinen fällt es uns schwer, konsequent zu sein. Wie können wir unseren inneren Schweinehund überwinden?

1. *Die Schritt-für-Schritt-Methode*

Ernährungsgewohnheiten: Radikalkuren wie eine dreiwöchige Fastenkur helfen meist nicht. Wir bevorzugen und empfehlen die Schritt-für-Schritt-Methode: Jeden Monat wird ein neuer Schritt geplant und umgesetzt. Das kann sich auf die verzehrte Menge beziehen, also weniger zu essen oder auf Nachschlag zu verzichten. Danach wird vielleicht der Fettkonsum umgestellt, zuerst gibt es weniger Butter, dann weniger Sahne. Und darauf soll der Alkoholkonsum verringert werden.

Ist das Vorgehen in einzelnen Schritten zu schnell, machen unsere Geschmacksnerven nicht mit bei der Umstellung. Bei Verzicht auf Zucker könnte das Weglassen von Schokolade erstmal akzeptiert sein, wenn weiterhin der Kaffee gesüßt wird. Bei Verzicht auf dick gestrichene Butter kann das Sahneeis erstmal auf dem Tisch bleiben. Sicherlich tun sich Genussmenschen mit der Umstellung der Ernährung sehr schwer, zumal die Geschmacksumstellung erst von den Geschmacksnerven angenommen werden muss.

Körperliche Bewegung: Ziel ist es, den Körper vielfältig zu trainieren. Ein Schritt kann der tägliche Einkauf mit dem Fahrrad sein, ein zweiter könnte sein, wöchentlich zweimal zu walken. Ein dritter wäre die Teilnahme an einem Gymnastikkurs oder einem anderen Fitnesstraining.

2. *Belohnungen mit Ausnahmen*

Ausnahmen müssen möglich sein, weil z. B. anderes wichtiger ist, weil wir etwas Besonderes genießen wollen, weil wir etwas Imposantes geleistet haben.

3. *Fragen stellen bei hartnäckiger Verweigerung*

Sollte sich Ihr „innerer Schweinehund" verweigern, fragen Sie:

- Was tue ich stattdessen? Statt Yoga fernsehen?
- Gibt es eine Ersatzmaßnahme, die den gleichen Zweck erfüllt? Gehe ich z. B. 15 Minuten um den Häuserblock? Ist Yoga noch zu anstrengend, ist es vielleicht zurzeit besser, stattdessen zu walken?

Bezogen auf die Verstärkung der körperlichen Bewegung ist die liebgewordene Bequemlichkeit zu überwinden. Besprechen Sie das ruhig mit Ihrem „inneren Schweinhund", mehr Bewegung ist nicht nur eine Gewöhnungssache, es ist nach der Umstellung wie eine innere Befreiung: Sie werden merken: Ihre Beweglichkeit nimmt wieder zu, die einzelnen Bewegungsabläufe werden wieder flüssiger und kraftvoller. Und der Körper fühlt sich nicht mehr so überladen an. Der Kopf ist morgens nach dem Aufstehen freier.

>> Erhaltung der geistigen Beweglichkeit – Der Mythos vom geistigen Zerfall

Die meisten Menschen meinen, Älterwerden sei damit verbunden, dass alle geistigen Kräfte abnehmen, dass das Gedächtnis für aktuelle Ereignisse nachlässt und die Vergesslichkeit überhaupt zunimmt.

Diese Auffassung kann man als Mythos abtun. Gingen Neurowissenschaftler früher davon aus, dass die Hirnleistung älterer Menschen abnimmt, gilt diese Annahme inzwischen als überholt. Viele Nervenzellen sterben zwar ab, aber neue werden dafür frisch gebildet – unter der Voraussetzung, dass wir aktiv leben.

Obwohl die Meinung über einen schnellen altersbedingten Abbau der Gehirnleistung seit über 10 Jahren von der Wissenschaft revidiert ist, hat sie sich noch in vielen Köpfen festgesetzt. „Ich habe leider vergessen, dir das Buch mitzubringen. Du weißt, ich werde alt", ist eine übliche Feststellung. Auch Kinder vergessen Bücher! Betty Friedan schreibt dazu hoch engagiert:

„Die normale altersbedingte Verlangsamung der geistigen Funktionen, die in der Regel erst eintritt, wenn die achtzig überschritten sind, kann kompensiert werden, wenn sich Menschen aktiv mit dem Älterwerden identifizieren. Nur für Menschen, die ihr Alter verleugnen, ist dieser Prozess Anlass zu Panik. Dann nämlich werden alle Anzeichen für normales Altern als Beweise der Senilität missinterpretiert, und die Betroffenen werden darin ‚bestärkt', zunehmend von anderen abhängig zu werden. Weil die Umwelt weniger von ihnen erwartet, erwarten ältere Menschen ebenfalls weniger von sich selbst, und sie gewöhnen sich das Denken ab." (Friedan 1995, 57)

>> Was erhält die geistige Leistungsfähigkeit im Älterwerden?

Die „neue" Erkenntnis ist: Geistige Regsamkeit, soziale Kontakte und körperliche Bewegung lassen neue Nervenzellen sprießen, was den Geist bis ins hohe Alter wach und flexibel halten kann (Blech 2006, 167). Dieses Wachsen der Nervenzellen wird Neurogenese genannt und ist offensichtlich ein Zauberwort für die Gehirnforschung geworden, weil gleichzeitig damit verbunden ist, dass sich neue Möglichkeiten zur Behandlung von Nervenkrankheiten wie Alzheimer, Parkinson oder Depression ergeben.

Sogar mit 60 Jahren ist das Gehirn noch in der Lage, mit Wachstum auf das Erlernen einer neuen Aufgabe zu reagieren. Das zeigt eine Studie des Hamburger Universitätskrankenhauses von Arne May, die Anfang Februar 2009 vorgestellt wurde. Personen zwischen 50 und 67 Jahren mussten sich während dieser Studie selbstständig das Jonglieren beibringen und diese Bewegungsabläufe komplett neu erlernen, eine enorme Herausforderung für die visuelle Wahrnehmung, für räumliches Vorstellungsvermögen sowie Reaktions- und Koordinationsfähigkeit. Das Ergebnis der Studie: Gewachsen waren alle Hirnbereiche, die für das Lernen und für die Wahrnehmung von Bewegungen im Raum von Bedeutung sind. Die Erweiterungen des Gehirns bilden sich jedoch zurück, wenn das Training nicht weitergeführt wird.

In einer Untersuchung des Erlanger Psychologieprofessors Wolf Oswald trainierten Psychologen mehr als 300 Menschen über 75 entweder kognitiv (Gedächtnistraining, Kompetenztraining für Alltagsfertigkeiten und schwierige Lebenssituationen) und/oder körperlich mit Bewegungsübungen wie Tanzen, Jonglieren und Balancieren. Das Ergebnis der Untersuchung ergab Folgendes: Die Teilnehmer hatten die trainierten Fähigkeiten ausnahmslos gesteigert. Das Training der geistigen Fähigkeiten führte zu noch besseren Ergebnissen, wenn es verbunden war mit sportlichen Übungen (Zittlau 1995, 48).

Neue Nervenzellen für neue Erinnerung – diese Formel beweist auch E. Goldberg, klinischer Psychologe der New York University; Manhattan. In seiner Praxis suchen ihn immer wieder ältere Menschen auf, die ständig ihre Schlüssel verlegen, die Herdplatte anlassen oder nicht mehr wissen, was auf der gerade gelesenen Buchseite steht. Gegen ihre Vergesslichkeit verschreibt ihnen Goldberg ein „Anti-Schusseligkeitsprogramm“ (Blech 2006, 169). Zweimal in der Woche sollen unterschiedliche Aufgaben am Computer gelöst werden. Bei 60 % der ersten 200 Testpersonen konnte der schleichende Verlust des Erinnerungsvermögens gestoppt werden und bei 30 % wurde das Gedächtnis sogar besser.

Die Übersetzung dieser wissenschaftlichen Untersuchungsergebnisse über Verfall, Erhalt oder Aufbau der geistigen Leistungsfähigkeit in unseren Alltag bestimmt entscheidend unsere persönliche Lebensführung. Gutes Gedächtnis und ein reger Geist hängen stark mit der psychischen Verfassung und einem aktiven, sinnerfüllten Lebensstil zusammen. Wer neue Herausforderungen sucht, wer Perspektiven für die Zukunft entwirft und sich aktiv betätigt, hat beste Aussichten auf einen hellwachen Geist auch im hohen Alter. Es reicht nicht, sich nur intensiv geistig zu beschäftigen, vielmehr ist ein Dreiklang von Aktivitäten gefordert, die sich offensichtlich gegenseitig bei der Erhaltung der geistigen Beweglichkeit ergänzen müssen:

- geistige Anregungen suchen,
- soziale Kontakte pflegen,
- körperliche Beweglichkeit üben.

Geistige Anregungen: Dazu gehören Aktivitäten, wie intensive Gespräche führen, Bücher lesen, Vorträge besuchen. Insgesamt können die Vorhaben aus dem oben abgebildeten Aktivitätenquadrat Schwerpunkt „Mehr wissen wollen“ genutzt werden. Sicherlich gehört auch einiges vom Schwerpunkt „Genießen und konsumieren“ dazu, z. B. Karten spielen oder Kreuzworträtsel lösen. Auch das Knobeln an Sudoku-Aufgaben hält Ihren Kopf fit. Auch trainiert es, den Alltag zu strukturieren. Das bedeutet, planerisch vorzugehen, statt einfach nur geschehen zu lassen. Gedankliche Vorausschau für die Gestaltung des Tages ist gefordert, was wir im Einzelnen oben empfohlen haben.

Soziale Kontakte: Wir müssen uns auf einzelne Menschen oder Gruppen von Menschen einstellen, zu jedem haben wir eine andere Beziehung, mit jedem müssen wir anders sprechen.

Unsere emotionale Kompetenz ist gefordert im Kontakt mit anderen: Wir fühlen uns ein oder grenzen uns ab, wir freuen uns mit oder trauern gemeinsam, wir tauschen Erlebnisse aus oder planen Unternehmungen.

Die Sozialpsychologin E. Langer (zit. nach Zittlau 1995, 48) empfiehlt im Gegensatz zu mechanischen, routinemäßigen Gedankengängen insbesondere Aufmerksamkeit, Nachdenklichkeit, Perspektivenvielfalt, Konzentriertheit, Interessiertheit und Offenheit zu trainieren. Damit will sie komplexe Denkvorgänge fördern, die meist mit dem sozialen Netz verbunden sind. Generell empfehlen wir deswegen, lösungsorientiertes, positives Denken zu erlernen. Das heißt: Nicht die Probleme, sondern die Lösungen stehen im Vordergrund und nicht negative, sondern positive Gedanken beflügeln uns.

Körperliche Beweglichkeit: Wird der Körper trainiert, fördert dies auch das Denkvermögen. Entscheidend ist, dass jede Bewegung durch Nervenzellen ausgelöst wird, deren Erhaltung dringend notwendig für den flüssigen Ablauf der Bewegungsvorgänge ist. Jeder Bewegungsvorgang erfordert also eine Koordination der angesprochenen Nervenzellen. Zum Beispiel muss die Überquerung einer belebten Straße für einen älteren Menschen mit besonders geschärfter Aufmerksamkeit erfolgen, wenn er nicht sehr geübt ist.

Das Trainieren der Bewegungen ist Voraussetzung für einen flüssigen Bewegungsablauf. Das kann sich auf Bewegungen im Haushalt beziehen, auf handwerkliche Arbeiten oder sportliche Aktivitäten. Die körperliche Aktivität trainiere das Gehirn sogar besser als die geistige, ist der Kölner Sportwissenschaftler Professor W. Hollmann überzeugt (Hollmann 2009, 8). Auch wer erst Mitte 60 loslege, halbiere das Risiko, an Demenz zu erkranken.

Kombination der Verhaltensweisen: Am besten wird sicherlich das Gehirn durch Aktivitäten trainiert, die eine Kombination dieser erwünschten Verhaltensweisen sind. Wenn Sie kochen, müssen Sie sich geistig anstrengen, um das Rezept zu verstehen und die einzelnen Arbeitsschritte zu erinnern. Sie führen feinmotorische Bewegungen mit dem Messer beim Kartoffelschälen oder Gemüsezubereiten aus, Sie machen komplizierte Bewegungen, um das Geschirr aus dem Schrank zu nehmen. Der soziale Kontakt entsteht schließlich beim gemeinsamen Essen mit Partnern oder Freunden.

„Tätig sein" im Sinne unseres Aktivitätenquadrats setzt sich meist auch aus den erwünschten Verhaltensweisen zusammen. Wenn ein Zimmer angestrichen werden soll, dann müssen Arbeitstage festgelegt werden, die Farbgebung muss entschieden und Räumarbeiten besprochen werden, die Planung der Besorgungen folgt – alles geistige Tätigkeiten. Schließlich ist das Anstreichen eine körperliche Bewegung.

Als besonders wirkungsvoll wird der sogenannte „Brainwalk" geschätzt. Dabei schärfen Sie beim Gehen oder Laufen zusätzlich Ihre Sinne: Achten Sie unterwegs etwa auf die Farbe Grün und versuchen Sie, möglichst viele Grünschattierungen zu unterscheiden und zu benennen.

Kleine Übung zum geistigen Training

Testen Sie bitte folgende Körperübung, die geistiges Training mit Bewegung verbindet: Machen Sie zehn bis zwanzig Kniebeugen. Lassen Sie dabei zugleich den Daumen über die Fingerspitzen wandern. Die Berührung der Fingerspitzen wirkt enorm anregend auf Ihr Gehirn. Hände, aber auch Lippen und Zunge, sind im Gehirn nämlich mit einer besonders großen Fläche repräsentiert.

Häufig wird älteren Menschen ein Gedächtnistraining empfohlen. Das ist sicherlich ratsam, reicht aber entsprechend den oben formulierten Anforderungen nicht aus.

>> Stress vermeiden

Theoretisch müsste der Stress nach dem Arbeitsleben abnehmen. Termindruck war früher Routine, doch jetzt führt er plötzlich zu besonderer Aufregung. Psychische Beanspruchungen sind im Alter weniger trainiert und machen deshalb ungewohnten Stress. So ist plötzlich die Abreise vor einem Flug mit Stress verbunden. Ängste kommen auf, ob alles klappen wird.

Wenn ein Fest in den eigenen Räumen stattfinden soll, wenn Kinder mit Enkelkindern zu Besuch kommen, kann Stress angesagt sein. Vieles geht bei uns Älteren langsamer, vielleicht kümmern wir uns auch intensiver um die Vorbereitungen. Unser Körper reagiert dann häufig in besonders empfindlichen Organen: Da kann das Herz mit Schmerzen reagieren, der Darm mit Durchfall für Aufregung sorgen. Das können die verspannten Schultern sein. Oder die Ohren dröhnen nach einer langen Autofahrt.

Da mögen einige Organe des Körpers überfordert sein, aber meistens ist damit der Kopf, genauer das gesamte Nervensystem, in Alarmbereitschaft versetzt. Stress wirkt sich sofort auf das Nervensystem aus, obwohl wir ihn erst durch körperliche Signale wahrnehmen, besonders den negativen Stress, den Dystress. Bei ihm fühlen wir uns überfordert, er macht uns ängstlich oder ärgerlich, wenn wir uns unter Zeitdruck gesetzt oder benachteiligt fühlen.

Was kann man gegen diesen Stress tun? Es gibt einfache und kompliziertere Möglichkeiten:

- Pause machen gilt zu allererst. Vielleicht wird die Pause mit einer Ablenkung verbunden, um aus dem Gedankenstress herauszufinden.
- Entspannung suchen, z. B. durch Lockerung der Muskulatur, durch kurzzeitige körperliche Anstrengungen oder auch durch autogenes Training.
- Programm zur Stressbewältigung durch Bekämpfung der Ursache oder des Anlasses für den Stress (siehe unten),
- Achtsamkeitstraining als Konzentration auf das Hier und Jetzt durchführen (siehe unten).
- Vorsorgeprogramm dient der regelmäßigen Vermeidung oder Minderung von Stress (siehe unten).

Hier sind drei Übungen, die jeweils am Abend nach anstrengendem Tagesstress durchgeführt werden können:

Übung zur Stressbewältigung

Ursache für Stress können Situationen sein, bei denen persönliche Verhaltensmuster die Oberhand gewinnen wie

- *Perfektionsprogramm: Alles muss perfekt sein. Ich kann alles selbst machen.*
- *Kampfprogramm: Ich darf mich nicht unterkriegen lassen, ich muss mich durchsetzen!*
- *Ärgerprogramm: Meine Erwartungen werden wieder nicht erfüllt.*
- *Angstprogramm: Ich habe Angst vor der Situation. Es wird sicherlich alles schwierig werden und schief gehen.*
- *Hetzeprogramm: Ich schaffe wahrscheinlich zeitlich nicht, was ich noch alles erledigen muss. Wieder habe ich den Zeitaufwand unterschätzt.*

Wenn Sie geprüft haben, welche Verhaltensmuster Sie häufiger bei Stress zeigen, sind Sie sehr aufmerksam und achtsam für sich geworden. Jetzt sollten Sie versuchen, mithilfe folgender Sätze größere innere Ruhe zu gewinnen.

- *Perfektionsprogramm: Ich muss nicht der Beste sein. Ich tue, was mir möglich ist, und das ist gut so. Was ist wirklich wichtig?*
- *Kampfprogramm: Ich versuche, gelassen zu bleiben. Vielleicht reicht auch ein Kompromiss.*
- *Ärgerprogramm: Ich werde meine Erwartungen überprüfen. Vielleicht muss ich meine Wünsche deutlicher aussprechen.*
- *Angstprogramm: Ich verlasse mich auf das, was ich erlebe, und nicht auf das, was ich erwarte und fantasiere. Und wenn es tatsächlich schief gehen sollte, gibt es wirklich Schlimmeres.*
- *Hetzeprogramm: Ich mache eins nach dem anderen. Ich brauche diese Zeit und kann sie mir nehmen.*

Voraussetzung für den Erfolg bei der Anwendung der neuen Sätze ist natürlich, nicht nur neu zu denken, sondern auch anders zu handeln. Was zur positiven Erfahrung führen kann und wird, ist, dass es tatsächlich möglich ist, seinen Stress zu verringern oder gar abzubauen.

Übung zum Achtsamkeitstraining

Mit dieser „MBSR" genannten Methode (mindfulness based stress reduction) haben Sie die Chance, Ihren Stress zu verringern durch schlichte Konzentration auf das, was Sie jetzt gerade erleben, was im Augenblick gerade passiert, in dieser Minute, in dieser Sekunde. Gedanken an das, was war oder zukünftig sein könnte, blenden Sie dabei aus. Wenn Sie sich nach drei oder vier Minuten an die gegenwärtige Situation wieder erinnern, werden Sie sich weniger gestresst fühlen. Es laufen dann nicht mehrere Gedankenschleifen nebeneinander her.

Sie haben sicher gemerkt: Das Stressbewältigungsprogramm und das Achtsamkeitstraining zeigen unterschiedliche Ansätze, die auch für Ihre Auswahl entscheidend sein sollten. Das erste will Sie auf das Erkennen Ihrer besonderen Muster in bestimmten Stresssituationen aufmerksam machen, das zweite will Ihnen die Gedankenflut nehmen, die Ihnen im Falle von Stress durch den Kopf saust. Insofern sollten Sie zuerst beide Programme ausprobieren und danach das Passende regelmäßig über vier Wochen nach jedem Stresstag durchführen. Nach erfolgreichem Training empfehlen wir, Ihre Erfahrungen in Ihr regelmäßiges Vorsorgeprogramm in unseren weiteren Übungsvorschlag „Tagesrückblick" zu integrieren.

Übung zur Vorsorge: Tagesrückblick

Ziel ist, gut und besser für sich zu sorgen, um Stress zu mindern oder zu vermeiden. Bitte nehmen Sie Stift und Papier und notieren Sie Ihre Beobachtungen bezogen auf folgende Fragen:

1. *Wie haben Sie Ihren Tag heute verlebt? Bitte in zeitlicher Reihenfolge Stichwörter aufschreiben – vom Aufstehen angefangen bis zum Schlafengehen – je genauer, desto besser.*
2. *Wann und wie haben Sie heute gut für sich gesorgt?*
3. *Wann und wie hätten Sie noch besser für sich sorgen können?*
4. *Worauf werden Sie morgen achten?*

Die erfolgreiche Anwendung dieser Anti-Stress-Empfehlungen bzw. Übungen ist allerdings begrenzt auf kleinere Irritationen durch Stress, die nur sporadisch auftreten. Sollte sich der Stress zu einem lebensbestimmenden Problem aufbauen, muss Rat gesucht werden bei guten Freunden oder Fachleuten, einem Therapeuten oder Psychiater. So ist z. B. eine andauernde Angst, eine vermeintliche Überlastung oder ein Sauberkeitstick erfolgreicher mit einem fremden Begleiter zu überwinden. Falls der unangenehme Dauerstress ungeklärt bleibt, können häufig auftretende stressbedingte Überreaktionen in Depressionen oder sogar in Wahnvorstellungen münden (Blech 2006 174; Koch 2006, 66).

>> Umgang mit belastenden Gefühlen

Im Ruhestand werden wir nicht nur angenehme Gefühle von Freiheit und unbeschwertem Leben spüren. Wir müssen auch mit bedrückenden Stimmungen rechnen, mit Ungewissheiten, wie unser Älterwerden ablaufen wird, mit Ängsten und besonders mit Abschieden.

Manchmal beobachten wir, wie bei Treffen im Freundeskreis ungewisse Ängste vor dem Ruhestand mit ironischen Bemerkungen überspielt werden, beispielsweise wenn über das Wiedersehen im Rollstuhl oder über das Leben in Seniorenheimen gewitzelt wird.

Machen wir uns klar: Viele Dinge, die wir befürchten, treten nicht ein. Das ist zwar bekannt, erstaunlich ist nur, warum wir daraus keine Schlussfolgerungen ziehen. Eine in die Zukunft gerichtete Angst ist immer spekulativ. Ungewisses und Unkonkretes über das Leben im Ruhestand kann dazu verleiten, sich diesen Lebensabschnitt schwammig, düster und pessimistisch zu phantasieren. Welche diffusen Ängste vor dem Älterwerden können auftauchen?

- Wenn ich nicht mehr zur Arbeit gehe, werde ich dann jeden Kontakt zu den Kollegen verlieren?
- Hoffentlich werde ich keine Kniebeschwerden bekommen.

- Eine Herzoperation muss ja etwas Furchtbares sein!
- Ich kann jetzt schon manche Namen kaum behalten.
- Was ist, wenn ich immer mehr vergesse?
- Was soll aus mir werden, wenn mich eine schwere Krankheit trifft?
- Wenn ich pflegebedürftig werden sollte, wer unterstützt mich dann?
- Wird meine Rente ausreichen, wenn die Pflegekosten steigen?

Diese Ängste können natürlich irgendwann einmal eine realistische Grundlage erhalten. Ob und wann, weiß keiner von uns.

Wir werden im Folgenden versuchen, unbestimmte Ängste zu konkretisieren. Wir sind dabei der Auffassung: Angst bewältigt man nicht durch Aussitzen, sondern durch Nachdenken über die tatsächlichen Umstände, über die reale Situation. Darüber hinaus überlegen wir, wie wir mit anderen belastenden Gefühlen wie Einsamkeit oder Abschieden umgehen können.

Angst vor den gesundheitlichen Folgen des Älterwerdens: Wir leben immerhin mit der Gewissheit, dass die Medizin sich stetig weiterentwickelt und Ärzte heute bessere Heilmöglichkeiten haben als noch vor zehn Jahren. Das bedeutet, dass wir zwar vielleicht Tabletten einnehmen müssen, aber sogar auch mit chronischen Krankheiten relativ gut leben können. Deswegen sollten wir düstere Gedanken und Befürchtungen stoppen, solange keine Beschwerden auftreten. Notfalls hilft auch ein Gespräch mit dem Hausarzt über unsere Sorgen.

Gezielte Vorsorge kann die Ängste vor abnehmender Gesundheit verringern. So wäre dann die Angst ein positiver Antreiber für die selbstgestellte Aufgabe, seinen Gesundheitszustand regelmäßig überprüfen zu lassen.

Angst vor Missgeschick oder Unfall: Es gibt Menschen, die sich große Sorgen um mögliche Ereignisse oder Gefahren in der Zukunft machen. Diese Sorgen können sich in Angst steigern, wenn tröstliche Erwartungen nicht erfüllt werden. Das kann sich schon allein darauf beziehen, dass ein Kind nach Ankunft im Urlaubsland sich nicht rechtzeitig zu Hause bei seinen Eltern meldet. Manchmal steigert sich die Angst in Panik. Wie lässt sich eine Sorge-Angst-Panik-Spirale verhindern?

Wir müssen uns möglichst schon zu Beginn der Sorge das vorliegende Problem sehr konkret vor Augen führen, um festzustellen, ob es überhaupt realistisch ist, sich Sorgen machen zu müssen. Können wir Gegenmaßnahmen zu dieser Sorge ergreifen? Wenn wir zum Beispiel auf den Anruf eines nahen Freundes oder der Kinder aus der Ferne unruhig warten, überlegen wir uns, welche konkrete Gefahr dort lauern könnte. Eine generelle Sorge vor Flugzeugabstürzen wird als Begründung nicht ausreichen. Vielleicht sollten wir auch bedenken, dass für die Betroffenen so ein Rückruf gar nicht wichtig ist und er deshalb einfach ausbleibt.

Das Aufkommen solcher Ängste kann sich im Älterwerden verstärken oder auch erst dann entstehen. Mit älteren Klienten, die von sich behaupten, dass sie leicht in Panik geraten, versuchen wir in Beratungssituationen herauszufinden, wann ihre spezielle Sorge in Angst und wann dann in Panik umschlägt. Wir prüfen gemeinsam, wann nach der konkreten Ursache gesucht wurde, schon zu Beginn der Sorge oder erst sehr spät nach dem Übergang zur Panik. Wir üben an kleinen Begebenheiten, die Realität wahrzunehmen, schon dann, wenn sich die Sorge meldet, um sich konkrete Verhaltensmöglichkeiten oder Handlungsfelder vorzustellen. Das ist eine rein verstandesmäßige Arbeit, muss es auch sein, weil die Zunahme von Angst und Panik eine Überschwemmung mit Gefühlen ist, die nur rational gesteuert werden kann.

Auch wenn im Älterwerden typischerweise mehr Ängste auftauchen, kann man versuchen, die Angst in den Griff zu bekommen. Wie das Wort „in den Griff bekommen" schon ausdrückt: Wir versuchen, die Angst zu greifen. Insbesondere unsere oben genannten Typen, der Bedenkenträger und der Enttäuschte, die von ihrer Struktur her eher pessimistische Phantasien entwickeln, können lernen, gut mit ihren Ängsten umzugehen und sie schließlich zu bewältigen. Es kann auch darum gehen, mithilfe der Ängste eigene Grenzen zu akzeptieren, sich dementsprechend zu verhalten und mögliche Alternativen auszuloten.

Günter wurde in den letzten Jahren beim Segeln deutlich ängstlicher. Er führt das darauf zurück, dass er als Dreiundsiebzigjähriger immer weniger geübt ist, mit risikoreichen Situationen umzugehen, sich nicht mehr schnell und wendig genug auf dem Boot bewegen kann und sich eher zu sehr auf seine Ängste konzentriert. Er hat sich eine Grenze gesetzt: Er wird das Segeln auf der Ostsee aufgeben und stattdessen intensiver auf Wanderreisen gehen.

Sorge wegen finanzieller Probleme: Es ist wenig aufbauend, ständig in einer ungewissen, unkonkreten Art über finanzielle Engpässe nachzudenken. Der Bedenkenträger und der Enttäuschte werden sich vermutlich große Sorgen über ihre Finanzen machen, und das gewiss schon seit längerer Zeit. Realistisch ist aber, dass eher ein finanzieller Engpass bei dem ewig jungen Mann oder bei dem Genießer entstehen wird, weil vom schönen Leben im Ruhestand erstmal nur geträumt wurde und plötzlich die konkreten Geldmittel für den Lebenszuschnitt nicht ausreichen oder auffällig eingeschränkt sind.

Letztlich kann ein finanzieller Engpass nur durch Rechnen mit anschließendem Überprüfen der künftigen Möglichkeiten gelöst werden. Welche Ansprüche sind unverzichtbar, welche lassen sich zurückschrauben. Es wäre z. B. zu überlegen, ob die große Wohnung gegen eine kleinere getauscht oder ein Zimmer vermietet werden könnte oder ob eine bezahlte Tätigkeit übernommen werden kann, um das schon lange erträumte neue Sofa zu erstehen.

Minderung des Selbstbewusstseins: Ertappen wir uns nicht selbst manchmal, wie wir in manchen Situationen eine negative Einstellung zu Älteren haben? Zum Beispiel, wenn wir eine Busladung mit grauhaarigen Menschen beobachten und dabei denken: „Überall diese Alten“ – im Sinne von: „Dazu gehören wir nicht“.

Wir wollen nicht als altes Eisen angesehen werden, wir fühlen uns dynamisch und viel Wert. Doch in der realen Welt fehlt auch uns die berufliche Anerkennung. Wer vermisst nicht berufliche Auftritte, die in der Vergangenheit den Stellenwert der Persönlichkeit verdeutlicht haben? Ehemalige Vorgesetzte müssen die Briefe jetzt nicht nur selbst schreiben, sondern auch noch selbst frankieren und zur Post bringen. Das kann schlechte Laune oder Aggressionen erzeugen, zumindest ist das eine Irritation, die sich auf die alte verlorene Rolle bezieht. Herr Lohse denkt im Film „Papa ante portas“ auch, dass er beim Einkaufen bevorzugt bedient werden wird – wie früher als Chef. Die Zeit ist vorbei.

Eine Minderung des Selbstbewusstseins wird immer dann auftreten, wenn wir unsere Erwartungen und Verhaltensweisen nicht den geänderten Umständen unseres Rentnerlebens anpassen. Besonders bei überhöhten Erwartungen an die persönliche Leistungsfähigkeit können Enttäuschungen vorprogrammiert sein.

Zu beherzigen ist: Lebensweise und Lebensstil müssen an die Lebenssituation angepasst werden. Das hat jeder immer schon in seinem Leben erfolgreich geübt! Warum nicht auch jetzt im Älterwerden?

Manchmal schmücken sich Eltern mit Erfolgen oder Besonderheiten aus dem Leben ihrer Kinder, als könnten sie dies als eigenen Erfolg verbuchen. Aber als taugliches Mittel zur Vergrößerung des eigenen Selbstbewusstseins kann der Stolz auf die Kinder nicht gut herhalten.

Angst vor Einsamkeit: Einsamkeitsgefühle kennen wir fast alle, aber meistens gehen sie vorüber: Wir verändern irgendetwas in unserem Leben, in unserem Verhalten.

Manche Menschen, nicht ausschließlich Alleinlebende, leiden anhaltend unter dem Gefühl von Einsamkeit, das kann sich mit zunehmendem Alter sogar verstärken. Die Empfindung, von anderen Menschen ungeliebt und isoliert zu sein oder nicht mehr gebraucht zu werden, kann dazu führen, sich als überflüssig zu betrachten. Ein tiefer Schmerz plagt Einsame, weil sie mit keinem das, was sie bewegt, teilen können. Minderwertigkeitsgefühle kommen hinzu: „Niemand mag mich."

Ein Teufelskreis kann entstehen: Wir verkriechen uns immer mehr in unser Schneckenhaus, unsere Fähigkeiten, mit anderen Kontakt aufzunehmen, verringern sich, genau wie unsere Fähigkeit, Kontakte zu pflegen. Vielleicht verlernen wir zu lächeln, sind leicht beleidigt, reagieren giftig oder sarkastisch oder wirken arrogant und abweisend.

Ob wir uns einsam fühlen, hat viel mit unserer inneren Einstellung zu tun. Was macht uns für Einsamkeit besonders empfänglich? In erster Linie eine negative Einstellung uns selbst gegenüber. Wir haben den Eindruck: Wir können nichts, haben auch nichts zu sagen, sind eher wertlos. Wir schämen uns ob unserer Einsamkeit.

Wie lassen sich diese Einstellungen überwinden? Indem wir uns sagen: Einsamkeit ist kein Makel. Aber auch kein Schicksal, das wir hinnehmen müssen. Einsamkeit ist etwas, für das wir mitverantwortlich sind, das wir verändern können. Aber wie?

Zu allererst nehmen Sie sich bitte vor, sich selbst gut zu behandeln, so wie Sie einen guten Freund behandeln würden. Kochen Sie sich ein leckeres Essen, dekorieren Sie Ihren Essplatz. Mögen Sie Blumen hinstellen? Oder eine Kerze anzünden?

Dann heißt es: Raus aus der Wohnung. Ja, man kann sich auch einsam fühlen unter anderen Menschen. Aber es bestehen draußen Möglichkeiten, andere Menschen kennenzulernen. Schrauben Sie Ihre Erwartungen an andere zurück, stecken Sie Vorbehalte weg, urteilen Sie milde. Erwartungen, Vorbehalte, Kritikpunkte sind ein großer, fast unüberwindbarer Berg von Felsbrocken, der um den Einsamen aufgebaut ist. Er ist damit isoliert, er kann zu den Mitmenschen nur schwer vordringen. Diese Felsbrocken müssen weggeräumt werden, und zwar vom Einsamen selbst.

Wir möchten dies am Beispiel unserer Typen im Älterwerden verdeutlichen: Der Weitermacher, der Genießer, der Suchende und der Helfer werden sich kaum einsam fühlen, weil sie gewohnt sind, mit anderen Menschen Kontakt zu pflegen oder auf sie zuzugehen. Der Zurückgezogene wird warten, bis jemand auf ihn zukommt, dann kann es allerdings sehr interessant werden. Vor dem Bedenkenträger und dem Enttäuschten werden die großen Felsbrocken liegen, für sie wird es Schwerstarbeit sein, sie wegzuräumen. Ihre Aufgabe müsste sein herauszufinden, welche hinderlichen Erwartungen und Vorbehalte im Wege liegen.

Zuletzt: Stellen Sie sich Aufgaben, die für Sie Sinn machen. Sogar kleine Beschäftigungen können eine neue Bedeutung bekommen: Manchmal helfen Handarbeiten, mit denen wir gleichzeitig Geschenke produzieren. So lassen sich Angehörige oder Freunde mit Pulswärmern, Handschuhen und Bettsocken erfreuen. Oder ein technisch begabter Älterer verfasst ein Handbuch über sein Haus mit Beschreibung des Bauzustandes und der Lage aller Versorgungsleitungen und schenkt es den Kindern, die dieses Haus einmal erben und erhalten sollen. Damit die Kinder bei später auftretenden Komplikationen am Haus eine informative Hilfe zur Hand haben.

Welche Hobbys begeistern Sie? Lohnt es sich, sie weiter auszubauen? Können Sie auf dem Gebiet noch etwas dazulernen? Was ist mit ehrenamtlichen Tätigkeiten? Wollen Sie sich für Notleidende engagieren? Für die Umwelt? Für Tiere? Zwangsläufig werden Sie dann in sozialen Kontakt mit anderen Menschen treten.

Einsamkeitsgefühle können mit dem Halten von Haustieren verringert werden. Fürsorge und Verantwortung für etwas Lebendiges schafft Zuversicht und Glück. Gleichzeitig zwingt die Versorgung der Haustiere zur Einhaltung einer Tagesstruktur.

Wenn Gefühle der Einsamkeit nicht nachlassen, ständig wieder hochkommen, setzt manchmal Gleichgültigkeit ein. Damit wird Antriebslosigkeit gefördert. Der Haushalt wird zum Chaos, die Selbstdisziplin schwindet. Eine niederdrückende Stimmung macht sich breit, begleitet von Willenlosigkeit und schlechter Laune. Das verlangt nach Aktivitäten, die volle Konzentration erfordern, eine Voraussetzung dafür, dass schlechte Stimmung unwillkürlich weichen kann. Wir empfehlen in solchen Situationen dringend, sich wieder eine Tagesstruktur zu geben, Aktivitäten zu planen und diese auch wirklich einzuhalten. Im Zweifel ist es gut zu wagen, einen Freund oder Bekannte um Unterstützung zu bitten, die durch besondere Verabredungen auf die Einhaltung eines geregelten Tagesablaufs achten. Sonst besteht die Gefahr, dass eine derartige Situation abrutschen kann in Drogenkonsum, in Resignation oder auch in Depression.

Anderen zur Last fallen: Es gibt Menschen, die Hilfe – vielleicht im Haushalt, im Garten oder beim Verfassen von Schriftsätzen – brauchen und sich nicht trauen, um Unterstützung zu bitten. Sie wollen niemandem zur Last fallen. Häufig steht hinter so einem Verhalten ein besonders ausgeprägtes Bedürfnis nach Autonomie. Vielleicht haben diese Menschen Vorbilder in nahestehenden Angehörigen erlebt, die sehr selbstständig ihr Leben geführt und kaum Hilfe angefordert haben. Vielleicht spielt auch falscher Ehrgeiz oder Eitelkeit eine Rolle, sich keine von ihnen als Schwäche eingestufte Blöße zu geben. Diese Menschen motiviert eventuell die Vorstellung, was sie selbst denn tun würden oder bereits schon tun, wenn sie um Unterstützung gebeten werden. Sicher würden sie dort helfen, wo es ihnen möglich ist. Sicher haben sie auch schon vielen anderen geholfen. Was macht es, wenn sie selbst jetzt einmal dran sind? Ein Vorteil für solche Typen: Aus ihrer Zurückhaltung heraus werden sie ihre Wünsche und Bedürfnisse vorsichtig und eher schüchtern vortragen als unangenehm fordernd. So lassen sie dem Gegenüber Raum zur Entscheidung, inwieweit er sich engagieren will und kann. Zusätzlich wird ihr Anliegen sicher von all denen verständnisvoll angenommen werden, denen sie bereits geholfen haben.

Häufig werden die eigenen Kinder angesprochen, so es sie denn gibt. Aber haben sie auch wirklich Zeit oder fühlen sie sich nur moralisch verpflichtet? Möglicherweise bieten sich gleichaltrige Nachbarn an, die sicher nicht nur mehr Zeit haben, sondern vielleicht auch eine innere Verpflichtung zur Nachbarschaftshilfe spüren.

Ängste vor schwerer Krankheit: Besondere Ängste können vor unvorhersehbaren Krankheiten entstehen. Niemand wünscht sich, so krank und bettlägerig zu werden, dass er Zweifel bekommt, wie lebenswert sein Leben noch sein kann.

Menschen, die nie krank waren, sind besonders fassungslos, wenn es sie trifft. Das ist natürlich für den Einzelnen eine große Katastrophe, insbesondere wenn er kaum darüber nachgedacht hat, wie mit schwerer Krankheit umzugehen wäre. Aber auch die Nachdenklichen wird es hart treffen.

Mut machen Gedanken, die sich auf Heilungschancen bei einer Krankheit richten. So ist eine Herzoperation oder eine Prostata-Operation heute beinahe schon ein „normaler" Vorgang, bei dem man weder um sein Leben noch um seine Lebensqualität fürchten muss.

Wie werden wir wohl reagieren, wenn wir wirklich schwer erkranken? Lassen wir uns in große Niedergeschlagenheit fallen oder versprechen wir uns, auch diese Prüfung des Lebens durchzustehen? Nach dem ersten Schock wird man überlegen, wie man sein Leben intensiver oder anders gestalten kann. Und sicherlich kann eine positive Haltung einen Gesundungsprozess einleiten.

Abschiede: Abschiede aller Art sind ein begleitendes Lebensthema von Ruheständlern. Das fängt mit dem Abschied vom Beruf an, der ein erheblicher Einschnitt ist. Abschiede von besonderen Hobbys müssen akzeptiert werden: So kann ein alter Freund von uns nicht mehr sicher seine Stimme im Chor halten, ein anderer verabschiedet sich gerade von seiner liebgewordenen Sportart, dem Marathonlauf.

Es gibt weitere Einschnitte, die durch einen Abschied Einschränkungen oder zumindest eine Veränderung im Leben zur Folge haben:

- Eines der Kinder oder ein wichtiger Freund zieht aus der Gegend weg.
- Der Umzug in eine kleinere Wohnung oder in eine Seniorenwohnung steht bevor.
- Auf das Auto muss aus Kostengründen verzichtet werden.

- Die Selbstständigkeit verringert sich mit der Betreuung durch einen Pflegedienst.
- Nur noch selten kommt Familienbesuch.
- Wenn ein Lebenspartner stirbt, wenn nahe Angehörige oder Freunde unheilbar krank werden oder sterben, kann uns tiefe Trauer noch jahrelang begleiten.

Eine ständige Umstellung auf neue Situationen wird erforderlich. Der Tod von liebgewonnenen Menschen erzeugt Verzweiflung und Hilflosigkeit, andere Abschiede verletzen durch den Verzicht auf Teile des Zuhauses, und schließlich ist es schmerzhaft, seine autonome Lebensweise eingeschränkt zu wissen. Das alles ist unterschiedlich sehr bedrückend. Aber es erscheint zwecklos, sich dagegen zu wehren. Wir erfahren bei diesen Abschieden mehr und mehr die Endlichkeit unseres Lebens und müssen lernen, sie anzunehmen. Wir können die Trauer darüber vielleicht überwinden, wenn wir uns bemühen, im „Hier und Heute" zu leben und versuchen, zumindest kleine Freuden zu entdecken und sie für unser Leben zu erhalten.

Wer nichts mehr vom Leben erwartet, wird in Resignation abgleiten. Schulen wir unsere Sinne, halten wir Augen und Ohren offen, damit wir die Angebote des Lebens erkennen und ergreifen können.

Angst vor dem Lebensende: Im Älterwerden und spätestens im hohen Alter setzen wir uns innerlich mit der Endlichkeit des Lebens auseinander. Manche gehen zu Beginn des Ruhestands noch von einem unbegrenzten Leben aus. Nach zwei bis drei Jahren im Ruhestand wird das Lebensende schließlich doch zu einem Thema, dann nämlich, wenn die Rolle als Ruheständler wirklich angenommen und akzeptiert ist.

Bei der inneren Beschäftigung mit dem Lebensende kommen uns Gedanken über Glaubensfragen, je nachdem ob und in welchem Glauben wir mehr oder weniger streng erzogen wurden. In vielen Religionen gehört dazu die Frage nach dem ewigen Leben. Glauben wir an ein ewiges Leben? Werden uns religiöse Wertvorstellungen auch in schwierigen Zeiten leiten? Für manche werden sie ein Halt sein, andere befinden sich auf der Suche oder nennen sich Atheisten. Welches Wertefundament soll gelten? Seine bevorzugten Werte wird jeder selbst finden, sie vielleicht abgleichen mit gesellschaftlich geforderten Werten und die eigenen Werte im Ruhestand leben.

Egal, zu welcher Glaubens- oder Denkrichtung sich der Einzelne zugehörig fühlen mag, wichtig ist für alle, durch einen ständigen inneren Dialog das Lebensende zu akzeptieren. Dann kann die Angst vor dem Lebensende, vor dem Sterben und vor dem Tod schwinden. Für den inneren Dialog spielen auch vorausgehende Erlebnisse mit dem eigenen Gesundheitszustand oder Erfahrungen mit dem von Freunden eine Rolle.

Günter hat vor einiger Zeit eine schwere Herzoperation überstanden. Wie er meint, hat er dadurch endgültig begriffen, dass sein Leben irgendwann ein Ende haben wird. Er denkt inzwischen, dass er durch diese Herzoperation sogar ein zweites Leben geschenkt bekommen hat und dieses neue Leben wesentlich bewusster führt, gestaltet und erlebt.

Möglicherweise gehört dazu ein Prozess des inneren Trauerns. Einerseits will sich niemand von der Gemeinschaft so leicht verabschieden, andererseits müssen wir akzeptieren lernen, irgendwann nicht mehr dazuzugehören.

Vermeiden von krisenhaften Entwicklungen: Die Gefühlswelt ist im Älterwerden vielleicht sensibler als im Erwachsenenalter. Als 50-Jähriger ist man zunächst von vielen Aufgaben und Verantwortlichkeiten absorbiert. Das nimmt im Alter ab, dafür konzentriert sich das Denken und Fühlen mehr auf das eigene Wohlbefinden und die Gesundheit. Diese größere Ichbezogenheit kann auch negative Gefühle übergroß werden lassen, eine Ursache für tief greifende Gefühlskrisen.

Wir wurden mit negativen Gefühlen von unserer 90-jährigen, alleinlebenden Tante konfrontiert. Bei unserer Ankunft musste sie erstmal eine halbe Stunde schimpfen über ihre Knieschmerzen, über die wenig hilfsbereiten Nachbarn, über den Pflegedienst und über den wuchernden Garten. Sie war verzweifelt, in

Haus und Garten nicht mehr alles selbst schaffen zu können. Erst danach konnte sie wieder wie erlöst lachen und sich über unsere Anwesenheit freuen. Für sie war es erleichternd, uns ihre Ängste, Sorgen und ihre Ungeduld mit sich selber anvertraut zu haben.

Es tut gut, wenn es gelingt, das Anschwellen von Gefühlen wie Angst, Antriebslosigkeit, Lustlosigkeit, Trauer oder Verzweiflung einzudämmen. Manchmal hilft es schon, die aufkommenden Ängste zu differenzieren, z. B. aufzuschreiben, was genau einen ängstigt. Denn die Bewusstmachung der Ängste schafft bereits eine gewisse Distanz zu ihnen. Wir sind ihnen nicht ausgeliefert, „wenn wir sie wie einen inneren Film anschauen, mit dessen Inhalt wir nichts zu tun haben, wenn wir sie wie ein interessantes Objekt studieren und uns fragen, was uns wohl gleich zu diesem Thema einfallen wird" (Böschemeyer 2003, 254). Oder es kann uns helfen, wenn wir bestimmte Leitgedanken oder Worte in unser Denken und in unsere Sprache aufnehmen, damit sie ein Gegengewicht entwickeln, wie zum Beispiel diese:

- Nun reicht's.
- Heute ist ein neuer Tag.
- Wenn nicht jetzt, wann dann?

Wenn uns Ängste plagen, können wir auch überlegen, was das Schlimmste, das Zweitschlimmste, das Nächstschlimmste sein könnte. Die Differenzierung der Ängste verringert den Druck, und wir erkennen dann leichter, welches Thema vorrangig ist, welches eher nachgeordnet.

Auch stark belastende Probleme müssen uns letztlich nicht mutlos machen: Mut lässt sich nicht verlieren, nur der Zugang zu unserem Mut kann zeitweise verloren gehen. „Mut ist eine zu jedem Menschen gehörende Eigenschaft, die zwar verschüttet sein, aber niemals verloren gehen kann. Wäre es anders, könnten wir dieses Leben in all seiner Zerrissenheit wohl kaum überleben" (Böschemeyer 2003, 329). Wir sollten uns an Geschehen erinnern, in denen wir uns als mutig erlebt haben. Das gibt Zuversicht, auch kritische Situationen zu meistern.

Informationen zur Altersdepression: Es gibt depressiv genannte Zustände, die in bestimmten Situationen zum Leben dazugehören, sie können also den Problemen angemessen sein. Erst wenn uns das Gefühl der Niedergeschlagenheit so stark belastet, dass die Freude am Leben dem Druck im Leben weicht, sprechen wir von Depression.

Die Depression kann insbesondere auch organische Gründe haben, wenn im Gehirn die Produktion von körpereigenen Botenstoffen, spezifischen Neurotransmittern, verringert ist, was gerade im Älterwerden geschehen kann.

Depressionen sind manchmal schwierig zu erkennen. Allgemein wird vermutet, dass jeder fünfte Ältere über 60 Jahre unter Depressionen leidet. Wann wird eine Verstimmung zu einem Alarmzeichen für eine einsetzende Depression?

- Wenn ein Mensch sich niedergeschlagen, tief verzweifelt und traurig fühlt. Die Welt ist grau, die Zukunft ohne Sinn.
- Wenn man sich wie versteinert fühlt. Weinen löst keine Anspannung.
- Wenn jemand sich von geliebten Menschen und von seinen sonstigen Aufgaben und Verantwortlichkeiten zurückzieht, sich lustlos fühlt und nichts mehr unternehmen will.
- Wenn die Entscheidungskraft wie blockiert ist. Man weiß, was man tun müsste, kann es aber nicht tun.
- Wenn man von Schlaflosigkeit geplagt ist, kaum noch Appetit hat, unter Kopfschmerzen leidet oder Verspannungen in Rücken oder Nacken schmerzen.
- Wenn der Betroffene das Gefühl hat, für alle nur noch eine Belastung zu sein.
- Wenn jemand das Gefühl hat, „der Dümmste und der Wertloseste zu sein“. (Schmidbauer 2003, 91)
- Wenn das momentane Leben sinnlos erscheint.

Wenn ein Angehöriger die oben genannten Alarmzeichen beobachtet, sollte er den Betroffenen vorsichtig darauf ansprechen. Es kann wie eine Erlösung wirken, wenn die Person endlich über ihre Situation sprechen kann, von alleine hätte sie sich vielleicht nicht getraut, das Thema anzuschneiden. Jetzt sollte schnellstmöglich über eine Behandlung nachgedacht werden.

> Wohnen und Leben im Ruhestand

Vordenken ja, aber erstmal abwarten!

>> Was macht das Zuhause aus?

Das Wohnen bekommt mit dem Ruhestand eine besondere Bedeutung, weil ein großer Teil unseres Lebens immer mehr in der Wohnung und im gesamten Wohnumfeld stattfindet. Dort haben wir in der Vergangenheit Freud und Leid erlebt, dort hatten wir in den letzten fünf oder gar zwanzig Jahren unseren Rückzugsort, dort konnten wir uns ungestört erholen und nachdenken. Die Wohnung selbst umgibt uns mit Bildern und Möbelstücken, die sehr persönlich sind, die zu uns gehören. An jedem Gegenstand, der uns manchmal über Jahre oder Jahrzehnte begleitet hat, hängen Erinnerungen. Sie verbinden die Gegenwart mit unserer Vergangenheit. Wegwerfen der liebgewordenen Sachen scheint wie ein Verrat an unserer eigenen Geschichte zu sein und an den Menschen, an die sie uns erinnern. So wird unser Zuhause unverwechselbar.

Dieses Zuhause ist nicht nur die Wohnung selbst oder das Haus, in dem wir leben. In unserem Inneren bedeutet es mehr: Nachbarn und Freunde in der Nähe verkörpern unser Gemeinschaftsgefühl, dazu kommt die vertraute Gegend mit bekannten Straßen und Plätzen.

Insofern bewegt viele Menschen die Frage: Wie wohne und lebe ich im Ruhestand? Sie bezieht sich meist als Erstes auf das räumliche Wohnen: Behalten wir die eigene Wohnung oder ziehen wir in eine andere um oder sogar in eine Seniorenwohnanlage? Damit hängen weitere Fragen zusammen: Wie erhalten wir unser soziales Netz? Wie gehen wir mit möglicher Einsamkeit um? Wie können wir uns im Älterwerden versorgen und haushalten? Was wird, wenn wir pflegebedürftig sein sollten?

Diese Fragen stehen irgendwann zur Entscheidung an. Sich damit frühzeitig zu befassen, führt zu klareren Vorstellungen und nimmt Ängste. Da das künftige Wohnen im tieferen Sinne weniger ein Problem der praktischen Wohnräumlichkeiten ist, werden wir zunächst die mehr persönlichen Fragen besprechen, die sich aus den Bedürfnissen und Erfordernissen ergeben werden.

>> Kann man das Zuhausegefühl bei einem Umzug erhalten?

Natürlich ist ein Zuhausegefühl in der alten Wohnung erstmal gewährleistet. Deswegen entscheiden sich die meisten Menschen, in ihrem bisherigen Wohnumfeld zu bleiben. Selbst von den pflegebedürftigen Menschen wohnen fast Dreiviertel noch zu Hause (Bohsem 2009).

Aber wie können wir ein Zuhausegefühl neu gewinnen, falls wir in eine andere Wohnung oder in eine Seniorenwohnanlage umziehen?

> Wir sollten möglichst viele Möbel oder Erinnerungsstücke, insbesondere Bilder, mitnehmen. Möglicherweise ist einiges zu groß oder es sind zu viele Möbelstücke vorhanden. Es gilt auszuwählen und sich von liebgewordenen Dingen zu verabschieden.
> Wir sollten in der neuen Wohnung haushalten und uns versorgen können. In Seniorenwohnanlagen werden die Koch- und Versorgungseinrichtungen auf ein Minimum reduziert sein. Das Haushalten und Versorgen hat aber eine wichtige Funktion, wenn man Wert darauf legt, autonom zu bleiben.
> Können wir weiterhin Kontakt halten zu Nachbarn und Freunden aus dem alten Umfeld? Falls der Kontakt schwie-

riger wird, müssen wir nach anderen Kontaktmöglichkeiten Ausschau halten. Mindestens bleibt der Kontakt über Telefon oder Internet. Bei Umzug in eine Seniorenwohnanlage bestehen meist gute Chancen für neue Kontakte, wenn man bereit ist, auf andere zuzugehen.

- Ist von der neuen Lage aus ein Einkaufsbummel möglich? Können Spaziergänge oder Wanderungen wie bisher unternommen werden?
- Sind die wichtigsten Ärzte erreichbar?

Wenn Sie diese Punkte innerlich bewerten, wird Ihnen bewusst, welcher Verlust oder Gewinn durch einen Umzug entstehen kann. Vor Abstrichen und Veränderungen sollten wir nicht die Augen verschließen.

Ursprünglich hatte Frau H. geplant, mit 80 Jahren in ein Seniorenheim zu ziehen. Sie ist Witwe und hat so einen Umzug bei ihren Schwestern miterlebt. Aber als ihr plötzlich ein Zimmer im Seniorenheim angeboten wurde, schreckte sie zurück, weil sie ihr Zuhause, ihr kleines Haus, doch zu sehr liebte. Sie hatte das Gefühl, dass sie sich mit dem Abschied von ihrem Zuhause gleichzeitig von vielen schönen Teilen ihres Lebens trennen müsste. Erleichternd kam hinzu, dass ihr frühpensionierter Sohn und seine Frau versprachen, sie zu unterstützen, obwohl sie getrennt von ihr in einer Entfernung von 10 Minuten Fußweg wohnen. Dieses Versprechen wurde vor zwei Jahren gegeben und eingelöst. Es hat sich seitdem für Frau H. gut bewährt. Ihr Sohn kommt regelmäßig morgens zum gemeinsamen Frühstück. Mittags bereitet er ein Essen vor oder er holt sie zu sich nach Hause. Das Abendessen bereitet sie sich selber, zwischen 21 und 22 Uhr kommt er noch einmal, um ihr beim Zubettgehen zu helfen, zumal sie dazu beschwerliche Treppen zum ersten Stock hochsteigen muss. Ihre Schwiegertochter sorgt für die Sauberkeit von Wohnung und Wäsche. Da bisher das Haus wenig altersgerecht ausgestattet ist, wird zurzeit überlegt, ob sie ihr Schlafzimmer vom ersten Stock in das Wohnzimmer im Erdgeschoss verlegen kann. Dann müsste die Küche zu einer Wohnküche umgestaltet werden.

>> Was können Anlässe für einen Umzug sein?

Wechsel in eine altersgerechte Wohnung: Freunde von uns im Alter um die 60 sind aus ihrer Wohnung im vierten Stock ins Parterre gezogen, um im Älterwerden freien Zugang nach draußen zu bekommen. Anstoß war zunächst eine Mieterhöhung, die eine Veränderung notwendig machte. Mit ihrer Entscheidung haben sie gleichzeitig beschwerliches Treppensteigen im Alter ausgeschlossen. Sie konnten mit allem Mobiliar umziehen, ohne Abstriche machen zu müssen.

Es ist also empfehlenswert zu prüfen, ob die eigene Wohnung auch altersgerecht ist, ohne Stolperstellen oder Treppenstufen. Wird eine Veränderung in Kauf genommen, so kann eher gewährleistet sein, bis ins hohe Alter in den eigenen vier Wänden verbleiben zu können.

Unwohlfühlen in der alten Wohnung: Allein leben in seinem Zuhause kann Ängste vorm Alleinsein auslösen, wenn vor allem das soziale Netz gestört ist, vielleicht durch den Tod eines Partners. Alleingelassen können sich Ältere auch fühlen, wenn sie eine längere Zeit krank oder schwach waren. Dazu drei Beispiele:

- Eine Frau aus unserem Stadtteil will in ihrem Haus nicht alleine wohnen bleiben, nachdem ihr Mann gestorben ist.
- Eine mehrmalige schwere Grippe führt bei einer alleinstehenden Freundin zum Entschluss, in eine Seniorenanlage zu ziehen, um im Falle einer Krankheit besser versorgt zu sein.
- Die zunehmend fehlende Nähe zu den Kindern führt zu einem Umzug der alleinstehenden Mutter in das Haus des Sohnes.

Typischerweise sind das Beispiele von Alleinstehenden. Ohne Partner zu leben kann im Älterwerden zu Verunsicherung führen, deswegen macht es für Alleinstehende Sinn, sich frühzeitig für eine Seniorenwohnanlage zu entscheiden und zumindest eine Anmeldung für später abzugeben. Wird ein Umzug rechtzeitig unternommen, wird sich leichter ein neues soziales Netz in der Wohnanlage aufbauen lassen.

Einige Ruheständler beschließen schon sehr frühzeitig, in eine Seniorenwohnanlage zu gehen. Dazu mehrere Beispiele:

Anmeldung für ein nahes Seniorenheim

Frau M. ist 85 Jahre alt, Witwe und lebt zufrieden in ihrer Zweizimmerwohnung. Doch immer mehr wird ihr deutlich, dass ihr Pflegedienst zwar eine große Hilfe ist, aber die Bewegung in der Wohnung immer beschwerlicher wird. Jetzt plant sie ihre Zukunft: „So gern ich in meiner Wohnung lebe, ich sehe ein, dass ich demnächst umziehen muss." Ihre Wahl ist ein Seniorenheim nahe ihres jetzigen Hauses. Sie ist angemeldet und hofft auf ein großes, helles Zimmer und auf angenehme Mitbewohner. „Dann habe ich Hilfe auch nachts. Das gibt mir Sicherheit. Und ich bleibe in der Nähe von meinen Nachbarn."

Sich zu Hause fühlen – frühe erfolgreiche Entscheidung

Frau D., 86 Jahre alt, zog vor 14 Jahren aus ihrer Vierzimmerwohnung in das Appartement einer Seniorenwohnanlage. Es war ein früher Wechsel für sie, aber nach dem Tod ihres Mannes wollte sie näher bei ihren Kindern wohnen. Jetzt hat sie nur einen Fußweg von 20 Minuten bis zu ihrer Tochter, gleichzeitig kann sie ganz in ihrer Nähe in einem kleinen Stadtviertel einkaufen, durch den Wochenmarkt schlendern und auch mal Kaffeetrinken gehen.

Als sie in ihr Appartement einzog, kannte sie niemanden. Sie empfand den Umzug so, als zöge sie in ein fremdes Mietshaus ein. Aber bald ergaben sich Kontakte durch Begegnungen auf dem Flur oder bei Veranstaltungen. Dafür gibt es häufiger Gelegenheiten, z. B. beim Sommerfest oder beim jährlichen Erdbeerfest mit Früchten, Erdbeertorte und Erdbeerbowle oder bei jedem Geburtstagskaffeetrinken. Ein besonderes Ereignis ist für Frau D. das monatliche Bingo-Spiel, bei dem sie Geselligkeit erlebt. Inzwischen hat sie einen Kreis von Bekannten, die sich auch gegenseitig besuchen oder kleine Unternehmungen gemeinsam machen, z. B. ist sie immer dabei, wenn monatlich der Theaterbus Mitbewohner zum Theater oder zur Oper fährt.

Ihr Umzug in die Seniorenwohnanlage war zunächst sehr einschneidend, zumal sie auf viele liebgewordene Möbel ver-

zichten musste. In ihrer kleinen Wohnung mit großem Wohnzimmer einschließlich Schlafecke, einer kleinen Küche, Bad und Flur fühlt sie sich jetzt sehr wohl, sie schätzt die Läden in erreichbarer Nähe und kann dadurch gut selbstständig wirtschaften. Sie bereitet sich ihre Mahlzeiten selbst und kauft auch dafür ein.

Frau D. fühlt sich in ihrem Appartement ganz zu Hause. Sie hat durch ihre Kontakte das Gefühl, ständig unter Menschen zu sein. Und jetzt im höheren Alter ist sie froh, dass sie sich auch mal, wenn es ihr nicht so gut geht, durch Pflegerinnen unterstützen lassen kann.

Eingewöhnungsschwierigkeiten am Anfang

Eigentlich hatte Hans in seinem Stadtteil bis ins hohe Alter wohnen wollen, aber seine beiden Schwestern überredeten ihn, mit seinen 68 Jahren in eine Seniorenwohnanlage mit betreutem Wohnen ganz in ihrer Nähe zu wechseln. Als er dort schon drei Monate lebte, war er immer noch nicht richtig angekommen. Sicherlich, er hat ein schön eingerichtetes Appartement. Er erfreut sich an seinen alten Möbeln und erzählt bereitwillig Geschichten, die mit den aufgehängten Familienbildern zusammenhängen. Alles spiegelt ein Stück seines Lebens wider. Weshalb konnte er sich noch nicht richtig zu Hause fühlen? Was ihm fehlte, waren die alten Kontakte aus seiner früheren Wohnung und seiner alten Straße. Auch ist der Weg zu Bekannten und Freunden weiter geworden. Ihm erschien die Welt des Seniorenheimes sehr fremd. Ständig mit älteren Menschen umgeben zu sein, empfand er als einschränkend. Früher hatte sich Hans bei Tagungen als ehrenamtlicher Helfer für Behinderte betätigt, jetzt sieht er täglich beim Mittagessen Menschen mit Behinderungen, ohne allerdings für sie verantwortlich sein zu müssen. Seine innere Auseinandersetzung mit dem Älterwerden wurde damit zum täglichen Thema, daran musste er sich erst einmal gewöhnen. Ein zweites Problem war die Kontaktaufnahme zu seinen Mitbewohnern. Welche Themen boten sich an, um mit ihnen ins Gespräch zu kommen? Er selbst lehnte es ab, sich wiederholt die Geschichten anderer über ihr Leben anzuhören. Glück hatte er, dass sein regelmäßiger Gesprächspartner bei Tisch sein Vetter war, damit konnten sie gemeinsam über Vertrautes in der großen Familie reden. Auch erfreuten ihn besonders Gespräche mit zwei Tischnachbarinnen, die sich gern mit ihm über kulturelle Ereignisse austauschten.

All das machte ihn aber noch nicht genügend mit der Atmosphäre in seinem neuen Lebensbereich vertraut und glücklich. Verstandesmäßig konnte er seine Entscheidung für den Umzug zwar gutheißen. Er weiß, als Alleinstehender wird er hier in seinem neuen Zuhause nicht alleingelassen sein, wenn er z. B. gesundheitliche Probleme haben sollte. Das war auch die Hoffnung der Schwestern, die ihn manchmal zu sich einladen, eine wohnt mit ihrer Familie sozusagen um die Ecke.

Dann hatte Hans sich vorgenommen, regelmäßig Veranstaltungen im Haus zu besuchen, um Gleichgesinnte kennenzulernen, zusätzlich nahm er an den wöchentlichen Wanderungen teil. Allmählich lernte er für ihn interessante Menschen kennen, die ihm langsam immer vertrauter wurden. Und heute, neun Monate später, ist er seinen Schwestern dankbar: Er hat ein neues Zuhause gefunden, angenehme Kontakte geknüpft und ist mit sich zufrieden.

Umzug wegen Pflegebedürftigkeit

Dagegen ist der negative Fall eines durch Gebrechlichkeit erzwungenen Umzugs in ein Pflegeheim viel einschneidender. Meist geschieht dies für den Betreffenden ganz plötzlich. Ohne innere Vorbereitung muss er sein Zuhause verlassen. Wir haben in unserer Familie zwei sehr unterschiedliche Reaktionen erlebt. Im Falle von Günters Vater trat eine schnelle Akzeptanz ein, weil er sich versorgt fühlte. Gleichzeitig genoss er es, von seiner Tochter an zwei Nachmittagen in der Woche in sein Zuhause gebracht zu werden. Dagegen konnte Ingas 96-jährige Tante die überraschend notwendig werdende Verlegung in ein Heim, um eine Vollzeitbetreuung zu gewährleisten, seelisch nicht verkraften. Wir fuhren mehrmals mit ihr in ihre alte Wohnung, in ihr Zuhause seit über 40 Jahren. Jedes Mal kam der Schmerz des Abschieds wieder hoch, weswegen wir dann weitere Besuche zu ihrer alten Wohnung unterließen.

Wer sein Zuhause sehr schätzt und meint, nicht Abschied nehmen zu können, kann versuchen, möglichst lange in der vertrauten Wohnung zu bleiben. Durch die Pflegeversicherung ist die häusliche Pflege zunächst gesichert.

Der Zeitpunkt des Umzugs in eine Pflegeeinrichtung wird von den meisten Betroffenen trotz starker persönlicher Einschränkungen hinausgezögert. Das ist gut zu verstehen, allerdings dürfen darunter nicht Familienangehörige, die unbezahlten Helfer, leiden, die möglicherweise durch die Betreuung überfordert sind. Wir planen deswegen, unseren Kindern eine persönliche Vollmacht zu geben, damit sie über unseren Verbleib in der alten Wohnung oder über einen notwendig werdenden Umzug in eine Seniorenwohnanlage bestimmen können.

>> Auswahl der künftigen Wohnung

Ansprüche an die eigene Wohnung: Die Entscheidung der meisten Ruheständler, möglichst lange in ihrer alten Wohnung zu bleiben, ist unter den vorgenannten persönlichen Aspekten verständlich. Es sollte aber geprüft werden, ob die Wohnung auf längere Zeit den notwendigen Ansprüchen im Älterwerden entspricht. Zumal schon das Ende des Berufslebens zu neuen Wünschen an die Wohnung führen kann:

- Hat die Wohnung den richtigen Zuschnitt (Balkon? Toilette nahe beim Schlafzimmer?) und keine Übergröße? Was geschieht mit dem früheren Kinderzimmer?
- Ändern sich Ihre Lebensgewohnheiten? Wollen Sie eine ruhige Studierecke oder ein eigenes Zimmer haben? Schlafen Sie jetzt lieber getrennt?
- Sollen künftig mehr Gäste in der Wohnung übernachten können?
- Ist die Wohnung auch künftig finanzierbar?
- Ist die Pflege der Wohnung noch selbstständig möglich?
- Und schließlich: Lässt sich die Wohnung altersgerecht umgestalten?

Alternativ zur eigenen Wohnung kommen folgende Wohnformen in Betracht:

- Betreutes Wohnen,
- Senioren- und Pflegeheim,
- gemeinschaftliche Wohnprojekte.

Betreutes Wohnen: Betreutes Wohnen ist in Wohnungen von besonders darauf eingestellten Seniorenwohnanlagen möglich. Meist gibt es Ein- oder Zwei-Zimmer-Appartements, die mit eigenen Möbeln und persönlichen Dingen eingerichtet werden können. Man kann sich selbst versorgen und haushalten. Das Besondere ist, dass verschiedene Serviceleistungen angeboten werden. Die Wohnung kann geputzt werden oder Einkäufe werden erledigt. Manchmal werden regelmäßige Essen oder nur eine bestimmte Mahlzeit am Tag angeboten. Auch können kleinere Pflegeleistungen in Anspruch genommen werden.

Senioren- und Pflegeheime: Senioren- und Pflegeheime sind inzwischen meist in einer Institution zusammengefasst. Die Betreuung bietet dort in der Regel ein volles Leistungsangebot, aber ohne Wahlmöglichkeiten für den Einzelnen. Der Bewohner wird also rundum versorgt und betreut, damit entfällt die Verantwortung für die eigenständige Organisation zur Führung des Lebens. Der Service und damit das Image dieser Heime sind sehr unterschiedlich. Es kann Angebote zur Unterhaltung, zu Theatervorstellungen und Vorträgen geben oder es werden Ausflüge organisiert.

Gemeinschaftliche Wohnprojekte: Das bekannteste Beispiel für diese Wohnprojekte wird von Henning Scherf, dem ehemaligen Bürgermeister von Bremen, in seinen Vorträgen und Büchern beschrieben. Er lebt zusammen mit seiner Frau und befreundeten Familien in einem Mehrfamilienhaus, das dafür extra hergerichtet wurde. Ziel ist keine intensive Gemeinschaft wie früher in einer Wohngemeinschaft, Ziel ist das Zusammenleben unter einem Dach, aber mit autonomen

Wohnbereichen und einigen Gemeinschaftsräumen. Beim Zusammenleben steht die gegenseitige Hilfsbereitschaft im Vordergrund.

Solche auch auf Genossenschaftsbasis organisierten Projekte sind meist sehr langwierig in Angriff zu nehmen, weil sich zuerst eine Gruppe von Interessenten finden und in der Planungsphase kennenlernen muss. Von der Bundesregierung werden inzwischen als neue Variante sogenannte Mehrgenerationenhäuser propagiert und auch finanziell gefördert.

In Büchern und im Internet können Sie nähere Details über die Wohnformen im Älterwerden erforschen. Allerdings ist die einprägsamste Form für eine spätere Entscheidung ein Besuch in einer derartigen Einrichtung oder sogar ein Probewohnen für wenige Tage.

>> Wann werden welche Entscheidungen zur Wohnsituation fällig?

Grundsätzlich gibt es mit Beginn des Ruhestandes keinen Entscheidungszwang zur Veränderung der Wohnsituation. Es ist aber ratsam, zu diesem Zeitpunkt sich Gedanken zu machen, ob man später in eine Seniorenwohnanlage wechseln will und wenn Ja, unter welchen Umständen. Oder ist es ratsam, frühzeitig mehr in die Nähe von einem der Kinder, von Geschwistern oder nahen Freunden zu ziehen oder sich eine altersgerechte Wohnung auszusuchen?

Paare werden wahrscheinlich erstmal davon ausgehen, sehr lange in ihrer Wohnung zu bleiben, zumal sie sich gegenseitig helfen können. Alleinstehende müssen versuchen, ihr soziales Netz so zu aktivieren, dass auch in Phasen einer Krankheit jemand da ist und helfen kann. Trotzdem wird es gerade für Alleinstehende persönliche Gründe geben, wie die Angst vor Krankheit oder Alleinsein, frühzeitig umzuziehen.

Es muss auch bedacht werden, dass leider einige besonders schöne Seniorenwohnanlagen Wartezeiten von 5 bis 10 Jahren haben, was eine frühzeitige Reservierung notwendig macht.

> Die materielle Sicherheit

> *„Was Ihr auch habt, wird eines Tages hingegeben werden. Gebt also jetzt, damit die Zeit des Gebens Eure sei und nicht die der Erben."* (Khalil Gibran)

Unsere materiellen Grundlagen im Ruhestand haben wir uns in der Regel erarbeitet. Lang genug haben wir im Beruf gestanden und bekommen dafür das entsprechende Geld. Manche konnten sich vielleicht noch ein eigenes Wohnhaus bauen, ein Wohnmobil oder ein Wochenendhaus finanzieren. Doch auch heute, wo die meisten Ruheständler ein wesentlich höheres Einkommen ihr Eigen nennen als es zu Zeiten unserer Eltern oder Großeltern der Fall war, gibt es eine Gruppe von Rentnern, die ein Minimaleinkommen hat und deswegen auch auf staatliche Hilfeleistungen, wie Grundsicherung und Wohngeld, angewiesen ist. Sozialpolitisch und natürlich menschlich ist zu wünschen, dass diese Gruppe immer kleiner wird. Die Realität ist aber entgegengesetzt. Die Entwicklung geht dahin, dass immer mehr Menschen durch lange Zeiten der Arbeitslosigkeit oder als Minilohnarbeiter zunehmend auf die Sozialunterstützung durch den Staat angewiesen sind. Der Deutsche Gewerkschaftsbund warnt davor, dass beispielsweise ein Drittel der Rentner in Ostdeutschland ab 2025 keine Existenz sichernde Rente erhalten wird.

Wer über einen höheren Rentenbetrag verfügen kann, sollte sich umgekehrt überlegen, inwieweit er Überschüsse mit Großzügigkeit (im Sinne des oben ausgeführten Mottos) Kindern oder Angehörigen zukommen lassen kann oder bedürftigen Menschen direkt oder über gemeinnützige Organisationen etwas Gutes tut. Oben haben Sie gelesen, welche Vielfalt es an gemeinnützigen Organisationen gibt. Man muss sich nicht mit einem Riesenbetrag ein Denkmal setzen, vielmehr können kleinere finanzielle Beträge als Dank für die besonderen Chancen angesehen werden, die dem Einzelnen das Leben geboten hat.

Da die Rentenzahlungenen nicht die bisherige Einkommenshöhe erreichen werden, müssen wir akzeptieren, dass geringere Einnahmen zwangsläufig eine Ausgabensenkung und damit auch einen reduzierten Lebensstil zur Folge haben. Das kann bei Einzelnen mit Schamgefühlen verbunden sein, gerade wenn im Umkreis viele begüterte Bekannte leben, die zusätzlich einiges geerbt haben.

Zu hoffen, dass die Mutter irgendwann noch Wertvolles vererbt, ist spekulativ, denn das Problem verlangt meistens eine schnelle reale Lösung. Eine weitere Überlegung ist, ob der derzeitige Lebenszuschnitt zu halten ist, wenn in einer Partnerschaft einer stirbt und damit die Rentenzahlungen weiter verringert werden. Bei knappen Einnahmen ist es gut, dies vorher durchzurechnen, um möglichst frühzeitig darauf reagieren zu können.

Damit materielle Sicherheit auch wirklich eine Stütze im künftigen Leben bleibt, müssen wir vorsichtig mit unserem Geld umgehen. Das betrifft nicht nur die laufenden Einnahmen und Ausgaben, sondern auch unser etwaiges Vermögen: Deswegen ist jetzt im Ruhestand ein Grundsatz ganz wichtig: Langfristige Sicherheit geht vor risikobehafteten höheren Zinseinnahmen. Die Finanzkrise hat gezeigt, was wirklich finanzielle Sicherheit verspricht: Das sind die gesetzliche Rentenversicherung und private Lebensversicherungen alter deutscher Art und bei Vermögen sind es Immobilien und Bundesschatzbriefe oder Ähnliches. Durch die Finanzkrise ist auch deutlich geworden, dass die sogenannten Berater jeder Bank letztlich Verkäufer sind.

Um die materielle Sicherheit zu erhalten, sind neben Finanzfragen auch rechtliche Probleme zu beachten. Diese beziehen sich auf das Altsein und die Vorbereitung auf den Tod:

- Es ist ratsam, sich mit einer Vorsorgevollmacht und einer Patientenverfügung zu beschäftigen, was wir später noch ansprechen.
- Falls Sie Vermögen besitzen, bleibt zu überlegen, vorzeitig bestimmte Dinge zu verschenken. Das können Kleinode

sein, können auch Anteile am Haus oder auch Barvermögen sein, was eins der Kinder für seine Wohnung braucht. Wir beide hüten die uns geschenkten Gegenstände sehr. Günter akzeptiert sogar einen wertvollen, für ihn nicht schönen Zuckertopf, an dem Ingas Erinnerungen hängen.

- Damit ist die Frage der Vererbung angesprochen. Es gibt so viel Streit in Familien über das Erbe eines Verstorbenen, dass wir empfehlen, die Erbschaft frühzeitig zu Lebzeiten durch ein Testament zu regeln und die Entscheidung möglichst auch den Betroffenen mitzuteilen. Allerdings sollte mit diesem Testament kein neuer Streit gelegt, sondern eher der Familienfrieden sichergestellt werden.
- Wichtig ist außerdem, Regelungen für den oder die Helfer zu treffen, die einen alten Menschen regelmäßig unterstützen. Freunden von uns, die ihre alte Tante betreuten, wurde das Siedlerhaus vorzeitig als Geschenk übertragen mit der Auflage, der Tante weiterhin zu helfen.

Einschlägige Informationen dazu erhalten Sie im Internet (Adressen am Ende des Buches). Im konkreten Fall bieten Bücher über Vererben noch umfangreichere Tipps (z. B Backhaus 2009).

4 Vorbereitung auf das Altsein

„Gott gibt uns die Gnade, mit Gelassenheit Dinge hinzunehmen, die sich nicht ändern lassen, den Mut, Dinge zu ändern, die geändert werden sollten, und die Weisheit, das eine vom anderen zu unterscheiden." (Elisabeth Sifton)

> Wer kann Unterstützung im hohen Alter bieten?

Eine Vernetzung mit Ratgebern und Helfern wird mit zunehmendem Alter immer dringlicher. Die bestehenden Verbindungen sollten vorsorglich ausgebaut werden. Wie gut ist es dann, zum Telefonhörer greifen zu können, um von jemandem Rat zu erhalten oder einen kleinen Einkaufsdienst zu erbitten. Auch Fragen des gesundheitlichen Wohlergehens – wie soll es weitergehen nach einem Krankenhausaufenthalt – müssen geklärt werden können, oder eine Unterstützung bei rechtlichen Fragen kann gefragt sein. Es empfiehlt sich, frühzeitig an die Auswahl von Helfern zu denken, insbesondere daran, wer z. B. eine Vorsorgevollmacht erhalten kann oder wer die Patientenverfügung im Falle einer schweren Krankheit umsetzt. Welche Aufgaben sollten die helfenden Personen übernehmen?

Enge Berater: Dafür kommen Partner, Geschwister, nahe Freunde und vielleicht auch mindestens eines der Kinder infrage. Diese können zusammenwirken, vorbereiten, begleiten, wenn es um weitreichende Entscheidungen geht, wie zum Beispiel die Entscheidung über den Umzug in ein Seniorenheim.

Da derartige Entscheidungen im Altsein schwerfallen, könnte der enge Berater den Auftrag bekommen, deutlich zu sagen oder sogar zu bestimmen, wenn der Betreute eine intensivere Pflege in der eigenen Wohnung oder in einem Seniorenheim benötigt oder wenn Veränderungen in der Wohnung notwendig sind, um eine bessere Beweglichkeit oder ein rationelleres Haushalten zu ermöglichen.

Eine 85-jährige Nachbarin sollte nach einem Krankenhausaufenthalt zunächst für vier Wochen in ein Heim für Kurzzeitpflege. Der Pflegedienst empfahl dem Sohn, als Betreuer, sich verschiedene Heime anzusehen. Seine Wahl wurde von der Nachbarin nachträglich akzeptiert.

Betreuer: Sollte die eigene Beweglichkeit stärker eingeschränkt sein, besteht die Möglichkeit, nahe Freunde oder Verwandte zu bitten, häufiger vorbeizukommen oder anzurufen. So bleibt ein regelmäßiger Kontakt bestehen, was der Hochbetagte gleichzeitig als Würdigung erfährt. Falls sich ein Betreuer bereit erklärt, verstärkt zu unterstützen, sollten mit ihm die anfallenden Aufgaben klar abgesprochen werden, damit dieser sich zeitlich darauf einstellen kann und gleichzeitig sich nicht überfordert fühlt.

Verena betreut ihre Mutter, obwohl diese 170 km entfernt in einem Dorf wohnt. Sie versucht sie jedes zweite Wochenende zu besuchen. In dieser Zeit bemüht sie sich, die Helfer für die Mutter zu organisieren. Nachbarn besorgen den Einkauf, eine Pflegerin kommt zweimal wöchentlich zusätzlich, um zu kochen und zu putzen. Verena selbst macht das Notwendigste im Garten. Manchmal geht sie bei der Sozialstation vorbei, um mit der Leiterin die weitere Pflege ihrer Mutter zu besprechen. Verena hat zu allen Helfern Kontakt, um zu hören, ob jemand unzufrieden ist oder ob etwas anders organisiert werden muss. Ihre Mutter kann dadurch alleine in ihrem Häuschen wohnen.

Unterstützer für Aufgaben im Haushalt: Wenn es immer schwerer fällt, den Haushalt zu erledigen, spätestens dann wird tatkräftige Hilfe benötigt. Kinder, Enkelkinder oder andere könnten Hausarbeiten erledigen, es lassen sich Essensdienste bestellen, Einkaufsdienste organisieren. Könnte der Supermarkt einmal in der Woche die bestellte Ware bringen? Können Nachbarn die Hochbetagte zum Laden fahren, damit sie dort noch selbstständig einkaufen kann?

Helfer in der Not: Es gibt Notsituationen, in denen wir jemanden brauchen, der uns kurzfristig und zeitlich begrenzt unterstützt oder wichtige Informationen weitergibt. Das kann z. B. schon bei einer schweren Grippe hilfreich sein. Meistens können Nachbarn helfen, angenehmer dürfte es sein, wenn ein Familienangehöriger schnell vorbeikommen kann.

Sie können sich im fortgeschrittenen Alter auch ein Notruf-Telefon zulegen, das über eine Zentrale (z. B. beim Roten Kreuz) Helfer anruft und zwar in einer Prioritätenfolge: Zum Beispiel zuerst die Nachbarn, dann nahe wohnende Freunde und schließlich einen Pflegedienst. Dieses Notruf-Telefon soll am Körper getragen werden. Häufig wird das allerdings unterlassen, dann sollte es am besten ständig neben dem Bett oder an einem anderen zentralen Ort liegen.

Hausarzt Ihres Vertrauens: Versuchen Sie einen Hausarzt zu finden, dem Sie volles Vertrauen schenken können. Sie sollten von ihm erwarten, dass er Sie bei besonderen medizinischen oder organisatorischen Problemen berät, z. B. auch bei der Auswahl eines Seniorenheimes. Es sollte nach Möglichkeit kein Arzt sein, der früh pensioniert wird. Natürlich muss Ihr Arzt einen guten Kontakt zu Fachärzten haben. Umgekehrt ist es wichtig, dass er umfangreich über Ihre medizinischen Probleme informiert ist. Wenn Sie später Hausbesuche benötigen, sollte er dazu bereit sein. Außerdem wird es nicht ausbleiben, dass Sie auch einen Zahnarzt ihres Vertrauens benötigen.

Gesprächspartner für die Seele: Es ist beruhigend, einen oder mehrere Gesprächspartner zu haben, mit denen man über seine Sorgen und Probleme sprechen kann. Das muss nicht immer der Partner sein, solche Gespräche werden auch gern mit gleichgeschlechtlichen Freunden geführt. Allerdings sollten diese Gesprächspartner selbstständige Meinungen vertreten und sich auch trauen, einmal zu widersprechen.

Natürlich können auch Beratungsgespräche mit Psychotherapeuten vereinbart werden, am besten, wenn ein besonderes Anliegen vorliegt. Wir hatten beispielsweise einige Gespräche mit einem älteren ehemaligen Vorstandsmitglied einer Reederei. Thema war, wie er aus seiner Rolle als erziehender und häufig kritisierender Vater in die Rolle eines verständnisvollen Vaters für seine drei erwachsenen Kinder wechseln kann. Die Bearbeitung dieses Problems bereitete eine positive Veränderung in der Familie vor.

Beratungsgespräche können auch angebracht sein, wenn uns die Mitteilung von einer schweren Krankheit trifft. Allerdings steht für uns in solchen Fällen der Kontakt zu unseren Seelenfreunden an erster Stelle.

Vertrauter für Ihr Bankkonto: Jeder sollte möglichst einem Vertrauten eine zweite Vollmacht für sein Bankkonto erteilen. Die Bankvollmacht kann einem vertrauten Finanzexperten übertragen werden oder man erteilt sie demjenigen, der die Vorsorgevollmacht bekommen soll. Mit Beginn einer Pflege kann es fast zu spät sein, dies zu organisieren.

Vertrauter mit einer Vorsorgevollmacht: Mit einer solchen Vollmacht wird der Unterstützer in die Lage versetzt, rechtswirksam für die betreute Person zu handeln. Diese Vorsorgevollmacht kann eine generelle Vollmacht für alle rechtlichen Angelegenheiten sein oder sie wird auf vorsorgende Maßnahmen begrenzt. Mit der Vorsorgevollmacht im engeren Sinne soll ein Vertrauter von Ihnen als Ihr Rechtsvertreter ermächtigt werden, wenn Sie Ihre Pflege oder medizinische Betreuung nicht mehr selbst entscheiden können oder wollen. In der Vorsorgevollmacht sollte genau festgelegt sein, in welcher Art und in welchem Umfang Sie Entscheidungen über Ihre Vorsorge und medizinische Betreuung übertragen. Das kann sich u. a. um den Einzug in eine Pflegestation oder um besondere medizinische Maßnahmen handeln.

Zweckmäßigerweise wird die Vollmacht auch auf eine Patientenverfügung ausgedehnt. Damit kann dieser Bevollmächtigte Ihre Verfügungen für den Fall durchsetzen, dass Sie selbst Ihren Willen zu einer medizinischen Behandlung (z. B. lebensverlängernden Maßnahmen) nicht mehr äußern können.

> Wie kann man seine Autonomie im Alter erhalten?

> *„Alle Menschen haben Angst vor der Einsamkeit. Doch nur durch sie können wir lernen, mit unserem Alleinsein umzugehen, das uns in die Ewigkeit begleitet."* (Han Suyin)

Im hohen Alter leben viele Menschen allein, meist sind es Frauen. Sie versorgen sich mehr oder weniger mühselig und werden vielleicht von einem Pflegedienst betreut. Sie haben kleinere oder größere Beschwerden. Ihr soziales Netz ist brüchiger geworden, weil Bekannte oder Freundinnen inzwischen verstorben sind. Manche alten Menschen können sich nicht mehr allein aus dem Haus bewegen und brauchen dafür Unterstützung. Möglicherweise sind Helfer aus der Familie, Kinder, Enkelkinder, Nichten bzw. Neffen die verbliebenen zuverlässigen Stützen. Zum Glück sind viele im Umgang mit modernen Kommunikationsmitteln geübt. Es wird telefoniert oder es werden Briefe geschrieben.

Wie kann ein alter Mensch unter diesen Umständen noch eine gewisse Autonomie bewahren, obwohl er abhängig von der Unterstützung anderer ist? Drei Bereiche im Alltag gewinnen besondere Bedeutung:

- die Versorgung für die Ernährung und das körperliche Wohlbefinden,
- die Pflege des geliebten Zuhauses,
- die Kontakte zu Familienangehörigen und Freunden.

Das Leben in der eigenen Wohnung kann sich in dieser Hinsicht sehr vom Leben im Seniorenheim unterscheiden.

>> Autonomie in der eigenen Wohnung wahren

Die Versorgung ist nicht nur wichtig für das Wohlbefinden, sie kann auch Grundlage für die eigene Handlungsfähigkeit sein. Viele alte Menschen sind froh, dass ihnen die Verantwortung für die eigene Versorgung noch geblieben ist, weil sie sich damit einen wichtigen Teil ihrer persönlichen Autonomie und Identität erhalten. Sie kochen ihr Essen selbst, sie sorgen für die Erhaltung ihrer Gesundheit, sie versuchen auch selbstständig einkaufen zu gehen.

Das Zuhausegefühl hat einen besonderen Stellenwert bekommen. Das Leben der Hochbetagten konzentriert sich jetzt auf das Leben in der eigenen Wohnung. Veränderungen, um Unfälle zu vermeiden oder Kraft zu sparen, erfolgen dort meist erst dann, wenn ein Unfall bereits passiert ist oder die Kraft wirklich nicht mehr reicht.

So entfernte unsere 85-jährige Nachbarin Teppiche und wunderschöne Brücken erst, nachdem sie ihren Oberschenkelhalsbruch überstanden hatte.

Für wie wichtig die eigene Wohnung angesehen wird, zeigte unsere auf dem Land lebende Tante. Mit 85 Jahren schaffte sie sich noch eine neue Polstergarnitur für das Wohnzimmer an, auf der sie nicht nur besser sitzen konnte, sondern womit sie ein Zeichen setzte, dass ihr Leben lebenswert und zukunftsfähig ist. Diese Tante hatte leider nur weit entfernt wohnende Verwandte, deswegen musste der Kontakt zur Familie über das Telefon gehalten werden. Um nicht zu vereinsamen, leisteten ihr ein Hund und zwei Hühner Gesellschaft. Als sie selbst nicht mehr kochen konnte, ließ sie sich aber die Versorgung dieser Tiere nicht nehmen.

Verwandte, Freunde oder Bekannte, die in der Nähe wohnen, können mit ihren Erzählungen eine Brücke zur Außenwelt bauen. Da wird nicht nur der letzte Klatsch erzählt, auch erfährt der alte Mensch, was in seiner Nachbarschaft passiert. Es ist natürlich auch sehr spannend, etwas über die Vergangenheit der alten Menschen zu erfahren.

Zur geistigen Anregung kann einem alten Menschen vorgelesen werden, z. B. aus der Lokalzeitung, damit er in Gedanken dem Leben in seiner Gegend verbunden bleiben kann.

>> Autonomie im Seniorenheim erhalten

Im Seniorenheim oder in einer Seniorenwohnanlage besteht die Gefahr, dass die Autonomie zeitlich früher eingeschränkt wird, weil – je nach Service – die Versorgung ganz oder teilweise durch die Einrichtung vorgenommen wird. Trotz der Verführung, regelmäßig bedient zu werden, erhalten sich manche Bewohner noch länger eine gewisse Selbständigkeit. Dabei hilft die Einrichtung einer Kleinküche im Zimmer, um sich mindestens eine Mahlzeit am Tag zuzubereiten oder auch Besucher unabhängig von der Einrichtung bewirten zu können. Diese Versorgung erfordert gleichzeitig geistiges Training durch selbstständiges Planen und Einkaufen, was die Autonomie erhält.

Umgekehrt wirkt sich die Teilnahme am gemeinsamen Essen positiv aus, wenn die Chance zum Gespräch und zum Kennenlernen genutzt wird. Manchmal werden Veranstaltungen in den Häusern geplant, zu denen man sich verabreden kann, vielleicht auch zu gemeinsamen Theaterbesuchen in der Stadt. Manche Senioren treffen sich zu Spaziergängen oder zum Kartenspielen.

Kontakte zu Familienangehörigen oder Freunden erhalten die Identität der alten Menschen. Sind dabei Ausflüge in die alte eigene Wohnung, sofern es sie noch gibt, möglich oder Besuche bei Familienfesten, wenn einer die Begleitung übernimmt? Der Vater von Maria wurde wöchentlich für zwei Stunden von seiner Tochter aus dem Seniorenheim in sein altes Haus gebracht, wo er dann außer Kaffeetrinken die neueste Post an seinem Schreibtisch – er stand wohlbehalten an alter Stelle – lesen und dort herumräumen konnte.

>> Weniger Autonomie bedeutet Abschied nehmen

Für jeden Menschen im Altsein ist es ein besonderes Problem, wenn verringerte Leistungsfähigkeit dazu führt, immer weniger für sich selbst sorgen und verantwortlich sein zu können. Zuerst sind es kleine Veränderungen, die Unselbstständigkeit verursachen, dann werden gravierende Hilfeleistungen nötig, wie Essen zubereiten oder sich waschen zu lassen. Die abnehmenden Kräfte erzwingen es, dies zu akzeptieren.

Exkurs: Angehörige
Manchen Angehörigen macht es Schwierigkeiten mitanzusehen, wie umständlich bestimmte Handgriffe im Haushalt von den Hochbetagten durchgeführt werden oder welches Chaos sich in Küche und Zimmern auftürmt. Manchmal sind die geistigen Fähigkeiten noch perfekt, aber der Umgang mit alltäglichen Dingen ist sehr viel langsamer geworden. Angehörige sollten dies aushalten und sich vornehmen, mehr Zeit für den Besuch oder für die Ausführung einer gemeinsamen Aktion einzuplanen, auch wenn dies deutlich unserem im Minutentakt arbeitenden gesetzlich geregelten Pflegesystem widerspricht.

> Im Altsein Frieden finden

„Der Friede Gottes, der höher ist als alle Vernunft, bewahre Eure Herzen und Sinne.“

(Brief des Paulus an die Philipper 4, Vers 7)

Irgendwann im Älterwerden oder Altsein setzt eine Phase ein, in der zumindest Hochbetagte verstärkt das Bedürfnis spüren, ihr Leben abzurunden. Eine Rückschau auf Erlebtes findet statt, Ansprüche und Forderungen an das eigene Leben kommen vielleicht zum Abschluss. Das kann verbunden sein mit der Akzeptanz der augenblicklichen Situation und der Endlichkeit des Lebens.

Wir haben diesen Prozess bei unseren alt gewordenen Verwandten leider kaum miterlebt. Sie haben diese Rückschau weitgehend allein mit sich abgemacht. Wir wünschen es erwachsenen Kindern oder anderen Angehörigen, diesen Prozess miterleben zu dürfen: Als Vorbild, wie Hochbetagte mit dem Lebensende umgehen, als Chance, sich in alte Menschen einzufühlen und sie zu verstehen. Das bedeutet auch, nachvollziehen zu lernen, wie schwer es für alte Menschen sein muss, wenn sie beispielsweise zusehen müssen, wie selten der Rasen gemäht wird, wie ihre Wohnung anders gepflegt wird, als sie es getan haben. Es bedeutet nachzuvollziehen, wie Hochbetagte gezwungen sind zu akzeptieren, dass die jungen Leute vieles anders machen, dass Erwartungen nicht mehr erfüllt werden. Man erkennt, wie alte Menschen begreifen müssen, dass die Kräfte nicht mehr für selbstständiges Handeln ausreichen, dass ihre Schmerzen im Knie die Bewegungsmöglichkeiten stark einschränken, dass fremde Hilfe dringend notwendig ist.

Bilanz ziehen: Wenn wir 80 oder 90 Jahre gelebt haben, ist vieles um uns herum und in der Welt passiert. Erinnerungen werden wach und können in Fotoalben verfolgt werden. Wie haben wir gelebt? Es hat niederdrückende Erfahrungen gegeben neben heiteren und motivierenden Erlebnissen. Beides macht Leben aus. Die positiven wie die negativen Ereignisse haben uns zu dem gemacht, was wir geworden sind, nämlich eine einzigartige Persönlichkeit.

Frieden schließen: Es hat sicherlich Erlebnisse gegeben, die tief verletzend oder persönlich von starker Bedrohung waren und die die eigene Entwicklung behindert haben. Das ist nun vorbei. Konnten wir daraus lernen? Vielleicht tauchen folgende Gedanken auf: Was würde ich heute mit meinem ganzen Erfahrungsschatz anders machen, wenn ich noch einmal die Weichen stellen könnte? Sicher eine aufschlussreiche Betrachtung für die jüngere Generation.

Es ist hilfreich, mit vergangenen Situationen abzuschließen. Abschließen soll letztlich heißen, dass man seine

Ängste, seinen Ärger oder seine Verletzungen überwunden hat und sagen kann, das ist gewesen, ich lebe im Jetzt. Anstatt dem Vergangenen nachzutrauern, kann dieses Loslassen als Befreiung empfunden werden. Es zeugt von Gelassenheit und innerer Größe, dem anderen zu verzeihen.

Loslassen können: Loslassen ist wie eine Befreiung von Ansprüchen an andere. Die Vergangenheit mit ihren Zwängen kann losgelassen werden, das bedeutet, ich kann verzichten auf alles Repräsentative, auf alles Bessersein und Besserwissen. Was bleibt, ist die einzigartige Identität, die sich auf unsere inneren Werte bezieht. Dankbar sein:

- für das eigene Lebenswerk, für die Beziehung zum Partner und zu den Kindern, zu Eltern, Geschwistern und nahen Freunden.
- für die Erfolge und für den Dienst an der Gemeinschaft.
- für das Wissen und die Erfahrung, Krisen bewältigt zu haben und womöglich gestärkt daraus hervorgegangen zu sein.
- für die Unterstützung, die von anderen kam, von den eigenen Eltern, von Verwandten, vom Partner, von Kindern, Freunden oder Kollegen.

Jeden Tag positiv annehmen: Jeder Tag ist etwas Besonderes, jedem Tag kann ein Sinn gegeben werden. Das fällt manchmal schwer und ist sicherlich nicht immer möglich. Wenn besondere Beschwerden massiv auftreten, verengt sich plötzlich die Lebensweise. Aber die Richtung sollte stimmen und die Hoffnung bleibt.

Das Ende des Lebens akzeptieren: Zum Prozess des Älterwerdens gehört, sich mit dem Ende des Lebens auseinanderzusetzen und sich letztendlich mit der Begrenztheit abzufinden. Die Ahnung des kommenden Todes macht uns deutlich, wie wertvoll jede Stunde, jeder Tag für uns war und noch ist. Jetzt leben wir, nicht morgen oder übermorgen.

Quellen des Trostes finden: Tröstlich sind zunächst die positiven Erfahrungen, die wir im Leben gemacht haben, die uns stark gemacht haben und Teil unserer Biografie sind. Darüber hinaus können wir Trost in Gebeten oder in der Meditation finden. Nicht zuletzt gibt die Nähe eines vertrauten Menschen Halt und stimmt zuversichtlich.

Nachwort

Vielleicht ist dieser Schluss etwas zu besinnlich? Aber auch das kennzeichnet das Leben im Älterwerden: Zeit nehmen für die Welt des Nachdenkens über den Sinn des Lebens, über dessen innere und äußere Zusammenhänge sowie über unsere Erfolge, über unser Glück und die vielen Zufälle, die uns begegnet sind, über die durchstandenen Tiefen, ohne die wir die vielen Höhen gar nicht hätten würdigen können.

Wagen Sie mutig den Aufbruch in den Ruhestand, es wird ein Aufbruch zu neuen Ufern sein. Wir werden unseren Horizont erweitern: Worauf sind wir neugierig, wie können wir aktiv bleiben, wo können wir helfen und unterstützen, woran werden wir besonders viel Freude haben? Was gibt unserem Leben seinen Sinn? Zahlreiche Fragen stellen sich uns. Nehmen Sie Energien aus dem Berufsleben mit in den Ruhestand, um mit Schwung Ihr neues Leben zu beginnen, es nach Ihren Wünschen zu gestalten und zu genießen. Oder Sie machen sich mit 70, wenn Sie spätestens dann innerlich wirklich im Ruhestand angekommen sind, erneut auf den Weg. Wir Autoren haben das Gefühl, vor solch einem zweiten Aufbruch zu stehen. Unser Nachdenken, unsere Diskussionen über dieses Buch lösen neue Ziele, Wünsche und Hoffnungen aus: Es wächst die Idee für ein anderes Buch. Wir blicken erwartungsvoll der Geburt unseres ersten Enkelkindes entgegen, was wird sich dadurch für uns ändern? Wir haben den Plan, einen Kleinbus als Wohnmobil auszubauen. Günter möchte das Mikrokreditprogramm des Sri Lanka Vereins um Biogasanlagen erweitern. Inga versucht weiterhin erfolgreich, Lehrerreferendare auf ihren Berufsweg zu bringen. Und wir beide achten sehr auf ein stimmiges Zusammenleben.

Viel Persönliches haben wir in diesem Buch von uns gezeigt. Vielleicht wollen Sie mit uns besondere Themen des Buches tiefgehender besprechen oder wollen, dass wir das Buch mit seinen Ideen einem besonderen Interessentenkreis vorstellen? Sie können gern zu uns Kontakt aufnehmen unter *bethkebrenken@web.de* – wir sind ja beweglich.

Literatur

Backhaus, B. (2009): Vererben und Erben. 7. Aufl., Stiftung Warentest, Berlin

Baltes, P. (2007): Altern als Balanceakt. In: Gruss, P. (Hrsg.): Die Zukunft des Alterns, Report der Max Planck Gesellschaft, München

Bank, S., Kahn, M. (1989): Geschwister-Bindung. Jungfermannsche Verlagsbuchhandlung, Paderborn

Baus, L. (2007), Nach dem Job. 2. Aufl., Pendo, München/Zürich

Blech, J. (2006): Hirn, kuriere dich selbst! In: Spiegel, 20/2006, 164–178

Bohsem, G. (2009): Zeugnisse für 11 000 Seniorenheime. In: Süddeutsche Zeitung 3/3/2009, 2

Borchert, M.: (1980): Unruhestand. Rowohlt, Reinbek

Böschemeyer, U. (2003): Worauf es ankommt, Werte als Wegweiser. Piper, München

Bovenschen, S. (2006): Älter Werden. Fischer, Frankfurt/M.

Brandenburg, U. (2008): Lust hat keine Altersgrenze. In: Brigitte Woman 4/2008, 131–134

Bundesministerium für Familie, Senioren, Frauen und Jugend (2008): Alter schafft Neues

– (2009): Zivilgesellschaft stärken

Clement, U. (2008): Guter Sex trotz Liebe. Ullstein, Berlin

de Saint-Exupery, A. (1956): Der kleine Prinz. Karl Rauch, Düsseldorf

Döring, D. (2006): Über Fünfzig – na und? Ernst Kaufmann, Lahr

– (2007): Glücklich allein. Mvg, Heidelberg

Farmer, S. (1992): Endlich lieben können. Rowohlt, Reinbek

Folkes, E., Gatterer, G. (2006): Generation 50 plus. Springer, Wien

Friebel, H. (2008): Altern und Alter in der Gesellschaft, Materialien 11, Ringvorlesung der Universität Hamburg

Friedan, B. (1997): Mythos Alter. Rowohlt, Reinbek

– (1995): Der Alterswahn. In: Psychologie Heute, 10/1995, 52–57

Fromme, C. (2008): Das verflixte 25. Jahr. In: Frankfurter Rundschau 23./24. 8. 2008

Füller, I., Keller, S. (2006): Leben und Wohnen im Alter. Stiftung Warentest, Berlin

– (1999): 50 und Aufwärts. Ein Begleitbuch für die zweite Lebenshälfte. Stiftung Warentest, Berlin

Fuchs, D., Orth, J. (2005): Umzug in ein neues Leben. Mvg, Heidelberg

Gay, G. L. (2004): Länger leben, aktiv bleiben. Iskopress, Salzhausen

Grimm, J. u. W. (1963): Die Bremer Stadtmusikanten. Artemis, Zürich und München
Gibran, K. (2008): Der Prophet. 6. Aufl., Diederichs, München
Goddar, J. (2005): Drittes Lebensalter. In: Frankfurter Rundschau, 21/4/2005, 24
Goleman, D. (2006): Soziale Intelligenz. Droemer, München
Gross, P., Fagetti, K. (2008): Glücksfall Alter. Herder, Freiburg
Gruss, P. (Hrsg), (2007): Die Zukunft des Alterns. Beck, München
Gudjons, H., (Hrsg), (1993): Entlastung im Lehrerberuf. Bergmann und Helbig, Hamburg
Hargens, J. (2005): Zu einem Paar gehören mehr als zwei. Borgmann Media, Dortmund
Hollmann, W. (2009): Das hilft Ihrem Gehirn auf die Sprünge. DAK-Magazin 2/2009, 8–9
Hoff, A. (2006): Intergenerationale Familienbindungen im Wandel. In: Tesch-Römer, C., Engstler, H., et al., (Hrsg.): Altwerden in Deutschland. VS-Verlag für Sozialwissenschaften, Wiesbaden, 231–289
Inkeles, G., Todris, M. (1990): Die Kunst der zärtlichen Massage. 5. Aufl., Bauer, Freiburg im Breisgau
Jaeggi, E. (2005): Tritt einen Schritt zurück und du siehst mehr. Herder, Freiburg
Jellouschek, H. (2008): Wenn Paare älter werden. Herder, Freiburg
Jung, I. (2008): Der Sex geht nie in Rente. In: Hamburger Abendblatt, 23/9/2008, 3
Jung, M. (2004). Mut zum Ich. Deutscher Taschenbuch Verlag, München
Kammerer. D. (1991): Geschwister. Mosaik, München
von Kleist, B. (2006): Wenn der Wecker nicht mehr klingelt. Deutscher Taschenbuch Verlag, München
Koch, M. (2005): Körper-Intelligenz. 7. Aufl., Deutscher Taschenbuch Verlag, München
Kühnemund, H. (2006): Tätigkeiten und Engagement im Ruhestand. In: Tesch-Römer, C. (Hrg.): Altwerden in Deutschland. Wiesbaden, 2006
–, Lindner, R., et al. (2008): Altern und Alter in der Gesellschaft. Ringvorlesung. Universität Hamburg, epb.uni-hamburg.de/alterin-gesellschaft/
Lehr, U. (2003): Psychologie des Alterns. 9. Aufl., Beltz, Weinheim
Lindenberger, U., Mayer, K. U., Baltes, P. B. (Hrsg.) (2010): Die Berliner Altersstudie. Akademie Verlag, Berlin
Loriot (1997): Herren im Bad, Zürich
Luce, G. (2004): Länger leben, aktiv bleiben. Iskopress, Salzhausen
Masters. W., Johnson, V. (1993): Liebe und Sexualität. 3. Aufl., Ullstein, Frankfurt, Berlin

May, A. (2008): Studie belegt: Auch Gehirne älterer Menschen können noch wachsen. In: Pressemitteilung vom 9. 7. 2008, Universitätsklinikum Hamburg-Eppendorf, Hamburg
Moeller, M. L. (1988): Die Wahrheit beginnt zu Zweit. Rowohlt, Reinbek
Molkentin, T. (2007): Sozial engagiert – aber sicher. Unfall- und Haftpflichtschutz im Ehrenamt. Universum Verlagsanstalt, Wiesbaden
Opaschowski, H. W. (1998): Leben zwischen Muss und Muße. Germa Press, Hamburg
–, Reinhardt, U. (2007): Altersträume, Illusion und Wirklichkeit. Primus, Darmstadt
Richter, H.-E. (2002): Das Ende der Egomanie. Kiepenheuer und Witsch, Köln
Riemann, F. (2009): Grundformen der Angst. 39. Aufl., Ernst Reinhardt, München/Basel
–, Kleespies, W. (2007): Die Kunst des Alterns. 4. Aufl., Ernst Reinhard, München
Rogers, C. ((2004): Entwicklung der Persönlichkeit. 15. Aufl., Klett Cotta, Stuttgart
Rosa, H. (2001): Zeitstrukturen in der Beschleunigungsgesellschaft. In: ifl aktuell, Herbst 2001/18–23, Hamburg
Schawinski, R. (2002): Lust auf mehr Leben. Mvg, Frankfurt/M.
Schenk, H. (2007): Der Altersangst-Komplex. C. H. Beck, München
Sheehy, G. (1976): In der Mitte des Lebens. Kindler, München
Sifton, E. (2001): Das Gelassenheitsgebet. Hanser, München
Singer, C. (1992): Zeiten des Lebens – Von der Lust sich zu wandeln. Hanser, München
Schmidbauer, W. (2003): Altern ohne Angst. Rowohlt, Reinbek
Schnarch, D. (2008): Die Psychologie sexueller Leidenschaft. 8. Aufl., Klett Cotta, Stuttgart
Schulz von Thun, F. (1998): Miteinander reden. Das innere Team und situationsgerechte Kommunikation. Rowohlt, Reinbek
Singer, C. (1992): Zeiten des Lebens – Von der Lust sich zu wandeln. Diederichs, München
Von Sydow, K. (1994): Die Lust auf Liebe bei älteren Menschen. 2. Aufl., Ernst Reinhardt, München
– (2009): Die Lust kommt nicht in die Jahre. Interview in: Brigitte woman.de, 6. 10. 2009
Statistisches Bundesamt (2008): Lebenserwartung der Menschen in Deutschland nimmt zu. www.presseportal.de/pm/statistisches_bundesamt, 22. 8. 2008
Tausch, R. (1989): Lebensschritte, Umgang mit belastenden Gefühlen. Rowohlt, Reinbek

Tesch-Römer (Hrsg.), Engstler, et al. (2006): Altwerden in Deutschland. VS Verlag für Sozialwissenschaften, Wiesbaden
Ulrich, F. (2009): Wie Rentner der Wirtschaft helfen. In: Hamburger Abendblatt 26/2/2009, S. 6
Willi, J. (2002): Psychologie der Liebe. Klett Cotta, Stuttgart
– (1975): Die Zweierbeziehung. Rowohlt, Reinbek
Zittlau, J. (1995): Der Mythos vom geistigen Altersabbau. In: Psychologie Heute, 9/1995, 47–48

> Hilfreiche Internet-Adressen

Aus der Fülle der Internetportale zum Thema Älterwerden haben wir einige ausgesucht. (Stand Januar 2010. Bitte beachten Sie, dass sich Internet-Adressen auch ändern bzw. der Service um- oder eingestellt werden kann.)

>> Allgemeine Informationen zum Thema Älterwerden

www.bagso.de
Bundesarbeitsgemeinschaft der Senioren Organisationen: Aktivitäten, Deutscher Seniorentag. Infos zu Einzelverbänden

www.epb.uni-hamburg.de/alteringesellschaft/
Ringvorlesung Herbst 2008 zum Älterwerden

www.feierabend.com
Portal von etwa 150.000 registrierten Senioren, die ein eigenes Weblog anlegen können.

www.forum-fuer-senioren.de
Portal für Senioren

www.go100ev.de
Forum für die 2. Lebenshälfte

www.kda.de
Kuratorium Deutsche Altershilfe: Infos, Veranstaltungen, Regionaltreffs

www.presseportal.de/pm/statistisches_bundesamt
Lebenserwartung der Menschen in Deutschland

www.seniorenfreundlich.de
Anregungen und Checklisten

www.seniorennet.de
gute PC-Informationen

www.seniorenpro.de
Senioren-Ratgeber für viele Bereiche

www.seniorentreff.de
Seniorenkontakte

www.wissen.de
Datenbank für Wissen

>> Informationen zu verschiedenen Aktivitäten

www.activoli.de
Netzwerk für bürgerschaftliches Engagement in Hamburg

www.adfc.de
Allgemeiner Deutscher Fahrrad-Club: Planung von Fahrradtouren

www.bagfa.de
Bundesarbeitsgemeinschaft Freiwilligenagenturen mit Adressen von 300 Agenturen

www.b-b-e.de
Bundesnetzwerk Bürgerschaftliches Engagement (BBE)

www.buerger-fuer-buerger.de
Informationen über ehrenamtliche Betätigungen

www.buergergesellschaft.de
Anregungen für ehrenamtliche Betätigung

www.efi-d.de
Ausbildung zum Seniortrainer

www.ehrenamtsportal.de
Bereiche der Tätigkeitsmöglichkeiten

www.fernwege.de
Infos über europäische Fernwanderwege

www.freiwillig.de
Netzwerk für verschiedene Initiativen

www.gut-zu-fuss.de
Europawanderweg E 1

www.senioren-initiativen.de
Informations- und Ideenpool für Initiativen älterer Menschen

www.ses-bonn.de
Senior Experten Service, in Bonn und anderen Städten

www.wanderbares-deutschland.de
Weitwanderwege in Deutschland

www.weltreiseforum.de
Infoforum für Weitreisende

>> Informationen zu den Themen Bewegung, Ernährung, Gesundheit

www.die-praevention.de
Gesundheitsministerium zur Vorsorge

www.dge.de
Deutsche Gesellschaft für Ernährung DGE

www.gesundzuhause.de
Fragen zur Gesundheit zu Hause

www.richtigfit-ab50.de
Deutscher Olympischer Sportbund: Anregungen für Sport der Muskeln und des Gehirns

>> Informationen zum Thema Wohnen

www.barrierefrei-leben.de
Info zu Wohnraumanpassung für barrierefreies Wohnen

www.bmfsfj.de
Bundesministerium für Senioren: Publikationen zum Bestellen

www.fgwa.de
Forum Gemeinschaftliches Wohnen, Liste mit Regionalbüros und Partnerprojekten

www.mehrgenerationenhaeuser.de
Häuser mit Angeboten für Senioren und Familien (Lebenshilfe, Weiterbildung, Wohnen)

www.modernealtenpflege.de
Info zur Altenpflege

www.wohnen-im-alter.de
Wohnformen im Alter

>> Informationen zu finanziellen und rechtlichen Problemen

www.justiz.bayern.de/buergerservice/broschueren/
Broschüren des Bayerischen Justizministeriums: Vorsorge für Alter, Betreuungs- und Patientenverfügung

www.deutsche-rentenversicherung-bund.de
Infos zur Rente, Grundsicherung u. a.

www.erbrecht-ratgeber.de
Informationen zu Stichwörtern, wie Erbschaft, Testament, Vorsorgevollmacht, Patientenverfügung

www.sovd.de
Sozialverband Deutschland: Beratung und Hilfe wegen Ansprüchen aus Sozialgesetzen sowie viele Broschüren

www.wohngeld.de
Informationen über Anspruch auf Wohngeld

Sachregister